Stiller Geist – Klarer Geist

Schriftenreihe der
Deutschen Buddhistischen Union (DBU)

Alfred Weil (Hrsg.)

Stiller Geist - Klarer Geist

BUDDHISTISCHE MEDITATION

Mit Beiträgen von
*Agetsu Wydler Haduch, Ayya Khema,
Buddhadasa Bhikkhu, Gendün Rinpoche,
Genro Koudela, Geshe Rabten,
Geshe Thubten Ngawang, Henepola Gunaratana,
Mahasi Sayadaw, Nyanaponika Mahathera,
Samdhong Rinpoche, Sangharakshita,
Shunryu Suzuki, Taisen Deshimaru
und Thich Nhat Hanh*

THESEUS VERLAG

Die Deutsche Bibliothek – CIP- Einheitsaufnahme
Stiller Geist – klarer Geist: buddhistische Meditation / Alfred Weil (Hrsg.).
Mit Beitr. von Agetsu Wydler ... - Berlin : Theseus-Verl., 1998
(Schriftenreihe der Deutschen Buddhistischen Union)
ISBN 3-89620-122-0

ISBN 3-89620-122-0

© dieser Ausgabe 1998 by Theseus Verlag, Berlin
© der Einzelbeiträge ist im Quellenverzeichnis unter dem jeweiligen
Autorennamen angegeben

Die Verwertung der Texte und Bilder, auch auszugsweise, ist ohne
Zustimmung des Verlages urheberrechtswidrig und strafbar. Dies gilt auch für
Vervielfältigungen, Übersetzungen, Mikroverfilmungen und für die
Verarbeitung mit elektronischen Systemen.

Umschlaggestaltung: Rex Verlagsproduktion, München
Titelfoto: IFA Bail & Spiegel
Gestaltung und Satz: Typografik & Design
Druck: Wiener Verlag, Himberg
Printed in Austria

Gedruckt auf alterungsbeständigem Papier
mit chlorfrei gebleichtem Zellstoff.

Inhalt

Alfred Weil
Einleitung: Stiller Geist - Klarer Geist   7

Thich Nhat Hanh
Achtsamkeitsübungen 18

Nyanaponika Mahathera
Die Übung des Reinen Beobachtens 35

Geshe Rabten
Die Grundlagen der Meditation 52

Mahasi Sayadaw
Praxis der Klarblickmeditation – Die Grundübungen . . . 69

Geshe Thubten Ngawang
Shamatha – Die Entfaltung Geistiger Ruhe 88

Taisen Deshimaru
Die richtige Art, Zazen zu üben 103

Buddhadasa Bhikkhu
Die meditative Entwicklung der Geistesgegenwart
beim Atmen 117

Agetsu Wydler Haduch
Das Wesen der Zen-Meditation 140

Gendün Rinpoche
Meditation jenseits von Hoffnung und Furcht 154

Ayya Khema
Weg zur Ruhe – Die meditativen Vertiefungen 181

Henepola Gunaratana
Die erste Vertiefung und ihre Faktoren 199

Samdhong Rinpoche
Buddhistische Meditation 221

Genro Koudela
Selbst und Nicht-Selbst im Zen 239

Sangharakshita
Ein System der Meditation 252

Shunryu Suzuki
Zen-Geist – Anfänger-Geist 276

Quellen 299

Dank 302

Alfred Weil

Einleitung: Stiller Geist – Klarer Geist

Die Botschaft des Buddha ist universell, befreiend und stets praxisbezogen. Sie will nicht eine weitere interessante Philosophie sein oder außergewöhnliche Erklärungen für die vielen Rätsel der Welt liefern. Sie möchte vielmehr gangbare Wege zu innerem Frieden, Sicherheit und Glück zeigen. Wie vielfältig und facettenreich die Ratschläge des Erwachten hierzu auch erscheinen, sie alle lassen sich doch zu drei großen Themen zusammenfassen: Wissen, ethisches Handeln und Entfaltung des Geistes.

Wie das Morgenrot dem hellen Tag vorausgeht, formuliert der Buddha in einem seiner Gleichnisse, so geht Erkenntnis der Befreiung voran. Um Leidfreiheit zu erlangen, brauchen wir also zunächst ein klares Verständnis der Daseinswirklichkeit. Wir benötigen eine illusionslose und unverzerrte Sicht der Natur aller Dinge.

Der zweite wesentliche Bereich der buddhistischen Spiritualität ist die Ethik. Sie zeigt die Notwendigkeit und den Sinn guter zwischenmenschlicher Beziehungen, und sie umfaßt allgemeingültige Regeln für unser Handeln in der Welt. Wo das nicht in Ordnung ist, kann unser Innerstes nie in Ordnung kommen.

Und schließlich geht es um die Meditation, um die unmittelbare Schulung unseres geistigen und seelischen Potentials. Dieser dritte Aspekt steht im Mittelpunkt des vorliegenden Buches. Es will zeigen, welche Fähigkeiten in uns wachsen und vollendet werden können. Es handelt davon, wie wir achtsamer, harmonischer und ausgeglichener werden können. Es lehrt, wie wir uns selbst kennen- und verstehen lernen und so dem Leben mit seinen Herausforderungen souveräner begegnen können. Es veranschaulicht, wie Meditation uns intuitiver, einsichtiger und wissender werden läßt und uns unbeschwerter, zufriedener und freier macht.

Aber trotz dieser Beschränkung auf nur einen der drei Abschnitte des buddhistischen Übungsweges haben wir es mit einer sehr umfassenden Thematik zu tun. Vielen Menschen ist sie fremd und erscheint ihnen verwirrend – den Anfängern ebenso wie Erfahrenen und Geübten. Warum ist das so?

Im Abendland ist das Verständnis für die »innere Wirklichkeit« weitgehend verlorengegangen. Unser Blick richtet sich auf die »äußere Welt«. Sie ist es, die wir erforschen, die wir uns unterwerfen und uns nutzbar machen wollen. Hier vermuten wir das Geheimnis unseres Glücks. Die Menschen unseres Jahrhunderts sind kaum mehr vertraut mit sich selbst und ihrer inneren Dimension. Die Zugänge zu ihrem eigenen Geist sind versperrt, das Wissen um seine umfassenden Möglichkeiten kaum vorhanden. Die noch im christlichen Mittelalter klare Kenntnis vom Wesen und Wert der Kontemplation ist verblaßt. Meditation ist ein leeres Wort geworden, mit dem die wenigsten eine konkrete Erfahrung verbinden.

Ist Meditation überhaupt etwas für »ganz normale« Menschen mit Familie und Beruf, oder taugt sie lediglich für weltfremde Einsiedler und religiöse Ausnahmeerscheinungen? Von wie vielen unterschiedlichen Meditationsmethoden ist da manchmal die Rede. Haben sie alle die gleichen Ziele, oder verfolgen sie jeweils ganz andere Zwecke? Sind sie gleichermaßen wertvoll und empfehlenswert, oder führen manche schneller, müheloser und sicherer zu dem gewünschten Ergebnis? Wie unterscheiden sich die einzelnen buddhistischen Schulen, beziehungsweise was macht ihre Gemeinsamkeit aus? Die Fragen ließen sich beliebig fortsetzen.

Meditation

Ganz allgemein gesprochen ist Meditation ein Weg zur Entfaltung der geistigen Fähigkeiten, über die wir alle verfügen, die wir aber in den seltensten Fällen näher kennen und tatsächlich nutzen. Wir können aber lernen, genau das zu tun und so Meditation als ein Mittel zu nutzen, das uns bei unserer Suche nach Glück und Zufriedenheit zur Verfügung steht.

Viele Menschen verbinden mit Meditation Vorstellungen wie Entspannung, innere Ruhe und Konfliktminderung. Deshalb setzen sie sich regelmäßig auf ihr Kissen. Das ist legitim, aber noch nicht das, worum es wirklich geht. Andere wissen, daß ein geschulter und reiner Geist nicht nur ein geeignetes Werkzeug ist, das uns äußeres Wohlbefinden verschaffen kann, sondern selbst schon voller Freude und Zufriedenheit ist. Das ist der Grund, warum sie sich der Übungen der Konzentration und der Vertiefung widmen. Auch das geht in die richtige Richtung, ohne aber schon das Entscheidende bereits im Auge zu haben. Meditation wird man erst dann vollständig verstehen, wenn man in ihr eine Möglichkeit sieht, die völlige Befreiung aus dem Leidenszusammenhang zu erlangen und aus diesem Daseinstraum zu erwachen. Und das allein ist, wozu der Buddha letztlich gelehrt hat.

Ein näherer Blick zeigt, daß die geistige Entwicklung, von der im Zusammenhang mit der buddhistischen Meditation die Rede ist, in zwei Richtungen zielt: auf Ruhe und Einsicht. Wem nur ein einziges Mal deutlich geworden ist, wie bewegt und rastlos, zerstreut und flatterhaft unser Geist normalerweise ist, begreift leicht die erste Aufgabe der meditativen Praxis. Wer nur einmal gründlich bei sich gesehen hat, wie Gedanken und Emotionen, Erinnerungen und Zukunftspläne, Wünsche und Ängste, Hoffnungen und Sorgen ununterbrochen aufsteigen und im nächsten Moment wieder verschwinden und wieder aufsteigen, um sogleich den nächsten Platz zu machen – dem ist klar, in welchem friedlosen Zustand sich sein Geist befindet. Meditation kann den Geist stiller, ruhiger, harmonischer, gesammelter und konzentrierter machen. Sie lehrt, uns von ihm nicht länger auf der Nase herumtanzen zu lassen. Sie lehrt uns, endlich unser eigener Herr zu werden.

Was wir mit der Meditation noch erreichen können, mag am besten ein Gleichnis des Buddha selbst verdeutlichen. Stellen wir uns einen See vor, dessen Oberfläche vom Wind aufgepeitscht ist und auf dem sich ständig neue Wellen bilden. Wäre da irgend jemand in der Lage, auf den Grund des Sees zu schauen? Nein, selbst mit größter Anstrengung nicht. Könnte der Betreffende die Fische im Wasser, die Muscheln, Steine und Pflanzen auf dem Grund deutlich sehen? Wohl kaum. Solange sich die Wogen nicht glätten, hat er keine Chance. In diesem Bild steht der See für unser Leben, das aufgewühlte Wasser für unseren ruhelosen Geist. Wir möchten die Schönheit der Natur sehen und genießen, aber wir können es nicht.

Wir sind nicht in der Lage, die Dinge unverschleiert und unverzerrt wahrzunehmen. Was uns daran hindert, sind »Gier, Haß und Verblendung«, wie es der Buddha drastisch formuliert. Sie sind es, die den Geist in Bewegung halten und nie rasten lassen. Sie sind es auch, die unserem Leben seine Färbung geben. Wir sind es gewohnt, alle Menschen, Gegenstände und Situationen nach (subjektiven) Maßstäben von Mögen und Nichtmögen zu beurteilen. In allen unseren Erlebnissen spiegeln sich Verlangen und Abneigung wider. Zuneigung und Abneigung lassen uns alles wie durch eine gefärbte Brille sehen – verlockend oder abstoßend, schön oder häßlich, angenehm oder unangenehm; aber nie so, wie die Dinge wirklich sind.

Illusion und Irrtum sind aber immer der Beginn von Unannehmlichkeit und Unglück. Wer sie vermeiden will, muß seinen Realitätssinn schärfen und die Dinge unvoreingenommen betrachten. Und damit sind wir (wieder) bei dem zweiten Ziel der Meditation. Neben Ruhe und Sammlung geht es ihr um geistige Klarheit und Intuition, um tiefe Einsicht und Weisheit, um die vorurteilslose Schau der Realität. Sie ist dann vorhanden, wenn wir uns der drei grundlegenden Eigenschaften aller Daseinsphänomene bewußt sind: ihrer Vergänglichkeit, ihrer Unvollkommenheit und ihrer Substanzlosigkeit. Wenn wir sie sehen, sehen wir die Realität.

Damit keine Mißverständnisse entstehen: Zum Gehen sind beide Beine nötig. Sicher hebt man einen Fuß zuerst und macht einen – vielleicht sogar großen – Schritt nach vorn. Und es ist nicht so entscheidend, ob man dabei mit dem linken oder dem rechten Fuß beginnt. Aber richtig vorwärtskommen wird nur, wer tatsächlich beide Beine benutzt. In der Meditation bedingen sich Ruhe und Einsicht wechselseitig. Wird der Geist stiller, wird er auch schärfer. Und umgekehrt: Wird der Geist klarer, kommt er auch mehr zur Ruhe. Meditation heißt also, beides zu üben: Sammlung und Einsicht, Vertiefung und Klarblick, Konzentration und Intuition.

Der archimedische Punkt

Der Buddha lebte in einem Land, das eine reiche spirituelle Tradition besaß und in dem Meditation von vielen geübt und gelehrt wurde. Seine Zeit kannte nicht nur den ausgeprägten Opferkult des Brahmanismus, sondern auch eine tiefe Mystik. Deshalb lag es nahe, daß sich Siddhartha Gautama, der künftige Buddha, zu Beginn seiner spirituellen Suche zu den berühmtesten und einflußreichsten Meditationsmeistern des Landes begab. Zunächst wurde er Schüler von Alara Kalama, einem Kenner der meditativen Sammlung. Er beherrschte und lehrte den »Nichtdaseinsbereich«, einen Bewußtseinszustand jenseits aller sinnlichen Wahrnehmung. Formwahrnehmungen jeglicher Art, wie wir sie normalerweise ständig über unsere fünf Sinnesorgane erfahren und die das normale Leben ausmachen, finden auf dieser Stufe der Vertiefung nicht mehr statt. Und selbst das Denken hört für diese Zeit auf. Später kam Siddhartha zu Uddaka Ramaputta, der über seinen Vater von einer noch tieferen Ebene geistiger Versenkung gehört hatte, sie selbst aber schon nicht mehr aus eigener Verwirklichung kannte. Uddaka Ramaputta unterwies seine Schüler, noch weiterzugehen, auch Raum- und Zeitvorstellung zu überwinden und in den Zustand der »Weder-Wahrnehmung-noch-Nicht-Wahrnehmung« einzutreten. Dieser Zustand war so erhaben und subtil, daß er in den Grenzbereich zwischen Bewußtheit und dem Ende der Nicht-Bewußtheit gehört.

Dem künftigen Buddha bereiteten diese Weisen der Meditation keine besonderen Schwierigkeiten. Unter gewissenhafter Anleitung erlernte und vervollkommnete er sie schnell. Doch wo seine Lehrer am Ende der spirituellen Entwicklung angekommen zu sein und den Weg vollendet zu haben glaubten, erkannte er: Da gibt es noch mehr zu tun. Noch ist das Ende nicht erreicht, noch ist das eigene Innere nicht völlig gestillt, noch ist das Todlose, das Ungewordene, Sichere, Unvergängliche, völlige Leidfreie nicht erlangt. Gewiß, oberflächlich gesehen war der Geist beruhigt und besänftigt. Aber offensichtlich war er im Innersten noch nicht absolut rein und geläutert. Siddhartha ahnte, daß all diese erhabenen Bewußtseinsstufen – und sie entsprachen dem höchsten spirituellen Wissen seiner Zeit – nicht die endgültige Befreiung darstellten. Irgendwie spürte er, daß noch immer Kräfte in ihm vorhanden waren, die ihn weiter an das Dasein und dessen Unvollkommenheit fesselten.

Die alles entscheidende Anwort fand er jedoch nicht sofort. Viele Um- und Irrwege waren noch zu gehen. Er versuchte es über strengste Askese, indem er seinen Körper quälte und dessen Regungen gewaltsam unterdrückte. Er peinigte und mißhandelte ihn, er hungerte und dürstete, und er gönnte sich keinerlei Freude oder Annehmlichkeit, gemäß einer Maxime seiner Zeit: Glück kann man nur durch Schmerz erlangen. Doch all die Entbehrungen und bittern Kämpfe waren vergeblich. Sie brachten ihn an den Rand des Todes, nicht aber an das gewünschte Ziel. Aber es mußte einen Ausweg geben, dessen war er sich sicher.

Und tatsächlich. Eines Tages erinnerte er sich an eine lange zurückliegende Begebenheit während seiner Kindheit. Damals hatte der junge Prinz unter einem Rosenapfelbaum gesessen, so sagt es die Überlieferung, als er unverhofft ein ihn tief beeindruckendes Erlebnis hatte. Ohne erkennbaren Anlaß stieg in ihm ein bisher nicht gekanntes, überwältigendes Gefühl innerer Seligkeit auf; ein Glück, das aus ihm selbst kam und das unabhängig von den Dingen der äußeren Welt war. Jetzt, da diese Erinnerung wieder vor sein geistiges Auge trat, wurde dem künftigen Buddha klar: Das könnte der richtige Weg sein. Auf ihm will ich es versuchen. Und er beschritt ihn, um nach nur kurzer Zeit die endgültige Gewißheit zu haben. Er war zu einem Buddha geworden: aus dem Daseinstraum erwacht, unverletzbar und frei.

Was war das Entscheidende dieses Weges, den keiner seiner Zeitgenossen entdeckt und keiner von ihnen zuvor gegangen war? Alaro Kalamo und Uddaka Ramaputta hatten gezeigt, wie sich durch intensive geistige Konzentration die sinnliche Wahrnehmung vorübergehend beiseite schieben und wie sich das normale weltliche Erleben zeitweise transzendieren ließ. Wer das konnte, konnte das Leiden hinter sich lassen, so propagierten die Anhänger jener Schulen. Aber sie kannten kein Mittel, um die nach wie vor vorhandene subtile und unbewußte Abhängigkeit von den angenehmen Sinneserlebnissen zu überwinden. Das war der Grund, warum diese in der Meditation erfahrenen friedvollen Zustände nicht von Dauer sein konnten, geschweige daß so ein Ende des Daseinskreislaufs zu erreichen war.

Sich dem Sinnesgenuß ganz und kritiklos hinzugeben war keine Lösung. Jeder Freude zu entsagen ebenfalls nicht. Es war der Weg der Mitte, der diesen Widerspruch aufzulösen vermochte. Der Buddha erkannte, daß die Befreiung sehr wohl über die Entfaltung der (meditativen) Freude möglich war, aber man durfte nicht bei ihr stehenbleiben. Nun, da er eine Quelle höheren und intensiveren Glückes in seinem Inneren entdeckte und aus ihr schöpfte, wurde sein Geist unabhängiger. Er war nicht länger gefangen von den vordergründigen Verlockungen der Welt, denn für etwas Besseres gibt man gerne das Minderwertigere auf. Zudem machte die jetzt erfahrene Stille, Heiterkeit und Sammlung des Geistes diesen zu einem scharfen Instrument der Weisheit. Sie bereiteten ihn auf die tiefste, alles durchdringende Einsicht vor. Mit diesem stetigen, konzentrierten und geschmeidigen Geist konnte er die Daseinswirklichkeit unmittelbar und vollständig erfassen.

Der Buddha erkannte alle Erscheinungen in ihrem Werden und Vergehen, er schaute ihren fließenden, unsteten, flüchtigen Charakter: Nirgends gibt es da Halt und Sicherheit, denn nichts ist von fester und dauerhafter Substanz. Alle Phänomene der Existenz sind ohne Kern, sie sind leer. Das Heil, so wußte der Buddha nun, war im Bedingten und Gewordenen nicht zu finden: Wer Todlosigkeit und die Leidfreiheit erlangen will, muß das Unentstandene und Bedingungslose finden.

Themen und Auswahl der Texte

Inhaltlich liefert die vorliegende Textauswahl einen breiten und zugleich dichten Überblick. So geht es um die Beschreibung, was »Meditation eigentlich ist« und welchen Stellenwert sie in der Befreiungslehre des Buddha insgesamt einnimmt. Die beiden Grundpfeiler meditativer Praxis »Ruhe und Einsicht« sind, wie nicht anders zu erwarten, das durchgehende Motiv der Belehrungen, das in vielen Varianten ausgearbeitet ist. Es sind Beiträge zu lesen, die eher um einen umfassenden Überblick bemüht sind, während andere das eine oder andere wichtige Detail herausgreifen, um es näher zu untersuchen. Leicht lesbare und eingängige Darstellungen stehen neben solchen, die eine sehr präzise und wissenschaftliche Begrifflichkeit benutzen.

Das Buch hat zunächst einen ganz praktischen Schwerpunkt. Es beantwortet die Frage: »Wie mache ich es konkret?« und gibt genaue Anleitungen. Thich Nhat Hanh etwa nennt eine Vielzahl von Übungen, die sich ganz direkt auf unsere Alltagssituation beziehen; Übungen, die uns immer wieder – am Arbeitsplatz, zu Hause oder unterwegs – einfallen und inspirieren können. Andere Anweisungen sind systematischer und mitunter nur verständlich, wenn man sie auf die Situation eines Retreats bezieht, in dem man sich für mehrere Tage oder noch länger zurückzieht. Sie sind ganz konsequent nur in einem geschützten Rahmen und während eines speziellen und eingehenden Trainings zu befolgen. Ein Beispiel dafür ist Mahasi Sayadaws Erläuterung der »Grundlagen der Achtsamkeit«. Mit den *satipatthana* spricht er die vier wesentlichen Objekte buddhistischer Meditation an. Geshe Rabten beschreibt einführend das allgemeine Umfeld für eine erfolgreiche Meditation. Wie also müssen die äußeren und inneren Bedingungen der Praxis aussehen? Buddhadasa Bhikkhu entwirft ein ausführliches Trainingsprogramm der »Atembetrachtung«, mit dem man heute starten und das man lebenslang beibehalten kann. Ebenso systematisch geht Geshe Thubten Ngawang vor, der einen umfassenden und anschaulichen Überblick über den Weg zur »Geistigen Ruhe« gibt und ihn Stufe um Stufe erläutert. Das Fortschreiten von der objektbezogenen zur gegenstandslosen Meditation beschreibt Agetsu Wydler Haduch. In ihrem Beitrag finden sich praktische und erklärende Hinweise aus der Sicht des Zen. Den ersten Themenkreis des Buches beschließt Gendün Rinpoche. Neben seinen grundlegenden Ausführungen benennt und korrigiert er insbesondere eine ganze Reihe von Mißdeutungen und irrigen Auffassungen bezüglich der meditativen Praxis.

Man macht nur das richtig, was man auch richtig begreift. Die Beschäftigung mit Meditation setzt auch ein ausreichendes Verständnis voraus. Der zweite Schwerpunkt dieses Buches widmet sich daher Fragen wie: Wie funktioniert unser Geist? Wie läßt er sich beeinflussen? Was geschieht in der Meditation? Welche Entwicklungsschritte gibt es? Wie kann man Meditation als ein System beschreiben?

Bei Ayya Khema und Henepola Gunaratana stehen die meditativen »Vertiefungen« ganz im Vordergrund, einmal in der Zusammenschau aller acht *jhana* und dann als eine genaue Analyse der ersten Stufe und ihrer einzelnen Faktoren. Auch Samdhong Rinpoche untersucht die unterschiedlichen Ebenen der Sammlung und Konzentration des Geistes, um dann deren Bedeutung für die Erlangung von Weisheit zu erläutern. Der Frage nach dem wahren Geisteszustand im Zen geht Taisen Deshimaru nach. Er »ist sowohl subjektive Konzentration als auch objektive Beobachtung«, so seine Antwort. Nyanaponika Mahathera thematisiert das geistige Instrument, das wir für wahre Erkenntnis benötigen: die Fähigkeit der Achtsamkeit, die das »Reine Beobachten« und damit eine unverzerrte Sicht der Dinge ermöglicht. Um die Rolle der direkten Erfahrung und der Intuition geht es Genro Koudela. Für ihn ist die Praxis des Nicht-Selbst die Zenpraxis schlechthin, und er zeigt, wie das Bewußtsein den ursprünglichen Zustand des Eins-seins wiedererlangen kann. Im Schlußteil gibt Sangharakshita einen Überblick über die verschiedenen Arten der Meditation und schlägt einen stufenmäßigen Aufbau des Übungsweges vor, bei dem die einzelnen Elemente des spirituellen Trainings zusammenwirken. In Shunryu Suzukis Beitrag spiegelt sich ganz zum Schluß noch einmal unmittelbar die Qualität des geschulten und freien Geistes. In typischer Zen-Manier lehrt er, in klaren und schlichten Worten, ohne Gedankenakrobatik und nutzlosen theoretischen Ballast.

Ähnlich wie bei den bereits vorliegenden Bänden der DBU-Schriftenreihe ist auch diesmal Absicht, möglichst viele und unterschiedliche Facetten des Themas zu berücksichtigen. Natürlich sind Autorinnen und Autoren der verschiedenen (großen) buddhistischen Traditionen vertreten: Was den Theravada betrifft, so kommen die Belehrungen aus Burma (Mahasi Sayadaw), aus Thailand (Buddhadasa Bhikkhu) und Sri Lanka (Henepola Gunaratana) sowie von seinen beiden europäischen Vertretern Ayya Khema und Nyanaponika Mahathera. Der tibetische Buddhismus findet Berücksichtigung mit Geshe Rabten, Geshe Thubten Ngawang und Samdhong Rinpoche (Gelug) sowie Gendün Rinpoche (Kagyü). Das Zen Japans und Vietnams findet sich in Texten der Soto- (Taisen Deshimaru, Shunryu Suzuki) und der Rinzai-Schule (Thich Nhat Hanh, Genro Koudela, Agetsu Wydler Haduch) wieder. Durch die Person Sangharakshitas ist außerdem ein explizit traditionsübergreifender Ansatz vertreten.

Auffällig ist die Vielzahl der bekannten und klangvollen Namen bei den zu Wort kommenden Autorinnen und Autoren. Sie stehen für Menschen mit außergewöhnlicher Erfahrung und Wirkung. Unvergessene Meister Asiens finden sich neben herausragenden Abendländern; meist sind sie wichtige »Brückenbauer« zwischen Ost und West. Der eine oder andere dieser Lehrer leistete beachtliche »Pionierarbeit« – nicht selten auch in den asiatischen Ländern selbst, in denen die hohe Kunst der Meditation im Laufe der Jahrhunderte mehr und mehr in Vergessenheit zu geraten drohte. Die teilweise Wiederentdeckung und Wiederbelebung in den buddhistischen Ländern war nicht zuletzt eine Bedingung dafür, daß die Meditation überhaupt in den Westen kommen konnte.

Dieses Buch bringt eine Reihe hervorragender Texte zusammen, die sonst nur sehr schwer zugänglich sind. Ein Großteil von ihnen sind Übersetzungen aus dem Englischen und somit erstmals in deutscher Sprache verfügbar. Viele Beiträge wurden überdies für diese Ausgabe in unterschiedlichem Umfang noch einmal bearbeitet.

Stiller Geist – Klarer Geist will also einen Einblick in das Thema durch vielfältige Herangehens- und Darstellungsweisen versuchen. Vollständigkeit erreicht das Buch erwartungsgemäß nicht. Da die zu behandelnde Materie sehr vielschichtig ist, ist eine alles umfassende Darstellung gar nicht möglich.

Hoffentlich kann dieses Buch Wegweiser sein, indem es Einsichten weitergibt, Praxis beschreibt und – auf solche Menschen hinweist, die noch direkter und gezielter Hilfen geben können. Deshalb sei an dieser Stelle eine Empfehlung wiederholt, die stets ihre Gültigkeit behält. Meditation ist ein praktischer Weg, der am besten in Begleitung einer erfahrenen Lehrerin oder eines erfahrenen Lehrers gegangen werden kann – zumal in den fortgeschrittenen Stadien. Auf ihren Rat sollte man zurückgreifen.

Thich Nhat Hanh

Achtsamkeitsübungen

Thich Nhat Hanh, 1926 in Vietnam geboren, wurde mit sechzehn Jahren Mönch in einem Kloster der Rinzai-Zen-Schule und war später führend in der gewaltfreien buddhistischen Friedens- und Sozialbewegung aktiv. Er lebt heute in Südfrankreich im Exil und vermittelt auf seinen vielen Reisen in Europa und den USA die buddhistische Lehre. Großes Gewicht legt er auf die Achtsamkeit im Alltag und die Einsicht in die allseitige Verbundenheit aller Phänomene (Intersein). Thich Nhat Hanh ist Autor zahlreicher Bücher, die in viele Sprachen übersetzt wurden.

Der hier ausgewählte Text hat einen unmittelbar praktischen Bezug. Er setzt bei unseren alltäglichen Erfahrungen an. Wir brauchen keine besonderen Vorbereitungen zu treffen oder auf einen »günstigen Moment« zu warten, wenn wir meditieren möchten. Wir können die vielen Gelegenheiten nutzen, die sich fast jeden Augenblick bieten, und einfach beginnen. Auch wenn wir noch nie etwas über Meditation gehört haben und nichts über die Hintergründe dieser spirituellen Praxis wissen, die Worte Thich Nhat Hanhs lassen uns spüren, um was es geht: um Achtsamkeit und Bewußtheit in unserem alltäglichen Leben, bei all unseren Aktivitäten.

Wenn wir unsere Achtsamkeit schärfen, werden wir die Dinge klarer sehen; wenn wir genau hinschauen, offenbart sich uns das Wesen der Natur und des Lebens. Wir lernen, souveräner mit den uns gestellten Aufgaben und den uns begegnenden Schwierigkeiten umzugehen. Wir lassen los, entspannen, finden Frieden in uns. Das öffnet auch den Blick für andere, deren Sorgen und Nöte nun ebenfalls sichtbar werden. Mitgefühl entsteht, und wir lernen zu handeln, ohne anzuhaften.

Ich möchte im folgenden einige Übungen und Meditationsansätze beschreiben, die ich oft angewandt habe. Ich habe einige Methoden abgewandelt, um sie meinen eigenen Umständen und Neigungen anzupassen. Such dir diejenigen heraus, die du besonders gerne magst und die dir am angemessensten sind. Der Wert jeder Methode ändert sich, in Abhängigkeit von den einzigartigen Bedürfnissen der einzelnen. Diese Übungen sind zwar verhältnismäßig einfach, bilden aber doch die Grundlage, auf der alles Weitere aufbaut.

Halblächeln beim Erwachen am Morgen

Häng dir einen Zweig oder irgendein anderes Zeichen oder sogar das Wort »Lächeln« an die Decke oder Wand, so daß du es sofort siehst, wenn du deine Augen öffnest. Dieses Zeichen soll dir als Erinnerung dienen. Nutze die Sekunden vor dem Aufstehen und spüre deinen Atem. Atme dreimal sanft ein und aus und halte dabei ein Halblächeln aufrecht. Folge deinem Atem.

Halblächeln in freien Augenblicken

Wo immer du sitzt oder stehst, übe ein Halblächeln. Schau ein Kind an, ein Blatt, ein Gemälde an der Wand, irgend etwas, was verhältnismäßig ruhig ist, und lächle. Atme dreimal still ein und aus. Halte ein Halblächeln aufrecht und betrachte den Punkt deiner Aufmerksamkeit als dein wahres Wesen.

Halblächeln beim Musikhören

Höre zwei, drei Minuten ein Musikstück an. Richte deine Aufmerksamkeit auf die Worte, die Musik, den Rhythmus und deine Empfindungen. Lächle und achte auf Ein- und Ausatmen.

Halblächeln bei Gereiztheit

Wenn du eine Gereiztheit bemerkst, übe ein Halblächeln. Atme ruhig ein und aus und halte das Halblächeln für drei Atemzüge aufrecht.

Loslassen im Liegen

Lege dich auf den Rücken, auf eine flache Unterlage, ohne eine Matratze oder ein Kissen als Stütze. Halte die Arme locker auf den Seiten und deine ausgestreckten Beine leicht auseinander. Halte ein Halblächeln aufrecht. Atme sanft ein und aus und halte deine Aufmerksamkeit beim Atem. Laß jeden Muskel im Körper los. Entspanne jeden Muskel so, als ob er nach unten, durch den Boden sänke oder als ob er sanft und nachgiebig sei wie ein Stück Seide, das in der Luft zum Trocknen hängt. Laß alles los und richte deine Aufmerksamkeit nur auf den Atem und das Halblächeln. Stell dir vor, du seist eine Katze, die ganz entspannt vor einem warmen Feuer liegt und deren Muskeln jedem Druck widerstandslos nachgeben. Führe das fort während fünfzehn Atemzügen.

Loslassen im Sitzen

Setze dich in den halben oder vollen Lotossitz, mit gekreuzten oder untergeschlagenen Beinen, vielleicht sogar auf einen Stuhl, mit beiden Fußsohlen auf dem Boden. Übe ein Halblächeln. Atme ein und aus und halte das Halblächeln aufrecht. Laß los.

Tiefes Atmen

Lege dich auf den Rücken. Atme gleichmäßig und sanft und richte deine Aufmerksamkeit auf die Bewegungen deines Bauches. Wenn du anfängst einzuatmen, laß deine Bauchdecke sich heben, um so dem unteren Teil der Lungen Luft zuzuführen. Wenn sich der obere Teil der Lungen mit Luft zu füllen beginnt, hebt sich deine Brust, und die Bauchdecke beginnt zu sinken.

Ermüde dich nicht. Tu das für zehn Atemzüge. Das Ausatmen wird länger dauern als das Einatmen.

Den Atem mit den Schritten messen

Gehe langsam und entspannt im Garten umher, an einem Fluß entlang oder auf einem Feldweg. Atme normal. Bestimme die Länge eines Atemzuges, die Dauer von Ein- und Ausatmen, durch die Anzahl deiner Schritte. Tu das für einige Minuten. Fange damit an, das Ausatmen um einen Schritt zu verlängern. Zwinge dich nicht zu einer längeren Einatmung. Atme natürlich. Achte beim Einatmen sorgfältig darauf, ob der Wunsch entsteht, es zu verlängern. Tu das während zehn Atemzügen. Verlängere jetzt das Ausatmen um einen weiteren Schritt. Achte darauf, ob sich auch das Einatmen um einen Schritt verlängert oder nicht. Verlängere das Ausatmen nur, wenn du das Gefühl hast, daß es dir Freude bereitet. Kehre nach zwanzig Atemzügen zum normalen Atmen zurück. Nach etwa fünf Minuten kannst du wieder mit der Übung der verlängerten Atemzüge beginnen. Wenn du die geringste Müdigkeit verspürst, kehre zum normalen Atmen zurück. Nach mehreren Sitzungen solcher Übungen des verlängerten Atems werden Ein- und Ausatmung gleich lang. Dehne das lange gleichmäßige Atmen nicht über zehn oder zwanzig Atemzüge aus und kehre dann zum normalen Atmen zurück.

Den Atem zählen

Setze dich in den vollen oder halben Lotossitz oder mache einen Spaziergang. Wenn du einatmest, dann sei dir bewußt: »Ich atme ein, eins.« Wenn du ausatmest, dann sei dir bewußt: »Ich atme aus, eins.« Denke daran, vom Bauch her zu atmen. Wenn du mit dem zweiten Einatmen beginnst, sei dir bewußt: »Ich atme ein, zwei.« Wenn du langsam ausatmest, sei dir bewußt: »Ich atme aus, zwei.« Fahre so fort bis zehn. Wenn du bei zehn angekommen bist, dann kehre zu eins zurück. Immer wenn du das Zählen vergißt, kehre zu eins zurück.

Dem Atem folgen beim Hören von Musik

Höre dir ein Musikstück an. Atme lang, leicht und gleichmäßig. Folge deinem Atem, sei Herr deines Atems, und sei dir der Bewegung und deiner Empfindungen bei der Musik bewußt. Verliere dich nicht in der Musik, sondern bleibe weiterhin Herr deines Atmens und Herr deiner selbst.

Dem Atem folgen bei einem Gespräch

Atme lang, leicht und gleichmäßig. Folge deinem Atem, wenn du den Worten eines Freundes oder deinen eigenen Antworten zuhörst. Fahre damit fort wie bei dem Musikstück.

Dem Atem folgen

Setze dich in den vollen oder halben Lotossitz oder gehe spazieren. Fange damit an, sanft und normal (vom Bauch her) zu atmen, dir bewußt: »Ich atme normal ein.« Tu das für drei Atemzüge. Folge jetzt sorgfältig deinem Atem und sei dir jeder Bewegung deines Bauches und deiner Lungen bewußt. Folge dem Ein- und Ausatmen der Luft. Sei dir bewußt: »Ich atme ein und folge dem Einatmen von Anfang bis Ende. Ich atme aus und folge dem Ausatmen von Anfang bis Ende.« Tu das während zwanzig Atemzügen. Kehre dann zum normalen Atmen zurück. Wiederhole die Übung nach fünf Minuten. Denke daran, beim Atmen das Halblächeln beizubehalten. Wenn du diese Übung beherrschst, gehe weiter zur nächsten.

Atmen zur Beruhigung von Körper und Geist, um Freude zu erfahren

Setze dich in den vollen oder halben Lotossitz. Übe ein Halblächeln. Folge deinem Atem. Wenn Körper und Geist ruhig sind, fahre fort, sehr leicht ein- und auszuatmen, und sei dir bewußt: »Ich atme ein und mache den Atemkörper leicht und friedvoll.«

Tu das für drei Atemzüge und lasse achtsam den Gedanken entstehen: »Ich atme ein und mache meinen ganzen Körper leicht und friedvoll und froh.« Tu das für drei Atemzüge und lasse achtsam den Gedanken entstehen: »Ich atme ein, und Körper und Geist sind ruhig und froh. Ich atme aus, und Körper und Geist sind ruhig und froh.« Halte diesen Gedanken achtsam aufrecht, für fünf bis dreißig Minuten oder eine ganze Stunde, entsprechend deinen Fähigkeiten und der verfügbaren Zeit. Anfang und Ende der Übung sollten entspannt und sanft sein. Wenn du aufhören möchtest, so massiere zuerst Augen und Gesicht mit beiden Händen und dann die Beine, bevor du wieder aufstehst und eine normale Sitzhaltung einnimmst. Halte einen Augenblick inne, bevor du aufstehst.

Achtsamkeit für die Körperhaltung

Diese Übung kannst du überall und jederzeit durchführen. Fange damit an, die Aufmerksamkeit auf deinen Atem zu richten. Atme ruhig und tiefer als üblich. Sei dir der Haltung deines Körpers bewußt, ob du gehst, stehst, liegst oder sitzt. Sei dir bewußt, welchen Zweck deine Haltung hat. Du bist dir zum Beispiel bewußt, daß du auf einem grünen Hügel stehst, um dich zu erfrischen, um den Atem zu betrachten oder einfach zu stehen. Wenn es keinen bestimmten Zweck gibt, dann sei dir bewußt, daß es ohne Zweck geschieht.

Achtsamkeit bei der Teezubereitung

Bereite eine Kanne Tee zu, für einen Gast oder für dich selbst. Mache jede Bewegung langsam, in Achtsamkeit. Laß keine Einzelheit deiner Bewegungen geschehen, ohne dir ihrer bewußt zu sein. Sei dir bewußt, daß deine Hände die Kanne am Henkel hochheben. Sei dir bewußt, daß du den heißen Tee in die Tasse gießt. Folge jedem Schritt in Achtsamkeit. Atme sanft und tiefer als üblich. Werde dir deines Atems bewußt, wenn deine Gedanken abschweifen.

Der Abwasch

Spüle das Geschirr entspannt ab, als sei jede Schale Gegenstand deiner Betrachtung. Betrachte jeden Teller als heilig. Folge deinem Atem, damit dein Geist nicht abschweift. Versuche nicht, dich zu beeilen, um die Arbeit hinter dich zu bringen. Betrachte den Abwasch als das Wichtigste auf der Welt. Abwaschen ist Meditation. Wenn du nicht achtsam abwaschen kannst, kannst du auch nicht meditieren, wenn du still sitzt.

Wäsche waschen

Wasche nicht zu viele Stücke auf einmal. Wähle dir drei, vier Teile aus. Suche dir die angenehmste Stellung dafür, im Sitzen oder Stehen, so daß dein Rücken nicht schmerzt. Wasche die Wäsche entspannt. Richte deine Aufmerksamkeit auf jede Bewegung deiner Hände und Arme. Achte auf Seife und Wasser. Wenn du mit Waschen und Klarspülen fertig bist, sollten sich Körper und Geist so rein fühlen wie die Kleider. Denke daran, ein Halblächeln beizubehalten und achte auf deinen Atem, wenn dein Geist abschweift.

Hausputz

Teile deine Arbeit in Abschnitte ein: aufräumen und Bücher einordnen, Toilette und Bad putzen, Fußböden aufwischen und abstauben. Nimm dir für jede Aufgabe genügend Zeit. Bewege dich langsam, dreimal so langsam wie üblich. Richte deine ganze Aufmerksamkeit auf jede Aufgabe. Wenn du zum Beispiel ein Buch ins Regal zurückstellst, schau dir das Buch an, sei dir bewußt, welches Buch es ist, daß du dabei bist, es ins Regal an einen bestimmten Ort zurückzustellen. Sei dir bewußt, daß deine Hand nach dem Buch greift und es hochnimmt. Vermeide jede abrupte und hastige Bewegung. Halte die Achtsamkeit auf den Atem aufrecht, vor allem wenn die Gedanken abschweifen.

Ein Bad in Zeitlupe

Genehmige dir dreißig bis fünfundvierzig Minuten für ein Bad. Eile dich nicht für eine Sekunde. Vom Augenblick an, in dem du das Badewasser zubereitest, bis du saubere Kleider anziehst, lasse jede Bewegung leicht und langsam sein. Sei achtsam auf jede Bewegung. Richte deine Aufmerksamkeit auf jeden Teil des Körpers, ohne Unterscheidung und ohne Furcht. Sei achtsam auf jeden Wasserstrahl auf deinem Körper. Nach dem Baden sollte sich dein Geist so friedvoll und leicht fühlen wie dein Körper. Folge deinem Atem. Stell dir vor, du seist in einem sauberen, duftenden Lotosteich im Sommer.

Der Kieselstein

Wenn du sitzt und langsam atmest, dann stelle dir vor, du seist ein Kieselstein, der in einen klaren Fluß fällt. Wenn du nach unten sinkst, so wird deine Bewegung nicht von irgendeiner Absicht geleitet. Sinke zum Ort der völligen Ruhe auf den weichen Sand des Flußbettes. Fahre fort, über den Kieselstein zu meditieren, bis Geist und Körper sich in völliger Ruhe befinden: ein Kiesel, der im Sand ruht. Halte diese Ruhe und diesen Frieden für eine halbe Stunde aufrecht und beobachte dabei deinen Atem. Kein Gedanke an Vergangenheit oder Zukunft kann dich von deiner gegenwärtigen Ruhe und Freude ablenken. Das Weltall existiert im gegenwärtigen Augenblick. Kein Wunsch kann dich von diesem gegenwärtigen Frieden ablenken, nicht einmal der Wunsch, Buddha zu werden, oder der Wunsch, alle Wesen zu retten. Sei dir bewußt, daß ein Buddha zu werden und alle Wesen zu retten nur auf der Grundlage des reinen Friedens im gegenwärtigen Augenblick verwirklicht werden kann.

Ein Tag der Achtsamkeit

Nimm dir einen Tag in der Woche, jeden beliebigen Tag, der für dich günstig ist. Vergiß die Arbeit, die du an den anderen Tagen zu tun hast. Verabrede dich mit niemandem und lade auch keine Freunde ein. Mache nur einfache Tätigkeiten, wie das Haus putzen, kochen, Wäsche waschen und abstauben. Wenn das Haus sauber und aufgeräumt und alles in Ordnung gebracht ist, nimm ganz langsam ein Bad. Bereite dir danach einen Tee und nimm ihn zu dir. Du kannst heilige Schriften lesen oder an enge Freunde schreiben. Danach kannst du einen Spaziergang machen und dabei den Atem betrachten. Wenn du heilige Schriften liest oder Briefe schreibst, bleibe achtsam und lasse dich durch sie nicht irgendwo anders hinziehen. Wenn du einen heiligen Text liest, sei dir bewußt, was du liest; wenn du einen Brief schreibst, sei dir bewußt, was du schreibst. Gehe genauso vor, wie wenn du ein Musikstück hörst oder mit einem Freund sprichst. Bereite dir am Abend eine leichte Mahlzeit, vielleicht nur ein paar Früchte oder ein Glas Fruchtsaft. Meditiere für eine Stunde im Sitzen, bevor du zu Bett gehst. Mache während des Tages zwei, drei Spaziergänge von je einer halben Stunde bis fünfundvierzig Minuten. Sei Herr deines Atems. Atme sanft (dehne deine Atemzüge nicht zu lange aus) und folge dabei dem Heben und Senken von Bauch und Brust mit geschlossenen Augen. Jede Bewegung an diesem Tag sollte zumindest doppelt so langsam sein wie üblich.

Betrachtung über wechselseitige Abhängigkeit

Suche ein Kinderbild von dir heraus. Setze dich in den vollen oder halben Lotossitz. Fange an, deinem Atem zu folgen. Nach zwanzig Atemzügen fange an, deine Aufmerksamkeit auf das Foto vor dir zu richten. Erschaffe die fünf Aggregate nach, die dich damals ausgemacht haben, als das Foto entstand, und erlebe sie wieder: deine körperlichen Eigenschaften, deine Gefühle, Wahrnehmungen, geistigen Funktionen und das Bewußtsein in jenem Alter. Fahre fort, deinem Atem zu folgen. Laß nicht zu, daß dich deine Erinnerungen weglocken oder überwältigen. Bleibe fünfzehn Minuten lang bei dieser Meditation. Behalte ein Halblächeln bei. Richte dann deine Aufmerksamkeit auf dein gegenwärtiges Selbst. Sei dir deines Körpers, deiner Gefühle, Wahrnehmungen, der geistigen Funktionen und deines Bewußtseins im gegenwärtigen Augenblick bewußt. Schau dir die fünf Aggregate an, die dich ausmachen. Frage dich: »Wer bin ich?« Die Frage sollte ganz tief in dir Wurzeln schlagen, so wie ein neues Samenkorn, das tief in die weiche Erde eingegraben wurde und ganz feucht ist. Die Frage »Wer bin ich?« sollte keine abstrakte Frage sein, die du mit deinem diskursiven Intellekt betrachtest. Die Frage »Wer bin ich?« ist nicht beschränkt auf deinen Intellekt, sie geht alle fünf Aggregate an. Versuche nicht, eine intellektuelle Antwort zu finden. Betrachte die Frage nur fünf Minuten und atme dabei leicht, aber tief, um dich nicht von philosophischen Spekulationen ablenken zu lassen.

Du selbst

Setze dich allein in ein dunkles Zimmer oder allein in der Nacht an einen dunklen Fluß. Fange damit an, dir deines Atems bewußt zu werden. Laß den Gedanken in dir entstehen: »Ich werde mit meinem Finger auf mich zeigen«, und statt auf deinen Körper zu zeigen, zeige in die entgegengesetzte Richtung. Stelle dich dir außerhalb deiner körperlichen Form vor. Stelle dir deine körperliche Form vor dir vor in den Bäumen, dem Gras, den Blättern und dem Fluß und betrachte sie. Sei dir bewußt, daß du im Weltall bist und das Weltall in dir: Wenn es das Weltall gibt, dann gibt es dich; wenn es dich gibt, dann gibt es auch das Weltall. Es gibt keine Geburt. Es gibt keinen Tod. Kein Kommen und kein Gehen. Behalte ein Halblächeln bei. Sei dir deines Atems bewußt. Bleibe für zehn bis zwanzig Minuten bei dieser Betrachtung.

Dein Skelett

Lege dich auf ein Bett oder eine Matte oder ins Gras, in einer Stellung, die dir angenehm ist. Gebrauche kein Kissen. Fange damit an, dir deines Atems bewußt zu werden. Stell dir vor, daß alles, was von deinem Körper übriggeblieben ist, ein weißes Skelett ist, das auf der Erde liegt. Halte ein Halblächeln aufrecht und folge deinem Atem weiter. Stelle dir vor, daß all dein Fleisch verwest ist und sich aufgelöst hat und daß dein Skelett jetzt, achtzig Jahre nach der Beerdigung, in der Erde liegt. Stelle dir ganz deutlich die Knochen von Kopf, Rücken, Rippen, Hüften, Armen, Beinen und Fingern vor. Behalte ein Halblächeln bei und atme ganz leicht, mit gelassenem Herzen und Geist. Erkenne, daß du nicht das Skelett bist. Du bist nicht deine körperliche Form. Sei eins mit dem Leben. Lebe ewig in den Bäumen und dem Gras, in anderen Menschen, in den Vögeln und anderen Tieren, im Himmel und in den Wellen des Meeres. Dein Skelett ist nur ein Teil von dir. Du bist überall und in jedem Augenblick gegenwärtig. Du bist nicht nur eine körperliche Form oder nur Gefühle, Gedanken, Handlungen und Wissen. Meditiere so für zwanzig bis dreißig Minuten.

Dein wahres Gesicht vor deiner Geburt

Setze dich in den vollen oder halben Lotossitz und folge deinem Atem. Konzentriere dich auf den Punkt A, den Anfang deines Lebens, und sei dir bewußt, daß das auch der Punkt ist, wo du anfängst zu sterben. Erkenne, daß beides, Leben und Tod, sich gleichzeitig zeigen: Das eine ist durch das andere, das eine kann nicht ohne das andere sein. Erkenne, daß dein Leben und dein Tod voneinander abhängen: Das eine ist die Grundlage des anderen. Erkenne, daß du gleichzeitig dein Leben und dein Tod bist; daß die beiden keine Feinde sind, sondern zwei Aspekte derselben Wirklichkeit. Konzentriere dich dann auf den Punkt, wo die beiden Manifestationen enden, den Punkt B, den man fälschlicherweise den Tod nennt. Erkenne, daß das der Endpunkt von beiden Manifestationen, von Leben und Tod, ist. Erkenne, daß es keinen Unterschied gibt zwischen der Zeit vor A und nach B. Suche nach deinem wahren Gesicht in der Zeit vor A und nach B.

Ein geliebter Mensch ist gestorben

Setze dich auf einen Stuhl oder lege dich auf ein Bett, in einer Haltung, die dir angenehm ist. Fange damit an, daß du dir deines Atems bewußt wirst. Betrachte den Körper eines geliebten Menschen, der gestorben ist, sei es vor einigen Minuten oder vor vielen Jahren. Werde dir klar darüber, daß alles Fleisch dieser Person verwest und nur noch ein Skelett übrig ist, das ruhig unter der Erde ruht. Erkenne deutlich, daß dein eigenes Fleisch noch da ist und daß in dir die fünf Aggregate von körperlicher Form, Gefühl, Wahrnehmung, geistigen Funktionen und Bewußtsein zusammen vorhanden sind. Denke an die Wechselwirkung zwischen dieser Person und dir, damals und jetzt. Behalte ein Halblächeln bei und sei dir deines Atems bewußt. Bleibe für fünfzehn Minuten bei dieser Betrachtung.

Leerheit

Setze dich in den vollen oder halben Lotossitz. Fange damit an, deinen Atem zu regeln. Betrachte das Wesen der Leerheit in der Ansammlung der fünf Aggregate: körperliche Form, Gefühl, Wahrnehmung, geistige Funktionen und Bewußtsein. Gehe von der Betrachtung eines Aggregates zum nächsten. Erkenne, daß sich alle verwandeln, alle unbeständig und ohne Selbst sind. Die Ansammlung der fünf Aggregate entspricht der aller Phänomene: Alles gehorcht dem Gesetz der wechselseitigen Abhängigkeit. Ihr Zusammenkommen und Vergehen ähnelt dem Entstehen und der Auflösung von Wolken am Gipfel eines Berges. Hänge weder an den fünf Aggregaten noch lehne sie ab. Erkenne, daß Mögen und Nichtmögen Phänomene sind, die zur Ansammlung der fünf Aggregate gehören. Werde dir klar darüber, daß die fünf Aggregate leer und ohne Selbst sind, daß sie aber auch wunderbar sind, wunderbar wie jedes Phänomen im Weltall, wunderbar wie das Leben, das es überall gibt. Versuche zu erkennen, daß die fünf Aggregate in Wirklichkeit nicht erschaffen und zerstört werden, denn sie sind die letztendliche Wirklichkeit. Versuche durch diese Betrachtung zu erkennen, daß Unbeständigkeit ein Begriff, eine Vorstellung ist, daß Nicht-Selbst und Leerheit Vorstellungen sind, dann verfängst du dich nicht in den Vorstellungen von Unbeständigkeit, Nicht-Selbst und Leerheit. Du erkennst, daß auch Leerheit leer ist und daß sich die letztendliche Wirklichkeit von Leerheit nicht von der letztendlichen Wirklichkeit der fünf Aggregate unterscheidet. (Diese Übung sollte nur dann durchgeführt werden, wenn der Schüler die vorangegangenen fünf Übungen gründlich geübt hat. Die dafür notwendige Zeit hängt vom einzelnen ab - vielleicht eine Stunde, vielleicht zwei.)

Mitgefühl für die meistgehaßte oder -verachtete Person

Setze dich ruhig hin. Atme und übe ein Halblächeln. Betrachte das Bild einer Person, die dir größtes Leid zugefügt hat. Betrachte die Seiten, die du am meisten haßt oder verachtest oder am widerwärtigsten findest. Versuche herauszufinden, was diese Person glücklich macht und was ihr in ihrem alltäglichen Leben Leiden bringt. Betrachte die Wahrnehmungen dieser Person; versuche zu erkennen, welchen gedanklichen Mustern und Argumenten sie folgt. Überprüfe, was die Hoffnungen und Handlungen dieses Menschen motiviert. Betrachte schließlich sein Bewußtsein. Finde heraus, ob seine Ansichten und Einsichten offen und frei sind oder nicht, ob er von irgendwelchen Vorurteilen, von Engstirnigkeit, von Haß oder Wut beeinflußt wird oder nicht. Finde heraus, ob er Herr seiner selbst ist. Fahre mit diesen Überlegungen fort, bis dein Herz von Mitgefühl erfüllt ist, wie eine Quelle mit frischem Wasser, und dein Ärger und deine Abneigung verschwinden. Führe diese Übung viele Male mit derselben Person durch.

Leiden durch Mangel an Weisheit

Setze dich in den vollen oder halben Lotossitz. Fange an, deinem Atem zu folgen. Wähle die Situation einer Person, einer Familie oder einer Gesellschaft, die mehr leiden als alle anderen, die du kennst. Nimm sie zum Gegenstand deiner Betrachtung. Im Falle einer Person versuche, jedes Leiden zu erkennen, das dieser Mensch erfährt. Fange mit den Leiden der körperlichen Form an (Krankheit, Armut, körperliche Schmerzen) und gehe dann über zu Leiden, das durch Gefühle verursacht wird (innere Konflikte, Angst, Haß, Eifersucht, Gewissensqualen). Betrachte als nächstes die Leiden, die durch Wahrnehmungen entstehen (Pessimismus, engstirniges Festhalten an den eigenen Problemen und ständiges Schwarzsehen). Finde heraus, ob seine geistigen Funktionen von Angst, Entmutigung, Verzweiflung oder Haß motiviert sind. Schau, ob sein Bewußtsein verschlossen ist, wegen seiner Umstände, seiner Leiden, wegen der Menschen um ihn herum, seiner Erziehung, aufgrund von Propaganda oder mangelnder Selbstkontrolle. Meditiere über alle diese Leiden, bis dein Herz von Mitgefühl erfüllt ist, wie eine Quelle mit frischem Wasser, und du sehen kannst, daß diese Person an ihren Umständen und ihrer Unwissenheit leidet. Entschließe dich dazu, dieser Person aus ihrer gegenwärtigen Situation herauszuhelfen, auf möglichst stille und unauffällige Weise. Im Falle einer Familie folge derselben Methode. Gehe die Leiden einer Person durch und gehe dann über zur nächsten, bis du die Leiden der ganzen Familie untersucht hast. Erkenne, daß ihre Leiden deine eigenen sind. Erkenne, daß es unmöglich ist, auch nur einer Person in dieser Familie einen Vorwurf zu machen. Erkenne, daß du ihnen helfen mußt, sich aus ihrer gegenwärtigen Situation zu befreien, auf möglichst stille und unauffällige Weise. Im Falle einer Gesellschaft nimm dir ein Land vor, das Krieg erfährt oder unter irgendeiner anderen Ungerechtigkeit leidet. Versuche zu begreifen, daß jede Person in diesem Konflikt ein Opfer ist. Erkenne, daß keine Person, einschließlich der kriegführenden Parteien und sich gegenüberstehenden Lager, das Leiden fortsetzen möchte. Begreife, daß man nicht einem oder wenigen Menschen die Schuld an der Situation zuschieben kann. Erkenne, daß die Situation möglich ist durch das Festhalten an Ideologien und an einem ungerechten ökonomischen Weltsystem, das von jeder Person durch Unwissenheit und einem Mangel an Entschiedenheit, es zu ändern, aufrechterhalten wird. Erkenne, daß die beiden Seiten in einem Konflikt nicht wirkliche Gegensätze bilden, sondern zwei Aspekte derselben Wirklichkeit darstellen. Erkenne, daß das Wichtigste das Leben ist und daß Sich-gegenseitig-Töten oder Unterdrücken nichts lösen kann. Erinnere dich an die Worte des Sutra:

> In Zeiten des Krieges
> laß in dir den Geist des Mitgefühls entstehen.
> Hilf den Lebewesen,
> überwinde den Wunsch zu kämpfen.
>
> Wo immer die Schlacht tobt,
> nutz all deine Macht,
> die Kräfte beider Seiten gleich zu halten,
> und tritt ein in den Streit, um zu versöhnen.
> *(Vimalakirti Nirdesha Sutra)*

Meditiere so lange, bis jeder Vorwurf und aller Haß verschwinden und Mitgefühl und Liebe in dir aufwallen wie ein Quell frischen Wassers. Gelobe, für Bewußtheit und Versöhnung zu arbeiten, auf möglichst stille und unauffällige Weise.

Handeln ohne Anhaftung

Setze dich in den vollen oder halben Lotossitz. Folge deinem Atem. Nimm ein Projekt der ländlichen Entwicklung oder irgendein anderes Projekt, das du für wichtig erachtest, zum Thema deiner Betrachtung. Untersuche die Ziele der Arbeit, die angewandten Methoden und die daran beteiligten Menschen. Betrachte zuerst das Ziel des Projektes. Erkenne, daß die Arbeit darin besteht, zu dienen, Leiden zu lindern und mit Mitgefühl zu handeln, und nicht darin, den Wunsch nach Lob oder Anerkennung zu befriedigen. Sieh das Projekt nicht als karitative Tätigkeit an. Denke an die beteiligten Menschen. Betrachtest du sie in Begriffen von Dienen und Geholfen-werden? Wenn du immer noch diejenigen siehst, die dienen und die, die daraus Nutzen ziehen, dann arbeitest du um deinetwillen und für deine Kollegen und nicht, um zu dienen.

Das Prajnaparamita-Sutra sagt: »Der Bodhisattva hilft, die anderen Wesen zum anderen Ufer zu bringen, aber tatsächlich gibt es keine Wesen, die man zum anderen Ufer geleiten muß.« Beschließe, im Geiste des Nicht-Haftens zu handeln.

Nicht-Haften

Setze dich in den vollen oder halben Lotossitz. Erinnere dich an die bedeutsamsten Ereignisse deines Lebens und überprüfe jedes einzelne. Untersuche deine Begabungen, deine Tugenden, deine Fähigkeiten und das Zusammenkommen günstiger Bedingungen, die zum Erfolg geführt haben. Überprüfe die Selbstgefälligkeit und den Hochmut, die daraus entstanden sind, daß du dich selbst als Hauptgrund für deinen Erfolg ansiehst. Betrachte die ganze Angelegenheit im Lichte der wechselseitigen Abhängigkeit und erkenne, daß der Erfolg in Wirklichkeit nicht dir gehört, sondern eine Folge des Zusammentreffens unterschiedlicher Bedingungen ist, die außerhalb deiner Reichweite liegen. Erkenne das, damit du nicht an deine Erfolge gebunden bist. Nur wenn du diese Fesseln sprengen kannst, wirst du wirklich frei von ihnen, und sie können dich nicht mehr behelligen.

Rufe dir die bittersten Fehlschläge deines Lebens ins Gedächtnis und überprüfe jeden einzelnen. Untersuche deine Begabungen, deine Tugenden und Fähigkeiten und das Fehlen günstiger Bedingungen, die zu diesem Fehlschlag geführt haben. Versuche, alle Komplexe zu erkennen, die durch das Gefühl entstanden sind, daß du unfähig zum Erfolg seist. Betrachte die ganze Angelegenheit im Lichte der wechselseitigen Abhängigkeit und erkenne, daß Fehlschläge nicht durch Unfähigkeit entstehen, sondern eher durch das Fehlen günstiger Bedingungen. Sieh ein, daß du diese Mißerfolge nicht auf dich nehmen mußt und daß sie nicht dein Selbst sind. Erkenne, daß du frei bist von ihnen. Nur wenn du sie loslassen kannst, wirst du wirklich frei von ihnen, und dann können sie dich nicht mehr länger behelligen.

Betrachtungen über das Nicht-Aufgeben

Setze dich in den vollen oder halben Lotossitz. Folge deinem Atem. Nimm dir eine der Übungen über wechselseitige Abhängigkeit vor: du selbst, dein Skelett oder jemand, der gestorben ist. Erkenne, daß alles unbeständig und ohne ewige Identität ist. Erkenne, daß die Dinge, obgleich unbeständig und ohne dauernde Identität, nichtsdestoweniger voller Wunder sind. Weder bist du durch das Bedingte noch durch das Unbedingte gebunden. Erkenne, daß der Heilige weder in den Lehren der wechselseitigen Abhängigkeit gefangen ist noch von den Lehren abweicht. Obgleich er die Lehren wie kalte Asche hinter sich lassen kann, kann er in ihnen ruhen, ohne zu ertrinken. Er gleicht einem Boot auf dem Wasser. Erkenne: Die erwachten Menschen sind keine Sklaven ihres Dienstes an den Lebewesen und hören doch nie auf, ihnen zu dienen.

Nyanaponika Mahathera

Die Übung des Reinen Beobachtens

Der Ehrwürdige Nyanaponika, als Siegmund Feniger 1901 im hessischen Hanau geboren, entstammte einer jüdischen Familie. Der spätere Buchhändler stieß bald auf die Lehre des Buddha und wurde 1920 Buddhist. Seinen Entschluß, Mönch zu werden, konnte er erst 1936 verwirklichen. Im Jahr 1937 erhielt er in Ceylon durch seinen Lehrer, den Ehrwürdigen Nyanatiloka, seine volle Ordination. Nyanaponika war insgesamt 58 Jahre lang Mönch, er starb 1994. Seine internationale Anerkennung beruht vor allem auf seiner Arbeit als buddhistischer Gelehrter und Übersetzer grundlegender Werke der Theravada-Literatur.

Von unserem Geist wird in diesem Buch viel die Rede sein und von den Möglichkeiten seiner Entfaltung. Was aber sind die »Instrumente«, die uns den Zugang zu seinem reichen Potential eröffnen und mit denen wir arbeiten können? Nyanaponika gibt ein entscheidendes Stichwort: »Reines Beobachten«. Er meint damit unsere Fähigkeit, die Dinge so zu betrachten, wie sie wirklich sind, und sie zunächst lediglich als solche zur Kenntnis zu nehmen, ohne sie zu bewerten oder zu verändern. Wie schwer es ist, die Wirklichkeit ohne vorgefaßte Meinungen »objektiv« zu registrieren und nicht ganz spontan nach gewohnten Mustern mit Urteilen wie »schön« und »häßlich« oder »angenehm« und »unangenehm« zu reagieren, wird erst beim Ausprobieren sichtbar.

Diese Übung lohnt sich sehr, weil sie uns in dreifacher Weise verändert: Durch sie lernen wir das Funktionieren des eigenen Geistes mit all seinen Stärken und Schwächen kennen; sie bringt uns in unmittelbaren Kontakt mit der Realität des gegenwärtigen Momentes; und sie mündet in ein tiefes und befreiendes Wissen.

Was ist Reines Beobachten?

Reines Beobachten ist das klare, unabgelenkte Beobachten dessen, was im Augenblick der jeweils gegenwärtigen Erfahrung (einer äußeren oder inneren) wirklich vor sich geht. Es ist die unmittelbare Anschauung der eigenen körperlichen und geistigen Daseinsvorgänge, soweit sie in den Spiegel unserer Aufmerksamkeit fallen. Dieses Beobachten gilt als »rein«, weil sich der Beobachter dem Objekt gegenüber rein aufnehmend verhält, ohne mit dem Gefühl, dem Willen oder Denken bewertend Stellung zu nehmen und ohne durch Handeln auf das Objekt einzuwirken. Es sind die »reinen Tatsachen«, die hier zu Wort kommen sollen. Wenn sich nun aber an ein anfänglich reines Registrieren dieser Tatsachen aus alter Gewohnheit doch wieder gleich Bewertungen und andere Reaktionen anschließen, so sollen dann eben diese Reaktionen selber sofort wieder zum Gegenstand Reinen Beobachtens gemacht werden. Eine so gewonnene innere Freiheit dem Objekt gegenüber wird durch Einübung allmählich zu einer vertrauten Geisteshaltung, die leicht verfügbar ist, wenn sie benötigt wird.

Es braucht wohl kaum besonders bemerkt zu werden, daß dieses Reine Beobachten nicht etwa für alle Lebenssituationen empfohlen werden soll, und gewiß nicht für solche, die Entscheidungen in Wort und Tat sowie planendes Handeln erfordern. Hier ist der Platz für die *Wissensklarheit*. Doch gerade in Situationen, die einen aktiven Respons verlangen, kann das Reine Beobachten eine wichtige vorbereitende Funktion erfüllen, die den Entscheidungen eine größere Verläßlichkeit und den Handlungen eine größere Erfolgsaussicht verleiht.

Das Reine Beobachten wird hier empfohlen als eine methodische Übung in dafür bestimmten kürzeren oder längeren Perioden der Freizeit; sowie zur Anwendung in jenen auch im geschäftigen Alltag möglichen Momenten, in denen man für eine Weile, und sei es nur für eine Minute, vom Getriebe zurücktritt oder auch vor wichtigen Entscheidungen einige Minuten der Besinnung einfügt.

Gründlichkeit

Jede Bemühung erfordert *Gründlichkeit*, wenn sie ihr Ziel erreichen soll; und besonders gilt dies von der so hohen und schwierigen Aufgabe, für die der Arbeitsplan vorliegt in jenem Edlen Achtfachen Pfad, der zur Leidaufhebung führt. Innerhalb jener acht Pfadglieder ist es die Rechte Achtsamkeit, die neben ihren anderen Funktionen jenes unentbehrliche Element der Gründlichkeit beiträgt, das so sehr die Entwicklung der anderen Pfadglieder zu fördern vermag. »Nicht-Oberflächlichkeit« wird im buddhistischen Schrifttum als eine der charakteristischen Eigenschaften der Achtsamkeit genannt; und in positiver Formulierung ist dies nichts anderes als eben Gründlichkeit.

Auch bei der methodischen Entwicklung der Achtsamkeit selber muß natürlich ein hoher Grad von Gründlichkeit angewandt werden. Mangel an Gründlichkeit würde dem Geiste Rechter Achtsamkeit widersprechen und dem Bemühen um ihre Entfaltung jegliche Erfolgsaussicht nehmen. Wie eine nachlässig-fehlerhafte Fundierung den ganzen Bau gefährden muß, so wird sich auch bei der Geistesschulung der Segen einer sorgfältig gelegten Grundlage weit in die Zukunft erstrecken.

Daher geht die Rechte Achtsamkeit zu den Anfängen zurück: Sie beginnt »von unten«, denn nach Laotses Weisheitswort »steht hoch auf tief«. Mit Hilfe des Reinen Beobachtens geht die Achtsamkeit hinab zu den Wurzeln der Dinge; und für den Ablauf geistiger Vorgänge heißt dies, daß sie sich zunächst auf jene erste Phase des Wahrnehmungsprozesses richtet, wo sich der Geist noch rein aufnehmend verhält. Dieses Stadium ist gewöhnlich von kaum wahrnehmbar kurzer Dauer und gibt auch meist nur flüchtige, unvollständige und fehlerhafte Vorstellungen des Objekts. Es ist die Aufgabe der nächsten Wahrnehmungsphase, jenen ersten Eindruck zu korrigieren und zu vervollständigen. Doch dies ist keineswegs immer der Fall. Allzu häufig werden die ersten Eindrücke ungeprüft mit all ihren Mängeln hingenommen und neue, tiefergreifende Entstellungen, die dem mehr komplexen Charakter der zweiten Phase entsprechen, werden hinzugefügt. Auf solch fehlerhafte, unvollständige und mit Vorurteilen aller Art durchsetzten Wahrnehmungen gründen sich dann fehlerhafte Schlußfolgerungen und Entschlüsse von oft weittragender Bedeutung. Solche, häufig durch Leidenschaften gefärbte und mit ihnen eng verknüpfte Wahrnehmungsbilder mögen immer wieder den Bau sittlicher und meditativer Entwicklung gefährden.

Hier setzt nun das Reine Beobachten ein, als eine bewußte Pflege und Stärkung der ersten rein rezeptiven Wahrnehmungsphase, wodurch diese eine bessere Möglichkeit erhält, ihre wichtige Funktion sorgfältiger zu erfüllen. Das Reine Beobachten erweist die Gründlichkeit seines Vorgehens, indem es den Boden sorgfältig säubert und vorbereitet, auf dem dann die der ersten Phase folgenden Geistesfunktionen sicher weiterbauen können. Mit seiner säubernden und klärenden Funktion dient das Reine Beobachten jener Zielsetzung der Methode, von der der Beginn des *Maha-Satipatthana-Sutta* (*Digha-Nikaya 22*) spricht, nämlich »der Läuterung der Wesen«; diese nämlich besteht, wie der Kommentar bemerkt, in der Reinigung und Klärung des Geistes.

Einen wichtigen Anteil an dieser Gründlichkeit der Methode hat die *Gewinnung des Reinen Objekts*.

Die Gewinnung des Reinen Objekts

Reines Beobachten ist das bloße Registrieren des Objekts, seine genaue Bestimmung und Abgrenzung. Dies ist, wie der Anfänger in der Übung merken wird, durchaus keine so leichte Aufgabe, wie es den Anschein hat. Das erste wichtige Ergebnis der Übung wird nämlich sein, daß man zu seiner Bestürzung feststellt, wie selten man sich ein reines, unvermischtes Objekt vergegenwärtigt. Eine Seh-Wahrnehmung zum Beispiel wird, wenn sie von irgendwelchem Interesse für den Betrachtenden ist, selten das reine Sehobjekt ergeben, sondern wird durchsetzt sein mit ichbezogenen Wertfärbungen wie: »schön« oder »häßlich«; »angenehm« oder »unangenehm«; »nützlich«, »nutzlos« oder »schädlich«. Wenn es sich um ein lebendes Wesen handelt, wird dann noch das Vorurteil hinzukommen: »Dies ist eine Persönlichkeit, ein Ich- oder Seelenwesen, wie auch 'ich' es bin.« Ein nicht durch Rechte Achtsamkeit kontrollierter Geist nimmt meist nur solche mit verschiedenen Beimischungen (Wertungen, Assoziationen und so weiter) versehene Objekte vollbewußt in sich auf. Mit diesen Beimischungen verquickt, sinkt dann die Wahrnehmung in das Gedächtnis-Reservoir und beeinflußt so auch künftige Objektvorstellungen, Urteile, Entscheidungen, Stimmungen und so weiter in oft verhängnisvoller Weise.

Die Aufgabe der Achtsamkeit beim Reinen Beobachten ist es nun, alle diese fremden Zutaten auszusondern, sie, wenn erwünscht, für sich allein zu betrachten, das anfängliche Wahrnehmungsobjekt aber von ihnen freizuhalten. Dies erfordert beharrliche Übung, bei der die sich allmählich schärfende Achtsamkeit gleichsam Siebe von zunehmender Feinheit benutzt, die zunächst die gröberen und dann immer feinere Beimischungen ausscheiden.

Die Notwendigkeit solch genauer Bestimmung und Abgrenzung des Objekts wird in der Satipatthana-Lehrrede durch eine regelmäßige zweimalige Erwähnung des Achtsamkeits-Objekts betont: »Er weilt beim Körper in Betrachtung des Körpers«, das heißt nicht etwa in Betrachtung des hierauf bezüglichen Gefühls, wie vom Kommentar ausdrücklich erklärt. Wenn man zum Beispiel eine schmerzende Wunde an seinem Körper betrachtet, so besteht das hier zur Körperbetrachtung gehörende Sehobjekt lediglich in der in einem bestimmten Zustand befindlichen Körperstelle. Der empfundene Schmerz ist ein Objekt der Gefühlsbetrachtung. Das mehr oder weniger bewußt gehegte Vorurteil, daß hiermit ein Ich betroffen wird, gehört zur Geistbetrachtung (»verblendeter Geist«) oder zur Geistobjekt-Betrachtung (über die »Fesseln«, die durch den Kontakt des Körpers mit einem berührbaren Objekt entstehen). Der etwa empfundene Unwille gegen den Verursacher der Wunde gehört zur Geistbetrachtung (»haßerfüllter Geist«) oder zur Geistobjekt-Betrachtung (»Hemmung der Abneigung«). Dieses eine Beispiel möge genügen.

Eine Hauptfunktion des Reinen Beobachtens ist also die Gewinnung eines *reinen Objekts*, ohne Beimischungen und ohne Ich-Bezogenheit. Die gleiche Absicht verfolgt jene bedeutsame Übungsanweisung des Buddha an den Mönch Bahiya: »Das Gesehene soll lediglich ein Gesehenes sein, das Gehörte lediglich ein Gehörtes, das (durch die drei anderen Körpersinne) Empfundene lediglich ein (so) Empfundenes, das Erkannte lediglich ein Erkanntes« *(Udana 1,10)*. Dieser Ausspruch möge als Leitwort dienen, das die Übung des Reinen Beobachtens begleitet.

Der dreifache Wert des Reinen Beobachtens

Abgesehen von seinen eben beschriebenen, besonders für den Beginn der Übung wichtigen Funktionen, nämlich der gründlichen Fundierung und der Gewinnung des reinen Objekts, hat das Reine Beobachten den gleichen dreifachen Wert, wie wir ihn an anderer Stelle der buddhistischen Geistlehre und der Achtsamkeit im allgemeinen zuschrieben, nämlich für die *Erkenntnis*, für die *Formung* und für die *Befreiung* des Geistes.

1) Der Wert für die Erkenntnis des Geistes

»Nur von der Achtsamkeit genau geprüfte Dinge erkennt die Weisheit, nicht aber verworrene.« (Kommentar zu *Sutta-Nipata*.) Wie der Gegenstand einer mikroskopischen Untersuchung sorgfältig vorbereitet, gesäubert, isoliert und unter der Linse festgehalten werden muß, ebenso bedarf auch das Objekt der Erkenntnis einer genau entsprechenden Vorbereitung. Eben diese

Vorarbeit wird vom Reinen Beobachten geleistet in seiner Gewinnung des reinen Objekts: Das Reine Beobachten »säubert« den Untersuchungs-Gegenstand von den mit ihm assoziierten und ihn entstellenden Vorurteilen des Gefühls und des Denkens; es »isoliert« ihn von nicht dazugehörenden Betrachtungsthemen; es »hält ihn fest«, indem es den Übergang vom rein aufnehmenden Beobachten zur aktiven Stellungnahme verlangsamt oder hintanhält und damit dem betrachtenden Blick der Erkenntnis die Möglichkeit genauer Untersuchung gibt.

Dies ist nicht nur für die analytische, das heißt zergliedernde und unterscheidende Funktion der Erkenntnis von Bedeutung, an die man zuerst denken wird, sondern ebenso auch für die Synthese, das heißt für das Erkennen von Zusammenhängen und Abhängigkeiten, von denen viele einem die Beobachtungsphase voreilig abbrechenden Denken entgehen. Vor allem aber können Beziehungen nur dann zuverlässig erkannt werden, wenn vorher die einzelnen Beziehungsglieder ebenso sorgfältig in all ihren Aspekten geprüft worden sind. In der mangelhaften analytischen Vorbereitung liegt eine häufige Fehlerquelle vieler philosophischer Systeme und wissenschaftlicher Theorien.

Das Reine Beobachten läßt die Dinge zunächst selber sprechen; es erlaubt ihnen, sich gleichsam *aus*zusprechen. Es läßt sie ausreden, ohne sie durch ein voreiliges abschließendes Urteil zu unterbrechen, wenn sie noch so vieles zu sagen haben. Weil das Reine Beobachten die Dinge immer wieder neu sieht, ohne die nivellierende Wirkung gewohnheitsmäßiger Urteile, deshalb werden die Dinge auch häufiger Neues zu sagen haben. Das geduldige Innehalten beim Reinen Beobachten eröffnet manchmal gleichsam mühelos tiefe Einblicke und erschließt verborgene Beziehungen, die sich dem ungeduldigen Zerren eines allzu aggressiven Intellekts versagen. Das entweder vorschnelle oder gewohnheitsmäßige Bewerten oder Behandeln der Dinge (in Tat und Gedanke) versperrt oft wichtige Erkenntnisquellen. Der westliche Geist muß vom östlichen wieder lernen, sich auch rein empfangend verhalten zu können und dies nicht nur als ein Mittel der Stillewerdung, sondern auch der Erkenntnis.

Es sollen nun einige Beispiele dafür gegeben werden, wie das Reine Beobachten zur Erkenntnis des menschlichen Geistes beitragen kann. Im Licht des Reinen Beobachtens wird der scheinbar einheitliche Vorgang eines einzelnen Wahrnehmungsaktes allmählich deutlich werden als eine schnell ablaufende Folge mehrerer, differenzierter Phasen, von denen jede ihre eigene Funktion zum Endergebnis eines vollständigen Erkenntnisaktes beiträgt. Wenn wir einen Gegenstand sehen, zum Beispiel eine große, rote Rose, so glauben wir gewöhnlich, daß dies ein einheitlicher, uns unmittelbar gegebener Seheindruck ist. Doch was wir zuallererst wahrnehmen, ist bloß ein Farbfleck, der sich von seiner Umgebung in Farbe und Umrissen absetzt. Einzelheiten der Form und Struktur werden erst durch eine Folge weiterer schnell ablaufender Wahrnehmungsakte hinzugefügt, die den Gegenstand gleichsam von allen Seiten abtasten. Wenn es sich um ein für den Betrachter neues oder nur selten wahrgenommenes Objekt handelt, so wird dieser Vorgang des Sammelns von Einzelmerkmalen dem Bewußtsein viel deutlicher werden als bei einem vertrauten Objekt.

Die Bezeichnung »Rose« aber, die wir scheinbar gleichzeitig jener Sehwahrnehmung geben, gehört zu einer ganz anderen Bewußtseinsklasse (nämlich zum geistigen Bewußtsein und nicht zum Sehbewußtsein) und stammt aus Erinnerungsbildern ähnlicher Sehwahrnehmungen und deren gewohnheitsmäßiger Assoziierung mit dem Wort »Rose«. Und wiederum etwas gänzlich Verschiedenes ist das Werturteil »schön« und ein etwaiger Wunsch des Besitzenwollens. Zunehmende Schärfe und Verfeinerung des Beobachtens wird eine Fülle weiterer Einzeltatsachen zutage fördern, die wertvolle Einsichten vermitteln können, nicht nur über den Gegenstand selber, sondern auch über den Erkenntnisakt. Es dürfte auch unmittelbar klar sein, wie wichtig und aufschlußreich es ist, die Stadien der Begriffsbildung und Bewertung vom reinen Wahrnehmungsakt zu unterscheiden.

Bei einer methodischen Übung im Reinen Beobachten wird wahrscheinlich der erste starke Eindruck sein: die direkte und ständige Konfrontierung mit der allgegenwärtigen Vergänglichkeit, dem unaufhörlichen Wechsel. In der Lehre des Buddha ist die Vergänglichkeit (*anicca*) das erste der drei Merkmale aller Daseinsgebilde. Das Reine Beobachten zeigt uns nun bei uns selber, wie die einzelnen körperlichen und geistigen Vorgänge unaufhörlich geboren werden und sterben: Und dies wird zu einer eindringlichen, hundertfältigen Illustrierung des Vergänglichkeitsmerkmals werden. Besonders eindrucksvoll wird dies sein bei den eigenen Gedanken und Gefühlen, mit denen sich ja der Mensch hauptsächlich identifiziert. Dieses Erlebnis der Wandelbarkeit wird im Verlauf der meditativen Übung an Stärke und Nachdruck gewinnen, und allmählich werden auch die anderen beiden Merkmale des Daseins, die Ich- und Substanzlosigkeit (*anatta*) sowie die Leidhaftigkeit und Unzulänglichkeit (*dukkha*), bei eben denselben Meditationsobjekten zu Tatsachen eigener Erfahrung werden und nicht bloß abstrakte Begriffe bleiben. Solches Erfahrungswissen von der Vergänglichkeit ist aber der Einsatzpunkt für die Klarblicksmeditation (*vipassana-bhavana*), deren Erkenntnisstufen mit der Einsicht in das Entstehen und Vergehen (*udayabbaya-nana*) der körperlichen und geistigen Vorgänge beginnen.

Obwohl die Tatsache der Vergänglichkeit alles Geschehens so allgemein bekannt ist, daß es nahezu banal ist, davon zu sprechen, so denken doch die meisten Menschen nur dann daran, wenn diese Vergänglichkeit sie persönlich und meist schmerzhaft berührt. Doch durch die Übung des Reinen Beobachtens wird es uns erst so recht zum Bewußtsein kommen, daß Vergänglichkeit unser ständiger Begleiter ist und daß selbst im Bruchteil einer Sekunde eine Veränderungsfrequenz abläuft, die sich dem normalen Beobachtungs- und Vorstellungsvermögen entzieht. Vielleicht zum erstenmal wird uns dann die wirkliche Beschaffenheit der Welt, in der wir leben, zum vollen Bewußtsein kommen; nämlich ihre restlos dynamische Natur, innerhalb derer statische Begriffe nur praktisch orientierende oder wissenschaftlich und philosophisch ordnende Bedeutung haben können. Wir beginnen nun, die Dinge zu sehen, wie sie wirklich sind; und dies gilt besonders von den »Dingen des Geistes«, der geistigen Dingwelt.

Das Geistige im Menschen kann in keiner seiner Äußerungen verstanden werden, ohne daß man weiß und sich auch dessen bewußt bleibt, daß es durch und durch dynamisch, das heißt wandelbar ist.

Indem das Reine Beobachten dem Übenden direkten Einblick gewährt in die Tatsache und die Natur der Veränderlichkeit, leistet es einen wichtigen Beitrag zur *Erkenntnis des Geistes*. Die *Tatsache* der Veränderlichkeit wird jede statische Konzeption des Geistes ausschließen, das heißt den Glauben an unveränderliche psychische Substanzen in monistischer oder pluralistischer Form sowie an unveränderliche Eigenschaften. Der Einblick in die Natur der Veränderlichkeit wird eine Fülle von Einzelheiten bieten über die dynamische Natur der geistigen Vorgänge; über den unterschiedlichen Charakter der körperlichen und geistigen Abläufe und ihre Wechselwirkung sowie über die »Objektbindung« des Bewußtseins, das nach einer alten buddhistischen Definition eben in der Objekterkenntnis besteht. Es wird deutlich werden, daß der Geist nichts anderes ist als seine erkennende Funktion und daß sich dahinter keinerlei beharrende individuelle oder Seelensubstanz birgt. So wird der das Reine Beobachten Pflegende durch eigene Erfahrung zur Nicht-Ich-Lehre des Buddha (*anatta*) geführt werden.

Diese so einfache Methode des Reinen Beobachtens wird uns auch ebenso überraschende wie hilfreiche Einsichten geben in den Mechanismus unserer Gefühle und Leidenschaften, in die größere oder geringere Zuverlässigkeit unserer Denkfunktion, in unsere wahren oder vorgeschobenen Motive, unsere Vorurteile und so weiter. Helles Licht wird fallen auf die schwachen wie auch starken Seiten unseres Charakters, und solche Selbsterkenntnis wird unser Bemühen um Geistesschulung und Charakterbildung erfolgreicher machen.

Dieser hier kurz umrissene Dienst des Reinen Beobachtens an der Erkenntnis des eigenen Geistes und der Dingwelt deckt sich mit der Haltung des echten Forschers und Wissenschaftlers: klare Bestimmung des Gegenstandes und der Begriffe, Ausschaltung oder doch Reduzierung des subjektiven Faktors, wache Aufnahmebereitschaft für die aus den Dingen selber kommende Belehrung, Zurückstellung des eigenen Urteils bis nach sorgfältiger und allseitiger Prüfung. Dieser echte Forschergeist, der sich in der Grundhaltung des Reinen Beobachtens manifestiert, wird die Buddha-Lehre stets dem Geiste wahrer Wissenschaft verbinden, wenn auch nicht notwendig jedem ihrer ja stets nur provisorischen Ergebnisse. Doch die Zwecke der Buddha-Lehre wie auch des Reinen Beobachtens sind nicht die der Wissenschaft und beschränken sich auch nicht auf die rein theoretische Erkenntnis des Geistes und seiner Inhalte. Sie richten sich vielmehr auf die Geistes- und Lebens-*Formung*.

2) Der Wert für die Formung des Geistes

Ein großer Teil des Leidens in der Welt entsteht nicht so sehr durch bewußte Schlechtigkeit als durch Unachtsamkeit, Unüberlegtheit, Voreiligkeit und Unbeherrschtheit. Ein einziger Moment der Besinnung würde oft genügen, um eine weitreichende Verkettung von Unheil oder Schuld zu verhindern. Hier gilt es wahrlich: Zeit gewonnen, alles gewonnen! Das *Innehalten*, an das man sich durch die Haltung des Reinen Beobachtens gewöhnt, ermöglicht es nun, eben jenen entscheidenden Moment zu erfassen und gleichsam festzuhalten, wo der Geist noch formbar ist, sich noch nicht festgelegt hat. Denn das Reine Beobachten verlangsamt oder hemmt den Übergang von der rezeptiven zur aktiven Geisteshaltung und gibt so der Entscheidung eine längere Frist. Solche Verlangsamung ist von großer Wichtigkeit, solange das Unheilsame und nicht das Heilsame im menschlichen Geiste eine starke Spontaneität besitzt und sich unmittelbar durchzusetzen sucht. Durch das Innehalten wird Voreiligkeit in Wort und Tat verhindert, und weises Überlegen und Selbstkontrolle werden sich besser durchsetzen können. Wenn unerwünschte und unüberlegte Reaktionen sich dann nicht mehr so häufig und gewohnheitsmäßig einstellen, wird dadurch die Formbarkeit und Zugänglichkeit des Geistes beträchtlich wachsen.

Das Reine Beobachten gibt uns ferner Zeit für die Überlegung, ob in der gegebenen Situation überhaupt eine Aktivität oder Stellungnahme erforderlich oder ratsam ist. Besonders das Abendland zeigt eine allzu schnelle Bereitwilligkeit zu unnötigem und unerbetenem Eingreifen und Sich-Einmischen. Hierin liegt eine weitere vermeidbare Ursache vielen Leides und vieler überflüssiger Komplikationen des inneren und äußeren Lebens. Reines Beobachten führt zur Entwöhnung davon und, durch den sich daraus ergebenden Fortfall unnötiger Spannungen, wiederum zu einer größeren Bildsamkeit des Geistes.

Das Reine Beobachten richtet sich auf die Gegenwart und lehrt, was so viele nicht mehr können, *bewußt in der Gegenwart zu leben*. Wachsam auf seinem Auslug, läßt es die Dinge aus der Zukunft auf sich zukommen, zur Gegenwart werden und in die Vergangenheit entgleiten, ohne an ihnen zu haften. Wieviel Energie wird verschwendet durch fruchtloses Zurücksehnen nach der Vergangenheit, durch ein sinnlos-geschwätziges »Wiederkäuen« (in Wort oder Gedanken) all ihrer Banalitäten sowie durch vergebliche Reue! Wie viele Kräfte werden vergeudet durch Gedanken an die Zukunft wie Hoffen und Planen, Fürchten und Sorgen! Auch dies ist wieder eine der durch das Reine Beobachten vermeidbaren Quellen des Leids und der Enttäuschung. Indem das Reine Beobachten uns immer wieder auf die Gegenwart verweist, bringt es uns wieder in den Besitz unserer Freiheit, die nur in der Gegenwart zu finden ist.[1)]

Die Gedanken an Vergangenheit und Zukunft bilden auch ein Hauptmaterial für das halbbewußte Tagträumen, dessen zähklebrige Gedankenmasse den engen Raum des gegenwärtigen Bewußtseins verstopft und keine Möglichkeit zu seiner Formung gibt, ja, es immer formloser macht. Diese Tagträume sind auch ein Haupthindernis der Konzentration. Ein Mittel, ihnen zu entgehen, ist die sofortige Hinwendung zum Reinen Beobachten, sobald keine Notwendigkeit oder kein Impuls zu zielgerichtetem Denken oder Handeln besteht und somit ein geistiges Vakuum droht, dessen sich diese Tagträume gern bemächtigen. Sind sie bereits aufgetreten, so braucht man sie nur selber zum Gegenstand der Beobachtung zu machen, um ihnen ihre den Geist entkräftende Wirkung zu nehmen und sie zu vertreiben. Dies ist auch ein Beispiel für jene »Verwandlung von Meditations-Störungen in Meditations-Objekte«.

Das Reine Beobachten schafft Ordnung in den unaufgeräumten Ecken unseres Inneren. Es zeigt die vielen verschwommenen Wahrnehmungen, unbeendeten Gedankengänge und erstickten Gefühle, die täglich durch das Bewußtsein gehen und eine stets wachsende Schutthalde des Geistes bilden. Einzeln genommen sind diese Bruchstücke und Schuttschichten des Geistes schwach, doch in ihrer Summierung beeinträchtigen sie allmählich die Schärfe der Geistesfunktionen und die Formbarkeit des Bewußtseins im allgemeinen; dies letztere auch deshalb, weil diese Fehl- und Abfallprodukte des Geistprozesses weitgehend die Struktur des Unterbewußtseins bestimmen, das seinerseits einen starken Druck auf das Bewußtsein ausübt. Die durch das Reine Beobachten ermöglichte Innenschau wird den inneren Widerstand gegen einen solchen Zustand geistiger Verschlackung und Unordnung wecken, und beharrliche Übung im Reinen Beobachten wird ein weiteres Anwachsen auf ein Mindestmaß beschränken. Es ist die selbsttätig ordnende Funktion des Reinen Beobachtens, welche hier der Formung des Geistes dient.

Das auf uns selber gerichtete Reine Beobachten dient der Ermittlung unseres wahren inneren Standortes und ist daher für die Formung des Geistes unentbehrlich. Indem es die volle Aufmerksamkeit auf jeden in uns aufsteigenden Gedanken lenkt, zeigt es uns deutlich viele unserer Schwächen und Stärken und damit unsere Schwierigkeiten und Möglichkeiten. Selbsttäuschung über die einen und Unkenntnis der anderen macht Selbsterziehung unmöglich. Gewöhnlich neigt man dazu, über Gedanken, Worte und Taten, die der innere Richter in uns mißbilligt, möglichst schnell hinwegzugehen, ebenso wie man nicht gern von anderen an seine Schwächen oder Mißerfolge erinnert wird. Ebenso wie vor anderen wünscht man, vor sich selber im besten Licht dazustehen, und schafft sich ein Trugbild seiner selbst, das eines Tages zusammenbrechen muß. Solche Selbsttäuschung erleichtert das wiederholte Auftreten der betreffenden Schwächen, ermöglicht ihr ungestörtes Wachstum und mag auch eine »Verdrängung der Selbsterkenntnis« schaffen, die ebenso verhängnisvoll ist wie eine Verdrängung von Trieben.

Gewöhnt man sich aber daran, üble oder schädliche Dinge sofort beim rechten Namen zu nennen, so hat man den ersten Schritt zu ihrer Überwindung getan. Wenn man sich zum Beispiel in der Geistbetrachtung bewußt ist: »Lustbehaftet ist jetzt der Geist«, oder in der Geistobjekt-Betrachtung: »Die Hemmung der Aufgeregtheit ist jetzt in mir«, so wird sich schon durch die Gewöhnung an solche einfache Konstatierung ein innerer Widerstand gegen jenen unerwünschten Geisteszustand bilden, der sich zunehmend geltend machen wird. Gerade diese nüchterne und knappe Form des »Registrierens« der inneren Vorgänge wird sich als wirksamer erweisen als ein Aufgebot von Wille, Gefühl oder Verstandesgründen, wodurch vielfach nur die Gegenkräfte ins Feld gerufen werden. Das Reine Beobachten richtet sich natürlich auch auf die edlen und positiven Kräfte des eigenen Inneren und bringt sie in gleicher Weise zum vollen Bewußtsein. Damit stärkt es das für den inneren Fortschritt so wichtige Selbstvertrauen und hilft dem noch keimhaften, sonst vielleicht unbeachtet bleibenden Guten in uns zu voller Entfaltung. So erweist sich die einfache und »gewaltlose« Methode des bloßen Registrierens und Konstatierens als ein überaus wirksamer Faktor in der Formung des Geistes.

3) Der Wert für die Befreiung des Geistes

Wenn man es zunächst an einigen Versuchstagen nach besten Kräften durchführt, sich Menschen und Geschehnissen gegenüber rein beobachtend zu verhalten, so wird man sofort empfinden, um wieviel harmonischer solche Tage verlaufen als diejenigen, in denen man der leichtesten Versuchung zum »Eingreifen« in Tat, Wort, Gefühl oder Gedanke nachgab. Wie durch einen unsichtbaren Harnisch gegen die Banalitäten und Zudringlichkeiten der Außenwelt geschützt, so geht man mit einem wohltuenden Gefühl von Freiheit und selbstgenügsamer Heiterkeit durch solche Tage. Es ist, als ob man sich aus dem Stoßen und Drängen einer großen Menschenmenge auf eine menschenleere Anhöhe gerettet hat und nun aufatmend auf das Gewühl zurückblickt. Wenn man derart von den Dingen und Menschen zurücktritt, wird durch solche Zurückhaltung auch die Einstellung ihnen gegenüber freundlicher werden. Denn die Verflechtung mit ihnen (durch Eingriff und Abwehr, Verlangen und Furcht), die sich aus der Ichbezogenheit ergibt, wird gelöst oder doch gelockert werden. Das Reine Beobachten lehrt damit auch das Abstehen vom weltbauenden und dadurch leidschaffenden karmischen Handeln, sei es gut oder böse. Es schult im Lassen, entwöhnt vom Greifen und Eingreifen.

Die Übung im Reinen Beobachten ist auch der direkte Zugang zu jener Wirklichkeitserkenntnis, welche die endgültige Leidbefreiung bringt und die im Buddhismus als Klarblick (*vipassana*) bezeichnet wird; und hier liegt der Hauptwert dieser Methode und die höchste Form ihrer den Geist befreienden Funktion.

Der *Klarblick* ist die direkte und tiefdringende Einsicht in die drei Merkmale allen Daseins, das heißt in seine Vergänglichkeit, Leidhaftigkeit und Ich- und Substanzlosigkeit. Dieser Klarblick besteht aber nicht etwa bloß in einer begrifflich-abstrakten Kenntnis dieser Wahrheiten oder ihrer rein intellektuellen Anerkennung, die für die persönliche Lebenshaltung unverbindlich bleibt. Er ist vielmehr ein Erfahrungswissen, das erworben wird durch die wiederholte klar beobachtende Konfrontierung mit den eigenen körperlichen und geistigen Vorgängen. Es gehört zu jener Art von wirkungskräftigem Wissen, von dem der französische Denker J. M. Guyau sagte: »Wer etwas weiß und nicht danach handelt, weiß es nur unvollkommen.«

Solche Konfrontierung mit der Wirklichkeit, die im meditativen Klarblick zur Reife gelangt, wird ermöglicht durch das Reine Beobachten sowie durch Rechte Achtsamkeit (*satipatthana*) im allgemeinen. Aber schon die gelegentliche Anwendung im Alltagsleben, wenn immer man es vermag, wird eine befreiende und auflockernde Wirkung auf den Geist haben und bessere innere und äußere Bedingungen schaffen für eine strikte, methodische Übung.

Es gehört zum Charakter des Klarblicks, die Dinge der Innen- und Außenwelt als »reine Vorgänge« (*suddha-sankhara*), das heißt als unpersönliche Prozesse zu erkennen und in solcher Erkenntnis zeitweilig frei zu sein von Gier, Haß und Verblendung. Eben dies eignet aber auch (in gewissem Grade und für beschränkte Frist) schon dem anfänglichen Reinen Beobachten, das somit eine allmähliche Akklimatisierung des Geistes an die Höhenluft der Klarblickserkenntnis bewirkt.

Der durch das Reine Beobachten gewonnene Abstand von den Dingen und auch von uns selber zeigt uns in der eigenen Erfahrung die Möglichkeit und das Glück völliger Loslösung. Es verleiht uns die Zuversicht, daß solch zeitweises Beiseitetreten zum völligen *Hinaus*treten aus dieser Leidenswelt werden kann. Es gibt ein Vorgefühl oder doch eine Ahnung jener höchsten Freiheit, der »Heiligkeit bei Lebzeiten«, die gekennzeichnet wurde mit den Worten »*in* der Welt, doch nicht *von* der Welt«.

Dieses höchste Ziel mag noch etwas sehr Fernes sein, doch durch die innere Erfahrung beim Reinen Beobachten ist es nicht mehr etwas gänzlich Fremdes. Es gewinnt für den Übenden eine gewisse Vertrautheit und damit eine positive Anziehungskraft, die es nicht haben könnte, wenn es etwas rein Abstraktes bleibt, dem nichts in der eigenen Erfahrung entspricht. Für den, der in solcher Weise übt, wird das Ziel der Befreiung einem hohen Bergmassiv am fernen Horizonte gleichen, dessen Konturen für den Wanderer, der darauf zuschreitet, allmählich eine freundliche Vertrautheit gewinnen. Wohl hat die Hauptaufmerksamkeit des Wanderers den Schwierigkeiten und Windungen seines Weges zu gelten, doch nicht minder wichtig ist es, daß sein Blick von Zeit zu Zeit auf die Gipfel seines Zieles fällt, wie sie am Horizont seines eigenen Inneren auftauchen. Sie geben ihm die Richtung, an der er die Ab- und Umwege seiner Wanderschaft berichtigen kann; sie verleihen seinen müde gewordenen Schritten erneute Kraft, Ermunterung und Zuversicht, wie er sie nicht erfahren könnte, wären diese Gipfel seinem Blicke stets versperrt oder hätte er von ihnen bloß gehört oder gelesen; sie mahnen ihn auch, über den »kleinen Freuden am Wege« nicht das große Gipfelglück der Befreiung zu vergessen, das ihm am Horizonte winkt.

In solcher Weise dient die Übung des Reinen Beobachtens unmittelbar der höchsten Befreiung.

Anmerkung

1) Siehe: Der einzige Weg. Buddhistische Texte zur Geistesschulung in rechter Achtsamkeit; übersetzt von Nyanaponika, Konstanz 1956; Motto und Text Nr. 14.

Geshe Rabten

Die Grundlagen der Meditation

Im Alter von 19 Jahren verließ der im osttibetischen Kham geborene Geshe Rabten sein Elternhaus, um in der Klosteruniversität von Sera bei Lhasa die Ausbildung zum Lharampa-Geshe zu durchlaufen. Nach der Flucht 1959 ins indische Exil wurde er langjähriger persönlicher Berater des Dalai Lama. Dieser war es auch, der ihn 1969 bat, westlichen Schülern Unterricht zu erteilen. So kam Geshe Rabten 1974 erstmals in die Schweiz, wo er oberhalb des Genfer Sees bei Vevey das Zentrum für Höhere Tibetische Studien, das später nach ihm benannte Rabten Chöling, gründete. Er starb 1986.

Die Darstellung Geshe Rabtens erfolgt auf eine sehr traditionelle Weise. Sie enthält Überlegungen über den Zweck der Meditation: nämlich den eigenen Geist zu beherrschen und seine Unreinheiten zu beseitigen. Geshe Rabten erläutert die inneren und äußeren Bedingungen, die erfüllt sein müssen, wenn die Meditation gelingen soll. Und er beschreibt bereits einige tiefgehende Übungen, die besonders im tibetischen Buddhismus eine wichtige Rolle spielen. So zum Beispiel bestimmte Visualisierungen beziehungsweise die Reinigung der inneren Energiekanäle. Aber auch einige ganz praktische Dinge wie Sitzhaltung, Umgang mit den Alltagsgedanken und -sorgen während der Meditation und gegenseitige Unterstützung bei eventuellen Schwierigkeiten werden aufgegriffen.

Es ist offenkundig, daß der hohe Anspruch an Moral, geistige Disziplin und Energie, der in den Worten Geshe Rabtens zum Ausdruck kommt, vorrangig ernsthaft und schon länger Meditierenden gilt. Außerdem hat er in erster Linie die Situation eines intensiven Retreats im Auge.

Was ist der Zweck der Meditation? Der Mensch besteht aus Körper und Geist, und wir benötigen ein Mittel, um Macht über unseren Geist zu erlangen. Dieses Mittel heißt Meditation; denn nur durch Meditation ist es möglich, den eigenen Geist zu bezähmen und zu beherrschen. Gegenwärtig sind wir weit davon entfernt, Herrscher über unseren Geist zu sein; statt dessen stehen wir selbst unter der Macht unseres Geistes. Dieser Geist wiederum ist auch nicht frei, sondern wird von den Geistesgiften wie Begierde, Haß und Verblendung kontrolliert. Wir müssen diese Situation und die Beschaffenheit des Geistes eingehend erforschen. Es gibt verschiedene Faktoren in unserem Geist, die zwar ihrer Natur nach Bewußtsein (das heißt klar und erkennend), aber von unterschiedlicher Art sind: Einige sind fehlerfrei und heilsam, andere sind fehlerhaft und unheilsam. Diese beiden Arten von Bewußtseinsfaktoren und ihre einzelnen Merkmale muß man identifizieren können.

Die fehlerhaften Teile des Geistes werden »Geistesplagen« genannt. Gegenwärtig sind wir von unserem Denken gefangen, und dieses steht unter der Kontrolle von Leidenschaften. Da die Geistesgifte schon in ihrem Wesen fehlerhaft sind, werden logischerweise alle Handlungen, die unter ihrem Einfluß ausgeführt werden, zu falschen, unheilsamen Handlungen. Aufgrund von inkorrekten Geisteszuständen werden alle körperlichen, sprachlichen und geistigen Taten, alle Gedanken und Gefühle inkorrekt. Das Resultat ist eine endlose Kette von körperlichen und geistigen Leiden, selbst wenn es sich nur um geringfügige Unannehmlichkeiten handelt.

Wenn wir nicht mehr der Macht unseres Geistes ausgeliefert sein und ohne Selbstbestimmung umherirren wollen, müssen wir Mittel anwenden, um den Geist unter unsere Kontrolle zu bringen. Erst dann wird es uns möglich sein, den Geist ganz nach unseren Wünschen in die richtige Richtung zu lenken. Natürlich ist es nicht realistisch, einfach diesen Entschluß zu fassen und dann zu glauben, man könne unmittelbar, vielleicht in ein oder zwei Tagen, die Beherrschung über den eigenen Geist erlangen. Dieses Ziel ist nur schrittweise und langfristig zu erreichen, und das Mittel dazu ist die Meditation.

Wer meditieren will, muß genau wissen, wie man meditiert, ohne sich in Fehlern und Täuschungen zu verfangen. Ein korrektes Verständnis wird sich nur einstellen, wenn man Erklärungen über Meditation hört und liest. Fassen Sie den folgenden Entschluß: »Wenn ich meinen Geistes nicht beherrschen lerne, werden all die unaufhörlichen Schwierigkeiten kein Ende nehmen. Deshalb will ich die Mittel kennenlernen, mit denen ich die Kontrolle über meinen Geist erlangen kann, und dazu den Erklärungen aufmerksam folgen.«

Die Kraft der Vergegenwärtigung

Meditation ist notwendig. Sie gelingt jedoch nicht, wenn man körperlich oder geistig in Aufregung lebt. Unruhe im Geist entsteht immer dann, wenn fehlerhafte Faktoren sich des Geistes bemächtigen. In einem aufgeregten Zustand, in dem diese Fehler deutlich vorhanden sind, kann man sich nicht einfach hinsetzen und zur Meditation zwingen. Im allgemeinen haben Sie sehr viele Arbeiten zu erledigen. Wenn Sie sich entschlossen haben, an einem Meditationsseminar teilzunehmen oder eine Klausur durchzuführen, sollten Sie schauen, ob Sie Ihren Geist nicht ein wenig verändern können. Lassen Sie Ihre Arbeit für diese Zeit hinter sich, und versuchen Sie, alle Sorgen und Gedanken, die mit Ihrem Alltag verbunden sind, beiseite zu schieben. Nehmen Sie sich vor, sich allein der Meditation zu widmen. Die üblichen Sorgen und Verwirrungen im Geist wären dafür nur ein Hindernis. Ihr Körper ist an einem ruhigen Ort angelangt, der für die Meditation bestens geeignet ist; dieser Ort bildet eine Grenze für Ihren Körper. Einen Zaun für Ihren Geist müssen Sie ebenfalls errichten. Hängen Sie nicht an Ihren alltäglichen Problemen und Gedanken, und sorgen Sie dafür, daß Ihr Geist – und nicht nur

Ihr Körper – am Meditationsort ankommt. Stecken Sie sich eine Grenze für Ihren Geist, und versuchen Sie, Ihren Geist innerhalb dieses Gebiets zu belassen.

Wir verbringen viel Zeit mit Geschwätz, um so mehr, wenn viele Menschen zusammenkommen. Das Gerede zerstreut den Geist und lenkt ihn auf falsche Fährten. So ist es gut, während eines Seminars oder einer Klausur keine Gespräche zu führen, die den Geist ablenken, und sich nur über Dinge auszutauschen, die in Verbindung mit den Unterweisungen und der Meditation stehen. Wenn man den starken Entschluß faßt, wenig zu sprechen und nur über das Gelernte, verschwendet man keine Zeit, lenkt die Gedanken nicht ab und führt keine unheilsame Rede.

Gleiches gilt für Handlungen des Körpers. Wir bewegen uns hierhin und dorthin und suchen alle möglichen Orte auf. Ein Spaziergang hat kaum einen Nutzen, außer daß man sich bewegt und den Körper fit hält. Ein großer Teil unserer körperlichen Aktivitäten sind nutzlos. Zu Beginn eines Meditationsseminars sollte man sich vornehmen, auch die körperlichen Handlungen einzuschränken und nur Dinge zu tun, die einen Nutzen haben und in Verbindung mit der Meditation stehen. Selbstverständlich ist es eine gute Handlung des Körpers, wenn Sie sich zur Meditation hinsetzen. Auch ist es vorteilhaft, beim Spazierengehen die Vergegenwärtigung[1]) in bezug auf den Körper zu üben: Man wird sich des Körpers bewußt, indem man den Körper beobachtet und das Denken auf seine Bewegungen richtet. So hat Buddha selbst die Anweisung gegeben, man solle sich während des Gehens des Gehens und während des Sitzens des Sitzens bewußt sein.

Lenken wir unsere Vergegenwärtigung auf das Gehen, Sitzen und so weiter und erfassen unsere Handlungen mit fester Bewußtheit, dann werden Erinnerungskraft und Konzentration gestärkt. Diese Eigenschaften sind unerläßliche Werkzeuge für die Meditation. Hält man die Vergegenwärtigung auch in den freien Stunden aufrecht, stärkt man diese Kraft in den verschiedenen Handlungen. In der dann folgenden Meditationssitzung wird die Vergegenwärtigung weiter vertieft; das wiederum erhöht die Bewußtheit in den Pausen. So stützen sich die Zeiten zwischen den Sitzungen und die Meditationen gegenseitig. Es ist ein kontinuierlicher Prozeß.

Wenn die Vergegenwärtigung in der Meditation und in den Pausen vertieft wird, wächst Ihre Kraft ständig, und es wird leichter, die Kontrolle über den Geist zu erlangen. Ein freigelassener Hund zum Beispiel saust überall herum; erst wenn man ihn an die Leine legt und festhält, hat man ihn unter Kontrolle. Unser Geist ist wie ein freigelassener Hund, der überall umherstreunt; die Vergegenwärtigung ist wie eine Leine, die ihn festbindet. In dem Maß, wie man mit dieser Kraft den Geist beherrscht, werden seine fehlerhaften Faktoren geringer, bis sie ganz schwinden.

Die Tugend der Geduld

Ein weiterer, sehr wichtiger Punkt bei der Ausübung von Dharma ist die Geduld, das Ertragen. Allgemein unterscheidet man drei Arten der Geduld: erstens die Geduld, Leiden und Schwierigkeiten anzunehmen, zweitens das Nicht-Erwidern von zugefügtem Schaden, drittens die Ausdauer bei der Übung von Dharma. Alle Arten von Geduld sind für die Dharma-Praxis bedeutsam, aber die erste Art, das freiwillige Erdulden von Leiden, ist am wichtigsten. Warum? Wenn wir Leid wirklich ertragen können, wird es uns gelingen, jede Übung des Dharma, die wir angefangen haben, auch zu Ende zu führen. Ohne diese Tugend wird es sehr schwierig sein, die einzelnen Schulungen zu vollenden.

Manchmal sind wir von Glück erfüllt, wenn wir Dharma üben und unsere Meditationen gut gelingen. Wir fühlen uns körperlich und geistig sehr wohl, und solche Zustände sind nicht selten. Ein anderes Mal sehen wir uns mit großen Schwierigkeiten konfrontiert, zum Beispiel aufgrund einer fehlerhaften Meditation oder falscher Anwendung des Dharma. Dann liegt vielleicht der Gedanke nahe, mit der Übung aufzuhören. Es gibt viele Menschen, die zuerst mit riesigem Enthusiasmus Dharma praktizieren, um es dann nach einiger Zeit einfach aufzugeben. Deshalb ist es unerläßlich, die Schwierigkeiten, die bei der Ausübung von Dharma im allgemeinen oder bei der Meditation im besonderen auftreten, zu erdulden. Wir denken folgendermaßen: Wenn wir Dharma üben, werden wir gewiß mit einigen Hindernissen zu kämpfen haben, denn wir haben lange Zeit einen Weg beschritten, der nicht in Übereinstimmung mit dem Dharma stand. Wir haben uns viele negative Eigenschaften angewöhnt, die wir jetzt mit der Dharma-Praxis aufgeben müssen. Das wird nicht ohne Schwierigkeiten möglich sein.

Äußere Bedingungen für die Meditation

Ein Gelingen der Meditation hängt – wie ein Hausbau – von den Vorbereitungen ab. Sind sie perfekt, wird das Haus gut werden; sind sie mangelhaft oder fehlen ganz, wird das Haus entsprechend aussehen.

Für die Meditation braucht man einen geeigneten Ort. Es ist der Meditation sehr zuträglich, wenn dieser Ort angenehm und sauber ist; gute Luft und frisches Wasser sind förderlich. Wenn diese Bedingungen nicht erfüllt sind, kann man dennoch meditieren. Es ist unser Geist, der meditiert, der die Arbeit leistet; die äußeren Umstände können die Meditation günstig beeinflussen. Ein angenehmer Ort, der etwas abseits und schön gelegen ist, macht den Geist ruhiger. Sie wissen aus eigener Erfahrung, daß Ihr Geist ganz von selbst ausgeglichen und friedlich wird, wenn Sie an einem schönen, ruhigen Ort sind. Befinden Sie sich dagegen in einer Umgebung, die Ihnen nicht behagt, ist jeder Gedanke an Meditation hoffnungslos, denn Sie möchten sich nicht einmal an diesem Ort aufhalten. Frische Luft und klares Wasser sind für den Körper zuträglich. Der Körper bildet die spezifische Basis für den Geist, folglich wirkt sich eine gute körperliche Verfassung auch auf den Geist aus. All diese Faktoren schaffen gute Bedingungen für die Meditation.

Auch ist es gut, einen Freund am Ort zu haben, der die gleiche Einstellung zum Dharma hat wie Sie. Es ist aber besser, gar keinen Helfer zu haben als einen Gefährten, der Meditation ablehnt, während man sich selbst abmüht. Bei der Meditation muß man seine Gedanken sehr präzise und klar führen. Dabei wird man oft auf Hindernisse stoßen und manchmal nicht wissen, wie es weitergeht; dann ist es gut, einen Freund zu haben, mit dem man Fragen klären kann. Manchmal scheinen die Hindernisse so groß zu sein, daß man am liebsten aufhören möchte. In diesem Fall sollte der Freund eingreifen, indem er auf die Schriften verweist, an die Unterweisungen des Lamas erinnert, die verschiedenen Mittel erklärt, so daß der Übende die Schwierigkeit zu bewältigen vermag. Auf der anderen Seite kann der Meditierende den Freund inspirieren, so daß ein gutes, fruchtbares Verhältnis zwischen beiden entsteht.

Innere Bedingungen für die Meditation

Das Wichtigste ist eine profunde Kenntnis über den Ablauf der Meditation. Wie wird die Meditation durchgeführt? Man muß genau wissen, was Meditation ist, wie sie verläuft, was der Nutzen ist, welche Wirkung sie hat. Über diese Punkte sollte sich der Übende Gewißheit verschaffen. Auch wenn man zunächst eine große Sehnsucht nach Meditation verspürt, sich an einen abgeschiedenen Ort begibt und zur Meditation hinsetzt: Wenn man nicht weiß, wie man meditiert, ist es ein schwieriges Unterfangen.

Hören, Nachdenken und Meditieren

Ganz gleich, welche Arbeit Sie durchführen wollen, zuerst müssen Sie wissen, wie sie funktioniert und sich entsprechend schulen. Wenn es für weltliche Angelegenheiten notwendig ist, zu lernen und zu studieren, gilt dies für die Schulung des Geistes erst recht. Zu Beginn hört man Unterweisungen, in denen alle wichtigen Punkte über die Meditation erklärt werden. Ohne das Hören und Nachdenken ist es fast unmöglich, Meditation zu praktizieren. So muß einerseits der Lehrer klare und stichhaltige Begründungen liefern, andererseits sollte der Schüler die Erklärungen in seinem Geist bewahren und darüber nachdenken.

Schon bei weltlichen Tätigkeiten müssen Sie sich über den Sinn und Zweck Ihrer Arbeit im klaren sein. Im Dharma ist es noch wichtiger, Nutzen und Bedeutung zu kennen. Ohne logische Stützen ist es sehr schwierig, richtig zu handeln. Wenn die Begründungen klar und tiefgehend sind, wird Ihre Überzeugung unerschütterlich sein. Sie werden nicht von Ihrem Ziel abzubringen sein, und Ihr Vertrauen bleibt stabil. Ein Mensch, der ohne entsprechende Unterweisungen meditiert, ist wie jemand, der eine Felswand mit geschlossenen Händen erklettert. Das wird nur so lange gut gehen, wie er eine Nische findet, in der seine Faust Halt findet; sobald aber eine Nische oder Höhlung fehlt, wird er auf den Rücken fallen. Benutzt er dagegen seine ganze Hand, wird er sich an vielen Vorsprüngen festhalten und vor dem Absturz schützen können.

Hören von Dharma ist die Basis für die gesamte Praxis. Es gibt drei Arten von Verständnis: das Verständnis vom Hören, vom Nachdenken und vom Meditieren. Ohne das Hören von Unterweisungen können die anderen Arten des Verständnisses nicht erlangt werden. Während Sie diesen Erklärungen folgen, werden Ihnen viele Punkte verständlich, die Sie früher nicht durchschaut haben. Sie mögen denken: »Heute habe ich etwas gehört und verstanden, das mir früher nicht klar war.« In diesem Moment ist als Resultat des Hörens von Dharma ein neues Verständnis erwacht, das »Verständnis vom Hören«. Gehen wir nach den Unterweisungen in den Park spazieren und denken über das Gehörte nach, gräbt es sich tiefer in das Denken ein; daraus resultiert das »Verständnis vom Nachdenken«. Stellen wir weitere Überlegungen an, wird das Verständnis wachsen, so daß man mit der Meditation beginnen kann; dann entsteht das »Verständnis vom Meditieren«.

Geistige Disziplin

Für eine wirksame Meditation ist geistige Disziplin unerläßlich, und sie sollte mit Eifer eingehalten werden. Wenn Wasser in einer Erdmulde ruhig stehengelassen wird, ist es ganz klar; der Schmutz setzt sich unten ab, und das klare, reine Wasser breitet sich oben aus. Genauso sollte unser Geist während der Meditation ruhig und klar sein, frei von aufgewühltem Schmutz. Unheilsame Handlungen von Körper, Sprache und Geist, die wir regelmäßig begehen, verunreinigen den Geist und machen ihn unklar – wie aufgewirbeltes Wasser in der Erdmulde.

Wir müssen wachsam sein und auf unsere drei Tore aufpassen. In dem Maß, wie man Körper, Rede und Geist in eine heilsame Richtung lenken kann, übt man eine geistige Disziplin. Für einen Dharma-Praktizierenden ist es selbstverständlich besser, eine strengere geistige Disziplin einzuhalten als eine lockere. Auch in weltlichen Dingen ist es vorteilhafter, sich von falschen Handlungen fernzuhalten; dann wird man als edler Mensch angesehen. Die geistige Disziplin verfeinert das Benehmen und verringert die Ursachen für zukünftiges Leiden erheblich.

Weitere wichtige Eigenschaften für die Meditation sind Genügsamkeit und Zufriedenheit. Es ist immer von Vorteil, genügsam und zufrieden zu sein, denn letztlich resultieren alle Wirren und Leiden daraus, daß man nicht genug bekommen kann. Ständig kreist das Denken um Objekte, die man begehrt und in Besitz nehmen möchte. Auf der Grundlage eines solchen Denkens führt man zur Erfüllung der Wünsche die entsprechenden Handlungen von Körper und Sprache aus, die schließlich verhindern, daß man Dharma ernsthaft ausübt. Genügsamkeit und Zufriedenheit mit dem, was man hat, sind gute Gegenmittel. Ein Mangel an diesen Tugenden zeigt sich an zu vielen und ausgefallenen Wünschen.

Die Grundlagen der Meditation

Die Meditationshaltung

Zwar ist es der Geist, der meditiert, aber die körperliche Haltung kann die Meditation unterstützen. Es gibt unzählige Meditationshaltungen, entsprechend den verschiedenen Arten der Meditation. Die Haltung begünstigt die Meditation, sie ist jedoch nicht das Wichtigste. Entscheidend sind die Gedanken. Es gibt Menschen, die mit gekreuzten Beinen vor Schmerzen kaum meditieren können; für sie ist es vielleicht günstiger, die Beine auszustrecken. Andere wiederum mögen nicht auf dem Boden sitzen; sie können auf einem Stuhl Platz nehmen. Falls das Sitzen mit gekreuzten Beinen starke Knieschmerzen verursacht, kann man sich zwar so hinsetzen, als meditiere man; die Gedanken werden jedoch ständig auf die Knie gerichtet sein, und die Schmerzen nehmen die ganze Aufmerksamkeit in Anspruch. Am besten richtet man sich so ein, wie es für den eigenen Geist optimal ist.

Die bekannteste Sitzart ist die Vajrahaltung mit gekreuzten Beinen, wobei die Hände im Schoß aufeinandergelegt sind. Diese Position ist nicht dazu da, den Meditierenden schön erscheinen zu lassen oder zu demonstrieren, daß er meditiert. Diese Haltung hat vielmehr einen ganz besonderen Zweck; sie steht in Verbindung mit vielen Eigenschaften, die die Erleuchtung betreffen. Hier können nur einige dieser Aspekte zur Sprache kommen. Die Verschränkung der Beine macht den Geist etwas klarer und schärfer und dämmt die Schläfrigkeit und Trübheit des Geistes ein. Wenn jemand lang ausgestreckt auf einem Bett liegt, ist er dem Schlaf wahrscheinlich näher als jemand, der mit gekreuzten Beinen sitzt. In der Meditation sind Stadien zu erreichen, in denen man sehr lange in Konzentration verweilt. In einem solchen Zustand verankert diese Stellung den Körper in einer festen Position.

Zusammengefaßt lassen sich alle Aspekte der Meditation in zwei Kategorien einteilen: Methode und Weisheit. Die rechte Hand symbolisiert die Methode, die linke die Weisheit. Die Hände, über dem Schoß zusammengelegt, symbolisieren das endgültige Ziel, die Vereinigung der beiden Aspekte. Gewöhnlich hält man die linke Hand unter der rechten, um an die wichtigen Punkte der Meditation zu erinnern. Wenn wir irgendeine Arbeit mit unseren Händen ausführen, so werden wir zuerst schauen, was gefertigt werden soll und wie es geht. Genauso müssen wir die verschiedenen Aspekte der Meditation mit dem Auge der Weisheit sehen, bevor wir ihre Mittel anwenden und die Arbeit beginnen. Wenn die Hände wie beschrieben in den Schoß gelegt werden, ist der Körper aufrecht, so daß die verschiedenen Kanäle im Körper sich ebenfalls in einer geraden Position befinden. Erst dann fließen die subtilen Winde in diesen Kanälen wesentlich leichter. »Wind« bezeichnet hier nicht den gewöhnlichen, äußeren Wind, sondern einen subtilen Wind, eine Energieströmung, die den Geist trägt. Können diese Windenergien in den Kanälen gut fließen, bewirkt das einen klaren und schärferen Geist. Aus diesem Grund ist es gut, den Körper aufrecht zu halten.

Der Kopf ist leicht nach vorn geneigt – weder zu weit nach unten noch zu weit nach oben. In Höhe des Adamsapfels befindet sich ein aufwärtsstrebender Wind, der besonders mit dem Element der Hitze in Verbindung steht und die Wärme im Körper ansteigen läßt. Dadurch wiederum schwillt der Nacken, der Hals trocknet aus, die Augen brennen, und andere unangenehme Effekte breiten sich aus. Ein Neigen des Kopfes nach vorne verhindert, daß die Hitze nach oben aufsteigt, und der Wind wird unten gehalten. Die Augen sind, leicht geöffnet, auf einen Punkt in Höhe der Knie gerichtet. Der Sehsinn verursacht am häufigsten die Ablenkung des Geistes. Alle fünf Sinne sind an der Zerstreuung des Geistes beteiligt, unter diesen ist der Sehsinn jedoch der hinderlichste. Die Augen werden auf diesen Punkt nach vorne gerichtet, um dem Sehsinn den Weg abzuschneiden. Beim Meditieren vergessen Sie ganz, was Sie sehen. Ein genaues Hinschauen stört nicht nur, sondern es wird noch zusätzlich Augenschmerzen verursachen. Der Mund wird weder krampfhaft geschlossen noch aufgesperrt, sondern in eine angenehme Position gebracht. Die Zunge wird entspannt gegen den Gaumen gelegt.

Auch dies ist ein Gegenmittel gegen die aufsteigende Hitze, die den Gaumen austrocknen könnte.

Wenn man sich zur Meditation hinsetzt und diese Haltung einnimmt, sollte man die Gründe dafür kennen. Für die meisten ist es sehr angenehm, etwas höher, auf einem Kissen zu sitzen. Wenn man nicht gewöhnt ist, die Hände im Schoß zu halten, mag es etwas anstrengend sein und Schmerzen verursachen; dann ist es gut, etwas darunterzulegen. Beim Meditieren besteht gar keine Eile. Setzen Sie sich bequem hin und entspannen Sie sich. Wenn der gewöhnliche Aufruhr im Geist herrscht, ist der Geist wie Wasser, das von Schlamm aufgewühlt ist. Wenn man sich setzt, löst sich der Schlamm, und das Wasser wird klarer.

Die Reinigung der Energiekanäle

Man kann die Meditation auch mit einer besonderen Atemübung beginnen, die neun Punkte enthält: Zuerst atmet man durch das rechte Nasenloch ein und durch das linke aus, insgesamt dreimal. Dann atmet man links ein und rechts aus, wiederum dreimal. Die Reihenfolge spielt keine Rolle. Zum Schluß atmet man dreimal durch beide Nasenlöcher ein und aus. Haben wir es eilig, können wir die Meditation wie hier skizziert durchführen. Die vollständige Meditation umfaßt verschiedene Visualisierungen der Energiekanäle, verbunden mit bestimmten Vorstellungen, wie diese zu reinigen sind.

Die Vorstellung, die wir uns in der Meditation von unserem Körper machen, unterscheidet sich vom Aufbau des Körpers, wie ihn die Medizin lehrt. In der Körpermitte, etwas vor der Wirbelsäule, denkt man sich einen aufrechten, sehr geraden Energiekanal von der Stärke eines Fingers. Seine untere Öffnung liegt etwas unterhalb des Nabels; von dort verläuft er senkrecht hinauf bis zum Scheitel und weiter entlang des Kopfes bis zwischen die Augenbrauen, wo sich die obere Öffnung des Kanals befindet. Man sieht vor seinem geistigen Auge, daß er einfach dort herausschaut. Der Kanal ist völlig leer und lichthaft.

Auf der rechten Seite dieses Hauptkanals visualisiert man

einen etwas schmaleren Kanal. Die untere Öffnung des rechten Kanals liegt etwas tiefer als die des zentralen Kanals; von dort läuft er bis zum Scheitel und am Kopf entlang bis zum rechten Nasenloch, so daß das obere Ende mit dem rechten Nasenloch zusammentrifft. Auf der linken Seite stellt man sich ebenfalls einen solchen Kanal vor, dessen untere Öffnung etwas tiefer liegt als die des zentralen Kanals. Auch er verläuft von unten bis zum Scheitel und am Kopf entlang bis zum linken Nasenloch, wo sich seine obere Öffnung befindet.

So hat man drei parallel laufende Kanäle, wobei die beiden seitlichen Röhren etwas länger sind als der zentrale Kanal und weiter reichen, das heißt bis zu den Nasenlöchern. Diese drei Kanäle sind wirklich im Körper vorhanden, obwohl sie vielleicht nicht so existieren, wie man sie in der Meditation visualisiert. Wenn wir den Körper krumm halten, können diese Kanäle natürlich nicht so gerade sein, wie man es sich in der Meditation vorstellt.

Sie haben natürlich Zweifel, ob es solche Kanäle wirklich gibt, zumal ich davon sprach, daß sie ein wenig unter dem Nabel aufhören und offene Enden haben. Doch das sind lediglich Vorstellungen für die Meditation. In Wirklichkeit haben die Kanäle natürlich keine offenen Enden; der rechte und linke Kanal gehen durch die Beine bis zu den Füßen hinunter, und der zentrale Kanal reicht bis zum Geschlechtsorgan.

Eine Hilfe für diese Meditation ist es, den Kanälen eine leichte Farbtönung zu geben. Der rechte Kanal ist leicht rötlich, der linke Kanal weißlich und der mittlere bläulich. Am Anfang waren die Kanäle nach unten geöffnet, jetzt stellt man sich vor, wie sich die Öffnung des rechten Kanals in die des linken einfügt, so daß sie miteinander verbunden sind – wie verschiedene Bauteile ineinander geschoben werden.

Nun schließt man mit dem Zeigefinger das linke Nasenloch und zieht langsam die Luft durch das rechte Nasenloch, also durch den rechten Kanal ein. In diesem Kanal stellt man sich allen möglichen Schmutz und Unrat vor, zum Beispiel negative Geistesfaktoren und unreine Substanzen des Körpers; sie werden durch die eingezogene Luft nach unten geschwemmt und in den linken Kanal befördert. Dann schließt man mit dem Zeigefinger das rechte Nasenloch und atmet durch den linken Kanal aus. Aller Schmutz, der erst vom rechten in den linken Kanal transportiert wurde, wird nun mit der Luft ausgestoßen – als würde man durch einen Gummischlauch mit zwei Öffnungen pusten und alle Substanzen hinausblasen. Dieses Ein- und Ausatmen wiederholt man ganz langsam dreimal und stellt sich vor, wie dieser rechte Kanal gereinigt wird. Am Anfang war er voller Unrat; jetzt ist er rein, leuchtend und klar wie Kristallglas – als sei er in seiner Natur Licht. In Wirklichkeit bleibt er natürlich ein Kanal, aber er sieht aus wie Licht.

Im zweiten Schritt visualisiert man, wie das Ende des linken Kanals in das Ende des rechten Kanals eingefügt ist. Entsprechend dem geschilderten Ablauf reinigt man jetzt den rechten Kanal, ebenfalls dreimal. Auf diese Weise wird aller Schmutz aus dem linken Kanal befördert, und er erstrahlt in weißem Licht. Man denkt sich, daß er in seiner Natur aus diesem weißen Licht ist. Zu diesem Zeitpunkt trägt man zwei leuchtende Lichtröhren in sich, eine rötliche rechts und eine weißliche links.

Im dritten Teil stellt man sich vor, daß die unteren Enden der beiden seitlichen Kanäle in das untere Ende des mittleren Kanals einmünden. Dann atmet man langsam durch beide Nasenlöcher ein und aus, wiederum dreimal. Beim Einatmen fließt die Luft durch die beiden seitlichen Kanäle nach unten, beim Ausatmen tritt sie über den mittleren Kanal durch die Öffnung zwischen den Augenbrauen nach außen. In Wirklichkeit atmet man die Luft natürlich durch die Nasenlöcher aus. Beim Ein- und Ausatmen stellt man sich vor, daß auch der zentrale Kanal vollständig gereinigt wird; er leuchtet bläulich und ist in seiner Natur aus Licht.

Diese Meditation ist am Anfang etwas mühsam, da es schon nicht leicht fällt, die Kanäle zu visualisieren. Auch mag Verwirrung durch das Hin und Her der Kanäle aufkommen, und es besteht die Gefahr, daß man abrupt ein- und ausatmet. Versuchen Sie jedoch unbedingt, diese Meditation durchzuführen; sie ist ein sehr gutes Mittel, um die Kraft der Vergegenwärtigung zu stärken. Der Geist ist ganz mit den Kanälen beschäftigt und hat keine Möglichkeit abzudriften.

Die drei Kanäle erscheinen nach ihrer Reinigung wie leuchtendes Glas. Glas ist hart und zerbrechlich, die Kanäle jedoch sind biegsam und elastisch. Trotzdem hängen sie nicht krumm und schief im Körper, sondern kerzengerade; sie sind innen hohl, so daß von unten ein leichtes Licht darin zu sehen ist. Die drei Kanäle sind nicht nur sehr schön, leuchtend, gerade und biegsam, sondern auch ihrer Natur nach Glück. Allein ein Gedanke an diese Kanäle sollte ein Gefühl des Glücks und der Freude hervorrufen. Am Anfang ist es notwendig, sich alle Attribute der Kanäle immer wieder vorzustellen, und man sollte diese Meditation über lange Zeit praktizieren. So gewöhnt sich der Geist an dieses Objekt, und die Kanäle werden ihm ganz von selbst wie aus Licht erscheinen.

Da man bei der Meditation eines Objekts, hier der Kanäle, sehr aufmerksam sein muß, wird die Vergegenwärtigung gestärkt, so daß keine störenden, unnützen und schädlichen Gedanken aufkommen können. Am Anfang hat man nur die Vorstellung, daß die drei Kanäle in ihrer Natur Glück sind. Die fortschreitende Meditation, in deren Verlauf die Festigkeit im Geist gestärkt wird und störende Einflüsse unterbunden werden, schafft dann aber auf ganz natürliche Weise einen echten Zustand des Glücks und der Freude. Visualisiert man über längere Zeit mit Sorgfalt und Eifer immer zur gleichen Zeit die drei Kanäle, so werden sie einigen Übenden schließlich so real erscheinen, als ob sie sie mit den Augen sehen und mit den Händen anfassen könnten. Ich denke, daß sie auch tatsächlich existieren. Diese Meditation ist zwar nur eine Vorbereitung für die Meditation auf Mahamudra; im Grunde jedoch ist sie bereits für sich genommen eine sehr nützliche und vollständige Meditation.

Bereinigung von negativem Karma

Das Ziel der Meditation ist es, die Leiden des Körpers und des Geistes zu beenden. Wir haben unvorstellbar viele Ursachen für Leid und Schmerzen angesammelt. Daher sollten wir zweierlei anstreben: Zum einen müssen wir uns bemühen, keine weiteren Ursachen für Leid anzusammeln und den schlechten Tendenzen den Weg zu verbauen. Wie geschieht das? Meditation ist ein Mittel, falsche Vorstellungen zu beseitigen, und sie verhindert, daß weitere negative Potentiale, die in der Zukunft Leid verursachen, anwachsen. Zum anderen müssen wir uns von all den negativen Potentialen, die wir in der Vergangenheit angehäuft haben, befreien. Die Vorstellung, daß man in der Vergangenheit so viel Falsches getan, so viel negatives Karma angesammelt habe, daß dieses gar nicht mehr zu bereinigen sei, ist eine unbegründete Sorge. Wenn man die Mittel zur Bereinigung von negativem Karma vollständig anwendet, so ist es möglich, alle Arten von Taten, und seien sie noch so schlecht, noch vor dem Ende dieses Lebens zu bereinigen.

Wenn Sie versehentlich Gift in Ihr Bier geschüttet und das Bier getrunken hätten, merkten Sie sehr bald, daß Sie Gift zu sich genommen haben. Beließen Sie es einfach dabei und lehnten sich zurück, würde das Gift Sie in kurzer Zeit töten. Wenn Sie jedoch zum Arzt gingen, verabreichte er Ihnen das entsprechende Gegenmittel, so daß das Gift aus dem Körper austreten könnte und keine weiteren Wirkungen verursachte. Genauso, wie Gift tödlich wirkt, wenn es nicht durch ein Gegenmittel neutralisiert wird, so bringen unheilsame Handlungen, die man nicht bereinigt, ohne jeden Zweifel ihr Resultat hervor. Allerdings können wir die negativen Handlungen und die schädlichen karmischen Anlagen, die sie im Geist hinterlassen, beseitigen, so daß man die Resultate nicht erfahren muß.

Wie bereinigt man unheilsames Karma? Zunächst ruft man sich die Dinge ins Bewußtsein, die man falsch gemacht hat. Man erkennt die begangenen Fehler und bereut sie. Reue ist ein Mittel, mit dem sich negatives Karma schnell und wirksam beseitigen läßt. Wenn Sie ein schmutziges Tuch nur in Seifenwasser stecken, wird die Seife ein gewisses Maß an Schmutz herauslösen, aber wenn Sie die einzelnen Flecken suchen und speziell behandeln, wird der Schmutz vollständig entfernt. Weiterhin ist der Vorsatz zu fassen, in Zukunft unter keinen Umständen solche negativen Handlungen zu wiederholen. Diese Punkte sind unbedingt notwendig für eine korrekte Bereinigung.

Das zentrale Werkzeug, um negatives Karma zu bereinigen, ist die Rezitation bestimmter Mantras. Wer nicht gerne rezitiert, kann auch spezielle Meditationen durchführen; sie sind genauso ein Mittel, um den Geist zu entwickeln und mangelhaftes Verständnis, Unklarheiten, Trübungen und so weiter zu beseitigen. Wenn man sich beispielsweise an eine unheilsame Tat erinnert, diese aufrichtig bereinigen möchte und mit dieser Absicht meditiert, wird die Meditation diesem negativen Karma entgegenwirken. Der Buddhismus kennt genügend geeignete Mittel, um negatives Karma zu bereinigen; dazu gehören das Rezitieren des Vajrasattva-Mantras und das Darbringen von Niederwerfungen.

Im Buddhismus ist Vertrauen grundlegend für die Ausübung von Dharma, wobei es viele Arten von Vertrauen und verschiedene Objekte gibt, auf die man sein Vertrauen setzt. Wer sein negatives Karma bereinigen will, muß sich voller Vertrauen auf den Buddha stützen: »Auf Buddha setze ich mein ganzes Vertrauen, daß ich meinen Geist weiterentwickeln kann, daß er mir den Weg zeigt, daß ich die rechten Mittel anwende und daß meine Praxis dadurch Früchte trägt.«

Anmerkung

1) Vergegenwärtigung (Sanskrit: *smriti*, Tibetisch: *dran pa*) ist ein Geistesfaktor. Er bezeichnet das Nicht-Vergessen eines vertrauten Objekts und wirkt der Ablenkung entgegen. Vergegenwärtigung ist auf allen Stufen der Übung wichtig. Bei der Übung, die als »Intensive Ausrichtung der Vergegenwärtigung« (Sanskrit: *smriti-upasthana*, Pali: *satipatthana*) bezeichnet wird, richtet man das Bewußtsein auf die vier Objekte: den Körper, die Gefühle, den Geist und die Geistobjekte. Manchmal wird dafür der Begriff »Grundlagen der Achtsamkeit« verwendet. Siehe Nyanaponika: Geistestraining durch Achtsamkeit. Die buddhistische Achtsamkeitsmethode, Konstanz 1989.

Mahasi Sayadaw

Praxis der Klarblickmeditation – Die Grundübungen

Mahasi Sayadaw (U Sobhana Mahathera) stammt aus Birma und zählt zu den bedeutendsten Meditationsmeistern dieses Jahrhunderts. Ihm ist es in einem hohen Maße zu verdanken, daß die alte und traditionsreiche Vipassana-Meditation heute wieder eine herausragende Rolle spielt und immer mehr Anhänger findet. Unter seiner Anleitung haben Tausende die Einsichts-Meditation gelernt und praktiziert. Mahasi Sayadaw wurde 1904 in Shwebo geboren; seit seinem zwölften Lebensjahr war er Novize, seit dem zwanzigsten vollordinierter Mönch. In Birma wurde er mit dem Titel des Agga Mahapandita geehrt. Er starb 1982.

In der Theravada-Schule des Buddhismus gibt es vier hauptsächliche Meditationsobjekte beziehungsweise vier »Grundlagen der Achtsamkeit«, wie sie in den kanonischen Schriften genannt werden: die Körperbetrachtung, die Gefühlsbetrachtung, die Geistbetrachtung und die Geistobjektbetrachtung. Mahasi Sayadaw stellt die grundlegenden Übungen vor, die zu tieferem Wissen und Klarblick führen, wenn sie systematisch und konsequent angewendet werden. Der Autor knüpft an die Darstellung von Nyanaponika Mahathera an: Wer seine Achtsamkeit und Beobachtungsgabe schult, vermag die Natur der Dinge und die Natur des Geistes zu durchschauen und die allgegenwärtigen Eigenschaften aller Erscheinungen unmittelbar zu sehen: ihre Wandelbarkeit, ihre Unvollkommenheit und ihre Substanzlosigkeit.

Die Übungen selbst beschreibt Mahasi Sayadaw bewußt in ganz schlichten und nüchternen Worten. Sie klingen in unseren Ohren vielleicht sogar monoton, doch sind sie geeignet, allzu viele romantische und irreführende Vorstellungen hinsichtlich der meditativen Praxis zu korrigieren. Meditation soll den Geist nicht unterhalten, sondern befreien.

Es ist eine Binsenwahrheit: Kein Mensch wünscht sich zu leiden, und ein jeder möchte glücklich sein. In dieser Welt machen die Menschen alle nur denkbaren Anstrengungen, um das Leiden zu verhindern oder zu verringern und Glück zu erfahren. Alle ihre Bemühungen sind jedoch hauptsächlich darauf ausgerichtet, sich mit Hilfe materieller Mittel körperliches Wohlbefinden zu verschaffen. Glück hingegen setzt eine bestimmte Geisteshaltung voraus. Dennoch schenken nur wenige Menschen ihrer geistigen Entwicklung wirkliche Aufmerksamkeit, und noch weniger praktizieren ernsthaft Geistestraining.

Um das zu veranschaulichen, sei auf alltägliche Gewohnheiten hingewiesen: Wir halten unseren Körper sauber und pflegen ihn. Dazu kommt der ungeheure technische Fortschritt, dessen Ziel es ist, unseren materiellen Lebensstandard zu heben, Transport- und Kommunikationsmittel zu verbessern und Krankheiten und körperlichem Unwohlsein vorzubeugen und beides zu heilen. Alle diese Anstrengungen befassen sich jedoch hauptsächlich mit der Pflege und Gesunderhaltung des Körpers. Es ist nicht von der Hand zu weisen, daß sie von Bedeutung sind. Jedoch können alle diese menschlichen Bemühungen und Leistungen keinesfalls das Leiden mindern oder gar beseitigen, das mit Alter und Tod, mit häuslichem Unglück und wirtschaftlichen Sorgen verbunden ist, kurz, mit der Nicht-Befriedigung von Bedürfnissen und Sehnsüchten. Leiden dieser Art kann nicht durch materielle Mittel aus der Welt geschafft werden; es ist nur durch Geistestraining und geistige Entwicklung zu überwinden.

Es wird also deutlich, daß der richtige Weg über die Erziehung, Festigung und Läuterung des Geistes führen muß. Dieser Weg wird im *Maha Satipatthana Sutta* aufgezeigt, einer bekannten Lehrrede des Buddha, die er vor mehr als 2 500 Jahren gehalten hat. Der Buddha sagt darin folgendes: »Der einzige Weg ist dies zur Läuterung der Wesen, zur Überwindung von Kummer und Klage, zum Schwinden von Schmerz und Trübsal, zur Gewinnung der rechten Methode, zur Verwirklichung des Nibbana, nämlich die vier Grundlagen der Achtsamkeit.«

Die vier Grundlagen der Achtsamkeit sind: (1) die Körperbetrachtung, (2) die Gefühlsbetrachtung, (3) die Geistbetrachtung und (4) die Geistobjektbetrachtung. So viel ist gewiß: Wer auf der Suche nach Glück ist, sollte diesen Weg einschlagen, um sich von den Verunreinigungen des Geistes zu befreien, die die Ursache für menschliches Leiden sind.

Wenn man jemanden fragen würde, ob er den rechten Weg zu finden wünsche, um das Nibbana zu erlangen, von Alter, Verfall und Tod und jeder Art von Leiden für immer befreit, dann würde die Antwort gleichfalls mit Sicherheit »Ja« lauten. In dem Fall sollte er – in der Tat jedermann – die vier Grundübungen der Achtsamkeit praktizieren.

Wenn man jemanden fragen würde, ob er Kummer und Klage zu überwinden wünsche, so würde die Antwort gewiß »Ja« lauten. In dem Fall sollte er – in der Tat jedermann – die vier Grundübungen der Achtsamkeit praktizieren. Wenn man jemanden fragen würde, ob er Schmerz und Trübsal zum Schwinden zu bringen wünsche, so würde er bestimmt nicht zögern, mit »Ja« zu antworten. In dem Fall sollte er – in der Tat jedermann – die vier Grundübungen der Achtsamkeit praktizieren.

Auf welche Art und Weise sollte man die vier Grundübungen der Achtsamkeit praktizieren? Im *Maha Satipatthana Sutta* sagt der Buddha: »Weile beim Körper in Betrachtung des Körpers; weile bei den Gefühlen in Betrachtung der Gefühle; weile beim Geist in Betrachtung des Geistes; weile bei den Geistobjekten in Betrachtung der Geistobjekte.«

Vorbereitungsstufe

Wenn es dir ein aufrichtiges Bedürfnis ist, Kontemplation, das heißt reines Betrachten, zu entwickeln und in deinem gegenwärtigen Leben Wissensklarheit zu erlangen, so mußt du während des Übens weltliches Denken und Tun aufgeben. Dieser Übungsweg dient der Läuterung deines Verhaltens, und die ist unabdingbar, willst du wirkliche Kontemplation entfalten. Du mußt auch die Vorschriften für Nicht-Ordinierte (oder für Mönche und Nonnen, je nachdem) befolgen, denn sie sind für das Erlangen von Wissensklarheit wichtig. Für Nicht-Ordinierte umfassen diese Vorschriften die sogenannten Acht Richtlinien (*Eight Precepts*), die von Buddhisten an Feiertagen (Pali: *uposatha*) und während der Meditationsperiode befolgt werden. Eine weitere Vorschrift besagt, daß man nicht abfällig, spöttisch oder boshaft zu oder über einen der Ehrwürdigen sprechen darf, die den Stand der Heiligkeit erreicht haben. Hast du das dennoch getan, so entschuldige dich persönlich bei ihm oder ihr, oder laß deine Entschuldigung durch deinen Meditationslehrer vortragen. Hast du in der Vergangenheit in verächtlicher Weise zu einem Ehrwürdigen gesprochen, der zur Zeit nicht erreichbar oder bereits verstorben ist, so bekenne diese Verfehlung deinem Meditationslehrer oder selbstprüfend dir selbst.

In der buddhistischen Tradition schlagen die alten Meister vor, daß du während der Übungsperiode Zuflucht nimmst zum Erleuchteten, zum Buddha, denn es kann geschehen, daß dein Geist während des Meditierens unheilsame oder erschreckende Visionen hervorbringt und du in Unruhe gerätst. Vertraue dich auch der Führung deines Meditationslehrers an, damit er mit dir offen über deine Schwierigkeiten oder Fortschritte in der Kontemplation sprechen und dir die Hilfen geben kann, die er für nötig hält. Es ist von Vorteil, wenn man sich dem Erleuchteten, dem Buddha, anvertraut oder unter der Anleitung eines Lehrers praktiziert. Das Ziel solchen Übens und sein größter Gewinn sind die Befreiung von Gier, Haß und Verblendung, denn sie sind die Wurzeln für alles Übel und alles Leiden. Ein intensiver

Kurs zur Entfaltung des Klarblicks kann dich zu einer solchen Befreiung führen. Arbeite also eifrig auf dieses Ziel hin, damit dein Übungsweg sich erfolgreich vollende. Diese auf Achtsamkeit (Pali: *satipatthana*) gründende Art der Schulung im reinen Betrachten ist von allen Buddhas und Edlen befolgt worden, die Befreiung erlangten. Man darf dich dazu beglückwünschen, daß du die Möglichkeit hast, den gleichen Übungsweg zu gehen, wie sie ihn gegangen sind.

Wichtig ist auch, daß du deine Übung mit den »Vier schützenden Betrachtungen« beginnst, die der Erleuchtete, der Buddha, dir zu bedenken gibt. Es dient deinem psychischen Wohlergehen auf dieser Stufe, wenn du sie reflektierst. Gegenstand dieser Vier Schutzreflektionen sind: der Buddha selbst, liebende Güte, die abscheuerregenden Aspekte des Körpers und der Tod.

Nimm zunächst Zuflucht zum Buddha, indem du dir seine neun wichtigsten Eigenschaften ins Bewußtsein rufst und würdigst: »Wahrlich, er ist der Erhabene, Geheilte, vollkommen Erwachte, der im Wissen und Wandel Vollendete, zum Heil Gekommene, der Kenner der Welt, der unübertreffliche Lenker der anzuleitenden Menschen, der Meister der Himmelswesen und Menschen, erwacht, erhaben.«

Als zweites betrachte alle fühlenden Wesen als die Empfänger deiner liebenden Güte; laß deine Gedanken der liebenden Güte dein Schutz sein und identifiziere dich unterschiedslos mit allen fühlenden Wesen, etwa so: »Möge ich frei sein von Haß, Krankheit und Kummer. Mögen – so wie ich – auch meine Eltern, Erzieher, Lehrer, guten Freunde ebenso wie gleichgültige und mir feindlich gesinnte Wesen frei sein von Haß, Krankheit und Kummer. Mögen sie alle befreit sein vom Leiden.«

Als drittes reflektiere die abstoßenden Aspekte des Körpers, damit du das unheilsame Verhaftetsein an den Körper überwindest, das so vielen Menschen eigen ist. Betrachte eingehend einige seiner Unreinheiten, zum Beispiel Magen, Gedärm, Schleim, Eiter, Blut. Sinne gründlich über diese Unreinheiten nach, damit die absurde Liebe zum Körper getilgt werde.

Die vierte Schutzreflektion im Interesse deines psychischen Wohlergehens besteht darin, das Phänomen des unweigerlich näherrückenden Todes zu bedenken. Die buddhistische Lehre betont, daß das Leben ungewiß, der Tod aber gewiß ist; Leben ist unsicher, der Tod jedoch sicher. Jedes Leben endet mit dem Tod. Geburt, Krankheit, Leiden, Alter und schließlich Tod sind Stadien des Daseinsprozesses.

Setze dich zu Beginn der Übung mit gekreuzten Beinen auf den Boden. Möglicherweise ist es dir angenehmer, wenn die Beine nicht verschränkt sind, sondern flach auf dem Boden ruhen, ohne daß sie gegeneinander gepreßt sind. Wenn du den Eindruck hast, daß diese Sitzweise deine Kontemplation beeinträchtigt, wähle eine dir angenehmere Position. Sodann führe die folgenden Übungsanweisungen aus.

Grundübung eins

Versuche, die Achtsamkeit (nicht aber die Augen) auf den Unterleib gerichtet zu halten. Du wirst dadurch die Bewegung des Hebens und Senkens in diesem Bereich des Körpers erfahren. Solltest du diese Bewegungen anfänglich nicht spüren, so lege beide Hände auf den Leib, um der Aufs und Abs der Bauchdecke gewahr zu werden. Nach kurzer Zeit wirst du deutlich merken, wie die Bauchdecke sich hebt, wenn du einatmest, und wie sie sich senkt, wenn du ausatmest. Dann registriere im Geist: *Heben* – bei der Bewegung nach oben und *Senken* – bei der Bewegung nach unten. Du mußt eine jede Bewegung, während sie geschieht, in dieser Weise benennen.

Bei dieser Übung wirst du dir der Aufs und Abs deiner Bauchdecke bewußt. Die Form deines Leibes darf dich dabei nicht interessieren. Was du tatsächlich wahrnimmst, ist die körperliche Druckempfindung, die durch die sich hebende und wieder senkende Bauchdecke verursacht wird. Kümmere dich also nicht um die Form des Leibes, sondern konzentriere dich auf die Übung. Einem Anfänger verhilft sie sehr wirksam dazu, Achtsamkeit, geistige Sammlung und Klarblick zu entwickeln. Bei fortschreitender Übung wird dir die Art und Weise der Bewegung deutlicher werden.

Erst wenn das reine Betrachten voll entwickelt ist, wirst du fähig sein, die Abfolge der geistigen und körperlichen Prozesse bei jedem der sechs Sinnesorgane zu erkennen. Da du ein Anfänger bist, dessen Aufmerksamkeit und Konzentrationsvermögen noch schwach entwickelt sind, magst du es schwierig finden, die Achtsamkeit auf jedes einzelne Auf und Ab der Bauchdecke gerichtet zu halten, so wie es kommt und geht. Angesichts dieser Schwierigkeit magst du vielleicht denken: »Ich weiß wirklich nicht, wie ich es schaffen kann, meinen Geist auf jede dieser Bewegungen zu konzentrieren.« Ruf dir dann einfach in Erinnerung, daß dies ein Lernprozeß ist. Die hebenden und senkenden Bewegungen der Bauchdecke sind immer da; du brauchst sie deshalb nicht zu suchen.

Tatsächlich wird es auch einem Anfänger leichtfallen, seine Achtsamkeit auf diese zwei Bewegungen gerichtet zu halten. Setze diese Übung fort, und sei dir voll bewußt, wie die Bauchdecke sich hebt und wieder senkt. Wiederhole die Wörter *Heben* und *Senken* aber nicht wörtlich; denke an sie nicht als Wörter. Sei dir nur des tatsächlichen Vorgangs des Hebens und Senkens bewußt. Vermeide es, tief oder rasch zu atmen, um die Bewegungen der Bauchdecke deutlicher zu spüren. Dieses Vorgehen nämlich führt zu Erschöpfung und beeinträchtigt das Üben. Vergegenwärtige dir lediglich voll bewußt die Bewegungen des Hebens und Senkens, so wie sie im Laufe des normalen Atmens in Erscheinung treten.

Grundübung zwei

Es ist möglich, daß andere Geistesaktivitäten einsetzen, während du damit beschäftigt bist, die Bewegungen deiner Bauchdecke zu betrachten und zu benennen – Gedanken oder andere Geisteszustände wie Absichten, Ideen, Vorstellungen und so weiter. Du darfst sie nicht einfach außer acht lassen, sondern mußt sie, wenn sie auftreten, sogleich benennen.

Wenn du dir irgend etwas vorstellst, mußt du dir dessen bewußt sein und innerlich konstatieren: *Vorstellen*. Wenn du bloß an etwas denkst, registriere: *Denken*. Wenn du dir etwas überlegst: *Überlegen*. Wenn du etwas zu tun beabsichtigst, benenne es mit *Beabsichtigen*. Wenn deine Achtsamkeit vom Meditationsobjekt, dem Heben und Senken der Bauchdecke, abschweift, so erkenne: *Abschweifen*. Stellst du dir vor, daß du zu einem bestimmten Ort gehst, so benenne das mit *Gehen*. Wenn du ankommst, mit *Ankommen*. Triffst du in Gedanken eine Person, so registriere: *Treffen*. Sprichst du mit ihm oder ihr, benenne es mit *Sprechen*. Solltest du in deiner Vorstellung mit der Person streiten, registriere das mit *Streiten*. Sollte vor deinem geistigen Auge ein Licht oder eine Farbe erscheinen, vergiß nicht, das mit *Sehen* zu benennen. Registriere jedes Auftreten einer geistigen Erscheinung, bis sie verschwindet. Mach nach ihrem Verschwinden weiter mit der Grundübung eins, wobei du jede Bewegung während des Hebens und Senkens der Bauchdecke erkennen und klarbewußt verfolgen mußt.

Schreite in deiner Übung achtsam voran, ohne zu erschlaffen. Wenn du während des Übens das Bedürfnis hast, Speichel zu schlucken, so registriere das mit *Wünschen*. Konstatiere *Schlucken*, während du schluckst; *Wünschen*, wenn du auszuspucken wünschst; *Ausspucken*, wenn du ausspuckst. Verfolge sodann wieder aufmerksam das Auf und Ab in der Bewegung deiner Bauchdecke. Angenommen, du willst den Nacken beugen. Stelle zunächst fest: *Wollen*, dann: *Beugen*, wenn du ihn beugst. Willst du den Nacken aufrichten, so registriere erst: *Wollen*, dann: *Aufrichten*, wenn du ihn aufrichtest. Alle Bewegungen beim Beugen und Aufrichten des Nackens müssen sehr langsam ausgeführt werden. Hast du jeden dieser Bewegungsprozesse geistig registriert, so mach voller Achtsamkeit weiter mit dem Betrachten der sich hebenden und senkenden Bauchdecke.

Grundübung drei

Angesichts der Tatsache, daß du während des Kontemplierens eine lange Zeit in ein und derselben Position – sitzend oder liegend – ausharren mußt, ist es wahrscheinlich, daß dich ein starkes Gefühl der Erschöpfung überkommt und dein Körper oder deine Arme und Beine steif werden. Sollte das der Fall sein, so richte deinen erkennenden Geist auf den entsprechenden Körperteil und erkenne: *müde* oder *steif,* und fahre mit dem reinen Betrachten fort. Verfahre dabei ganz natürlich, das heißt, weder zu schnell noch zu langsam. Diese Gefühle werden allmählich schwächer, um schließlich ganz zu verschwinden. Sollte eines der Gefühle jedoch in einem solchen Maße zunehmen, daß die körperliche Erschöpfung oder Steifheit der Gelenke unerträglich wird, so verändere deine Sitzhaltung. Vergiß aber nicht, im Geiste *Wollen* zu registrieren, bevor du darangehst, deine Position zu verändern. Jede einzelne Bewegung muß in der jeweiligen Reihenfolge aufmerksam betrachtet werden.

Willst du einen Arm oder ein Bein heben, so konstatiere zunächst: *Wollen*. Wenn du den Arm oder das Bein hebst, benenne das mit *Heben*. Streckst du den Arm oder das Bein, so registriere: *Strecken*, entsprechend: *Beugen, Aufsetzen, Berühren*. Führe alle diese Bewegungen langsam und bewußt aus. Fahre fort, die Bewegungen der Bauchdecke aufmerksam zu verfolgen, sobald du die neue Sitzposition eingenommen hast. Sollte es dir während der Kontemplation in der neuen Haltung unangenehm warm werden, so verändere sie achtsam und gehe dabei so vor, wie soeben beschrieben.

Es kann geschehen, daß du irgendwo an deinem Körper einen Juckreiz verspürst. Richte dann deine Achtsamkeit auf diesen Körperteil und registriere im Geist: *Jucken*. Tue das wiederum ganz ruhig, weder zu schnell noch zu langsam. Wenn der Juckreiz im Laufe des achtsamen Gewahrseins verschwindet, fahre mit der Übung fort und betrachte aufmerksam das Heben und Senken der Bauchdecke. Sollte das Jucken jedoch nicht aufhören und der Reiz zu stark werden, so daß du den juckenden Körperteil kratzen möchtest, so vergiß nicht, diesen Wunsch mit der geistigen Notiz *Wollen* zu benennen. Hebe langsam die Hand und registriere *Heben* und *Berühren*, sobald die Hand den Körperteil berührt, von dem der Juckreiz ausgeht. Kratze dich langsam und sei dir voll bewußt, daß du kratzt. Wenn der Juckreiz verschwunden ist und du aufhören willst zu kratzen, so achte darauf, dies, wie auch sonst schon, mit *Wollen* zu benennen. Ziehe die Hand langsam zurück und registriere gleichzeitig: *Zurückziehen*. Liegt die Hand wieder auf ihrem gewohnten Platz und berührt das Bein, so stelle fest: *Berühren*. Sodann widme dich wieder dem achtsamen Beobachten der Bewegungen deiner Bauchdecke.

Wenn du Schmerzen oder Unbehagen verspürst, so richte deinen achtsamen Geist auf den Körperteil, von dem die Empfindung ausgeht. Registriere die spezifische Empfindung, wenn sie auftritt; zum Beispiel: *schmerzhaft, quälend, drückend, stechend, müde, schwindelig*. Es muß noch einmal betont werden, daß dieses Registrieren nicht forciert oder verzögert geschehen darf, sondern in ruhiger und natürlicher Weise vonstatten gehen sollte. Der Schmerz kann aufhören oder zunehmen. Sei nicht beunruhigt, wenn er zunimmt. Übe entschlossen weiter. Befolgst du diesen Rat, so wirst du feststellen, daß der Schmerz fast immer verschwindet.

Im Laufe deiner Achtsamkeitsübung kann es geschehen, daß du Empfindungen starker Schmerzen erfährst; Empfindungen, wie man sie hat, wenn man in Atemnot gerät oder glaubt, ersticken zu müssen; Empfindungen, wie sie durch den Schnitt eines Messers oder durch den Stoß eines scharfkantigen Gegenstandes verursacht werden; unangenehme Empfindungen, als würdest du von spitzen Nadeln gestochen oder als krabbelten winzige Insekten über deinen Körper. Du magst Empfindungen wie Jucken, Stechen oder eisige Kälte erfahren. Sobald du die Übung abbrichst, verschwinden diese schmerzhaften Empfindungen. Wenn du aber die Übung wieder aufnimmst, wirst du sie erneut spüren, sobald deine Achtsamkeit zunimmt. Diese schmerzhaften Empfindungen brauchen nicht ernst genommen zu werden. Sie sind keine Anzeichen für eine Krankheit, sondern natürliche Gegebenheiten, die in unserem Körper permanent vorhanden sind, üblicherweise aber überdeckt, wenn der Geist – wie es gewöhnlich der Fall ist – mit augenfälligeren Objekten beschäftigt ist. Wenn die geistigen Fähigkeiten sich verfeinern, wirst du dir dieser Empfindungen stärker bewußt. Mit fortschreitender Entwicklung deiner Achtsamkeit wird die Zeit kommen, da du schmerzhafte Empfindungen überwinden kannst und sie ganz und gar verschwinden. Wenn du weiterhin zielbewußt übst, wirst du keinerlei Schaden erleiden. Solltest du dich entmutigt fühlen, in der Kontemplation unentschlossen werden und sie für eine Weile unterbrechen, so werden diese unangenehmen Empfindungen dich erneut heimsuchen, wenn du die Übung wieder aufnimmst. Setzt du sie jedoch mit Entschlossenheit fort, wirst du derartige schmerzhafte Gefühle höchstwahrscheinlich überwinden und sie möglicherweise im Laufe des achtsamen Übens nie wieder erfahren.

Solltest du das Bedürfnis verspüren, den Körper ein wenig wiegend hin- und herzubewegen, so registriere zunächst bewußt: *Wollen.* Während du ihn bewegst: *Bewegen.* Es kann geschehen, daß du während des Übens bemerkst, wie dein Körper unbeabsichtigt leicht nach hinten und nach vorn schwingt. Sei nicht beunruhigt deswegen; finde aber auch keinen Gefallen daran und wünsche nicht, daß die Bewegung andauern möge. Das Wiegen wird aufhören, wenn du die Bewußtheit auf den Vorgang des Wiegens richtest und weiterhin *Wiegen* registrierst, bis die Bewegung aufhört. Sollte das Wiegen stärker werden, obwohl du es entsprechend benennst, so lehne dich gegen eine Wand oder einen Pfosten oder lege dich eine Weile hin. Danach fahre mit der Übung fort. Verfahre ebenso, wenn dich ein Schütteln oder Zittern überkommt. Bei weit entwickelter Achtsamkeit ist es möglich, daß ein Schauer deinen Rücken oder deinen ganzen Körper durchläuft. Das ist ein Zeichen dafür, daß du vollkommen bei der Sache, begeistert oder verzückt bist. Im Laufe einer intensiven Kontemplation geschieht das ganz natürlich. Wenn dein Geist völlig gesammelt ist, mag das geringste Geräusch dich aufschrecken. Das passiert, weil du im Zustand erhöhter Konzentration die Wirkung von Sinneseindrücken viel deutlicher spürst.

Wenn du während des Übens durstig bist, so registriere: *durstig*. Wenn du aufstehen möchtest, konstatiere zunächst: *Wollen*. Dann nimm bewußt wahr, welche Bewegungen du machst, um das Stehen vorzubereiten. Halte dein Bewußtsein aufmerksam auf den Vorgang des Aufstehens gerichtet und benenne ihn mit *Aufstehen*. Wenn du nach dem Aufstehen nach vorne schaust, registriere: *Schauen*. Willst du vorwärtsgehen, so stelle zunächst fest: *Wollen;* dann, wenn du die Schritte machst: *Gehen, Gehen* oder: *links, rechts*. Es ist von größter Wichtigkeit, daß du dir während des Gehens jeder einzelnen Bewegung im Ablauf der Schritte von Anfang bis Ende bewußt bist. Verfahre ebenso, wenn du spazierengehst oder Gehmeditation machst. Bemühe dich zunächst, bei jedem Schritt das Heben und das Wiederaufsetzen des Fußes wahrzunehmen und diese zwei Phasen folgendermaßen zu registrieren: *Heben – Aufsetzen, Heben – Aufsetzen*. Sobald du in dieser Art des Gehens genügend Übung hast, versuche, den Bewegungsablauf bei jedem einzelnen Schritt in drei Phasen wahrzunehmen: *Heben, Vorstrecken, Aufsetzen* oder: *auf, vorwärts, ab*.

Wenn du an einem Platz anlangst, wo du trinken möchtest, und den Wasserhahn oder Wasserbehälter siehst, so vergiß nicht, das im Geist zu registrieren: *Sehen*.

Wenn du beim Gehen anhältst, so konstatiere: *Anhalten*,
wenn du die Hand ausstreckst: *Ausstrecken*,
wenn die Hand die Tasse berührt: *Berühren*,
wenn die Hand die Tasse hochhebt: *Hochheben*,
wenn die Hand die Tasse in das Wasser eintaucht: *Eintauchen*,
wenn die Hand die Tasse an die Lippen heranführt: *Heranführen*,
wenn die Tasse die Lippen berührt: *Berühren*,
wenn du bei der Berührung etwas Kaltes fühlst: *Kälte*,
wenn du das Wasser herunterschluckst: *Schlucken*,
wenn du die Tasse zurückstellst: *Zurückstellen*,
wenn du die Hand zurückziehst: *Zurückziehen*,

wenn du die Hand sinken läßt: *Sinken,*
wenn die Hand deinen Körper berührt: *Berühren,*
wenn du zurückgehen willst: *Wollen,*
wenn du dich umdrehst: *Umdrehen,*
wenn du vorwärtsgehst: *Gehen,*
wenn du an dem Platz angelangt bist, wo du stehenbleiben willst: *Wollen,*
wenn du stehenbleibst: *Stehenbleiben.*
Bleibst du eine Zeitlang stehen, so nimm die Betrachtung der sich hebenden und senkenden Bauchdecke wieder auf. Wenn du dich aber setzen möchtest, so stelle fest: *Wollen.* Wenn du ein paar Schritte machst, um dich zu setzen: *Gehen.* Wenn du an dem Platz ankommst, an den du dich zu setzen gedenkst: *Ankommen.* Wenn du dich umdrehst, um dich zu setzen: *Umdrehen.* Während du sitzt: *Sitzen.* Setze dich langsam hin und richte deine volle Achtsamkeit auf die Abwärtsbewegung des Körpers. Sei dir jeder Bewegung gewahr, während du Hände und Füße in die richtige Lage bringst. Dann kehre zurück zu der anempfohlenen Grundübung und betrachte achtsam die Bewegungen deiner Bauchdecke.

Möchtest du dich hinlegen, so werde dir zunächst wieder der Absicht bewußt und konstatiere: *Wollen.* Dann lege dich langsam hin und benenne jede Bewegungsveränderung: *Heben, Strecken, Niederlegen, Berühren, Liegen.* Laß, während du Hände, Arme und Beine in die entsprechende Position bringst, jede einzelne Bewegung zum Objekt deiner Achtsamkeit werden. Führe diese Schritte langsam aus. Danach nimm wieder die Betrachtung des Hebens und Senkens deiner Bauchdecke auf. Solltest du Schmerz verspüren, Erschöpfung, ein Jucken oder irgendwelche anderen körperlichen Empfindungen, so achte darauf, daß du jedes einzelne dieser Gefühle wahrnimmst. Achte auf alle aufkommenden Gefühle, Gedanken, Ideen, Überlegungen, Reflektionen; alle Bewegungen der Hände, Arme, Füße, Beine und des Körpers. Gibt es da nichts Besonderes zu beobachten, so richte deine Aufmerksamkeit auf das Heben und Senken der Bauchdecke. Notiere im Geist: *Träge,* wenn du träge bist, und: *Müde,* wenn du dich müde fühlst. Wenn deine Konzentrationsfähigkeit stark genug geworden ist, wirst du die Trägheit und Müdigkeit überwinden und dich als Folge erfrischt fühlen. Nimm wieder die gewohnte Betrachtung des Hauptmeditationsobjekts auf. Angenommen, es gelingt dir nicht, das Gefühl der Mattigkeit zu überwinden; in dem Fall übe so lange weiter, bis du einschläfst.

Im Zustand des Schlafes bleiben die geistigen Vorgänge unterhalb der Bewußtseinsschwelle fortbestehen. Der Schlaf ist vergleichbar mit dem Zustand des Bewußtseins im Augenblick des Wiedergeborenwerdens und im Augenblick des Todes. In diesem Stadium ist das Bewußtsein schwach und deshalb außerstande, sich eines Objekts bewußt zu werden. Im Wachzustand wird die ununterbrochene Fortdauer des Unterbewußtseins regelmäßig zwischen den Momenten des Sehens, Hörens, Schmeckens, Riechens, Berührens und Denkens deutlich. Weil sein Erscheinen aber nur von kurzer Dauer ist, wird es gewöhnlich nicht wahrgenommen und kann deshalb nicht registriert werden. Das Unterbewußtsein bleibt während des Schlafes fortdauernd aktiv – eine Tatsache, die uns erst beim Aufwachen bewußt wird. Denn nur im Zustand des Wachseins werden Gedanken und Objekte offenbar.

Reines Beobachten sollte in dem Augenblick beginnen, da du aufwachst. Da du ein Anfänger bist, mag es dir noch nicht möglich sein, schon im allerersten Moment des Wachseins mit dem Üben zu beginnen. Du solltest jedoch damit anfangen, sobald du dich daran erinnerst, daß du den Übungsweg der Klarblickmeditation gehen willst. Wenn dir beim Aufwachen beispielsweise irgendwelche Gedanken in den Sinn kommen, solltest du dir dieser Tatsache bewußt werden und deine Übung damit beginnen, daß du innerlich *Denken* registrierst. Fahre sodann fort mit der Betrachtung der sich hebenden und senkenden Bauchdecke. Wenn du dich vom Bett erhebst, sollte die Achtsamkeit auf jede Einzelheit bei den Bewegungen des Körpers gerichtet sein. Jede Bewegung der Hände, der Beine und des Rückens muß in vollkommener Achtsamkeit ausgeführt werden. Denkst du beim Wachwerden an die Tageszeit? Wenn ja, so stelle fest: *Denken*.

Willst du aufstehen? Wenn ja, so registriere: *Wollen*. Bereitest du dich darauf vor, den Körper in die richtige Lage zum Aufstehen zu bringen, so benenne das mit *Vorbereiten*. Während du dich langsam erhebst: *Erheben*. Sobald du sitzt, konstatiere: *Sitzen*. Ganz gleich, wie lange du nun sitzenbleibst, kehre zurück zur Betrachtung deiner sich hebenden und senkenden Bauchdecke.

Wenn du dir das Gesicht wäschst oder ein Bad nimmst, führe jede einzelne Bewegung der Reihe nach in höchster Achtsamkeit aus; zum Beispiel: *Schauen, Sehen, Strecken, Halten, Berühren, Kälte spüren, Reiben*. Wenn du dich ankleidest, das Bett machst, Türen und Fenster öffnest und schließt, Gegenstände anfaßt, sei dir jeder Einzelheit im Ablauf der einzelnen Handlungsschritte bewußt.

Wenn du ißt, mußt du mit deiner Achtsamkeit jede Einzelheit beim Vorgang des Essens verfolgen.

Wenn du das Essen anschaust, registriere im Geist: *Anschauen, Betrachten*,

wenn du das Essen anrichtest: *Anrichten*,
wenn du das Essen zum Mund hinführst: *Hinführen*,
wenn du den Kopf neigst: *Neigen*,
wenn das Essen den Mund berührt: *Berühren*,
wenn du das Essen in den Mund schiebst: *Schieben*,
wenn der Mund sich schließt: *Schließen*,
wenn du die Hand zurückziehst: *Zurückziehen*,
wenn die Hand den Teller berührt: *Berühren*,
wenn du den Kopf hebst: *Heben*,
wenn du kaust: *Kauen*,
wenn du den Geschmack erkennst: *Erkennen*,
wenn du das Essen hinunterschluckst: *Schlucken*,
wenn das Essen während des Schluckens die Speiseröhre berührt: *Berühren*.

Führe die Achtsamkeitsübung auf diese Art und Weise bei jedem einzelnen Bissen aus, bis du mit dem Essen fertig bist. Zu Anfang der Übung wirst du eine Menge Einzelheiten auslassen. Mach dir nichts daraus. Laß nicht locker in deinen Bemühungen. Wenn du geduldig weiterübst, wirst du weniger Einzelheiten auslassen. Bist du in der Übung fortgeschritten, so wirst du in der Lage sein, noch mehr Einzelheiten wahrzunehmen als die hier beschriebenen.

Fortschritte im reinen Betrachten

Nachdem du einen Tag und eine Nacht so geübt hast, wirst du möglicherweise feststellen, daß sich deine Achtsamkeit erheblich gefestigt hat und du imstande bist, die Grundübung zeitlich auszudehnen. Zu beobachten, wie die Bauchdecke sich hebt und senkt, wird dir nun für längere Zeit gelingen. Du wirst jetzt bemerken, daß gewöhnlich eine kleine Pause zwischen der Bewegung des Hebens und der des Senkens entsteht. Befindest du dich in Sitzhaltung, so fülle diese Pause aus, indem du dir deutlich ins Bewußtsein rufst, daß du sitzt, und das auch benennst: *Heben, Sitzen, Senken*. Richte dabei deine Achtsamkeit auf die aufrechte Haltung deines Oberkörpers. Für den Fall, daß du liegst, solltest du mit voller Bewußtheit wie folgt vorgehen: *Heben, Liegen, Senken*. Fällt dir das leicht, so mach weiter mit dem Beobachten dieser drei Phasen. Vielleicht stellst du fest, daß genau wie nach der Bewegung des Hebens auch nach der des Senkens eine kleine Pause entsteht. In dem Fall verfahre folgendermaßen: *Heben, Sitzen, Senken, Sitzen*. Oder wenn du liegst: *Heben, Liegen, Senken, Liegen*. Angenommen, es fällt dir nicht leicht, drei oder vier Bewegungsabläufe in dieser Weise zu verfolgen und zu benennen. Dann kehre zu dem ursprünglichen Verfahren zurück und benenne nur zwei Phasen: *Heben, Senken*.

Während du das achtsame Betrachten von körperlichen Bewegungen übst, brauchst du dich nicht sonderlich um Seh- oder Hörobjekte zu kümmern. Solange du imstande bist, deinen Geist auf die Bewegungen der Aufs und Abs deiner Bauchdecke gerichtet zu halten, ist anzunehmen, daß das Ziel, nämlich den Vorgang und die Objekte des Sehens und Hörens bewußt wahrzunehmen, auch erreicht wird. Für den Fall aber, daß du einen Gegenstand absichtlich ansiehst, so registriere gleichzeitig zwei-

oder dreimal: *Sehen, Sehen, Sehen.* Danach richte deine Aufmerksamkeit sogleich wieder auf die Bewegungen der Bauchdecke. Angenommen, irgend jemand tritt in dein Blickfeld, registriere das zwei- oder dreimal mit *Sehen,* und kehre sodann zu der aufmerksamen Betrachtung der sich hebenden und senkenden Bauchdecke zurück. Hast du zufällig den Klang einer Stimme gehört? Hast du ihm gelauscht? Falls ja, registriere das im Geist mit *Hören, Lauschen,* und nimm danach sogleich wieder die Beobachtung der Aufs und Abs deiner Bauchdecke auf. Angenommen, du hörst laute Geräusche, Hundegebell zum Beispiel, lautes Sprechen oder Singen. In dem Fall sage dir sofort zwei- oder dreimal: *Hören, Hören, Hören,* und kehre dann zu der Grundübung zurück, dem achtsamen Verfolgen der Bewegungen der Bauchdecke.

Wenn es dir nicht gelingt, solch ausgeprägte Seh- oder Hörerscheinungen bei ihrem Auftreten zu benennen und sie sodann wieder fallenzulassen, kann es geschehen, daß du unwillkürlich anfängst, über sie nachzudenken, anstatt mit dem achtsamen Betrachten der Aufs und Abs der Bauchdecke fortzufahren, was nunmehr weniger klar und deutlich zu spüren sein mag. Aus solch nachlassender Aufmerksamkeit erwachsen und verstärken sich leicht Tendenzen, die den Geist trüben. Wenn derartige Gedanken erscheinen, so registriere zwei-, dreimal im Geiste: *Denken, Denken,* und nimm wieder die Betrachtung des Hebens und Senkens deiner Bauchdecke auf. Solltest du es vergessen, die Bewegungen des Körpers, der Beine und der Arme zu benennen, so sage dir: *Vergessen* und nimm die gewohnte Übung der Betrachtung der Bauchdeckenbewegungen wieder auf.

Bisweilen magst du bemerken, daß deine Atmung kaum spürbar ist oder daß du das Auf und Ab der Bauchdecke nicht länger deutlich wahrnimmst. Wenn dies geschieht und du dich in Sitzhaltung befindest, so richte deine Achtsamkeit einfach auf *Sitzen, Berühren;* und wenn du liegst, auf *Liegen, Berühren.* Während du *Berühren* registrierst, darf dein Geist nicht allein auf ein und denselben Körperteil gerichtet sein, sondern nacheinander auf verschiedene Teile. Es gibt verschiedene Berührungspunkte, und auf wenigstens sechs oder sieben sollte die Achtsamkeit gerichtet sein.

Grundübung vier

Bis zu diesem Punkt hast du dem Übungskurs eine ganze Menge Zeit gewidmet. Vielleicht beginnst du, träge und entmutigt zu werden, nachdem du glaubst, feststellen zu müssen, nicht genügend Fortschritte gemacht zu haben. Unter gar keinen Umständen solltest du aufgeben. Registriere einfach: *träge, entmutigt*. Solange deine Aufmerksamkeit, Konzentrationsfähigkeit und Einsicht nicht ausreichend stark entwickelt sind, magst du Zweifel haben an der Richtigkeit und dem Nutzen dieser Übungsmethode. In dem Fall lenke deine Achtsamkeit auf den Gedanken *Zweifeln*. Erwartest oder erhoffst du gute Resultate? Falls ja, benutze diese Gedanken als Übungsobjekte und benenne sie mit *Erwarten, Erhoffen*. Versuchst du dich zu erinnern, welchen Verlauf der Übungsweg bis hierhin genommen hat? Ja? Dann registriere: *Erinnern*. Kommt es vor, daß du das Meditationsobjekt untersuchst, um herauszufinden, ob es geistiger oder körperlicher Art ist? Falls ja, so sei dir des *Untersuchens* bewußt. Bedauerst du, daß Fortschritte beim Üben ausbleiben? Falls ja, so richte deine Aufmerksamkeit auf das Gefühl des *Bedauerns*. Bist du im Gegenteil glücklich, daß du im reinen Betrachten vorankommst? Falls ja, so registriere: *Glücklichsein*.

Auf diese Art und Weise registrierst du jede Einzelheit in deinem geistigen Verhalten, sobald es in Erscheinung tritt. Wenn keinerlei störende Gedanken oder Wahrnehmungen sich bemerkbar machen, solltest du zur Betrachtung der Aufs und Abs der Bauchdecke zurückkehren. Während eines strengen Meditationskurses dauert die Übungszeit vom ersten Augenblick des Aufwachens bis zum Einschlafen. Um es noch einmal deutlich zu sagen: Du mußt ständig Achtsamkeit üben, entweder auf der Basis der Grundübungen oder indem du den ganzen Tag über (auch während der Nachtstunden, in denen du nicht schläfst) achtsames Gewahrsein praktizierst. Es darf kein Erschlaffen geben.

Hast du erst einmal einen gewissen Fortschritt erzielt, wirst du trotz der langen Übungsstunden keinerlei Müdigkeit verspüren. Im Gegenteil: Du wirst in der Lage sein, die Übung Tag und Nacht fortzuführen.

Zusammenfassung

Dieser kurze Überblick über den Übungsweg hat deutlich gemacht, wie wichtig es ist, jeden geistigen Vorgang – ob gut, ob schlecht – achtsam zu betrachten, jede Körperbewegung – ob stark, ob schwach –, jede körperliche oder geistige Empfindung – ob angenehm oder unangenehm – und so fort. Wenn es während der Übung vorkommt, daß es nichts Besonderes zu betrachten gibt, so achte mit voller Aufmerksamkeit auf das Heben und Senken der Bauchdecke. Wenn du dich irgendwelchen Aktivitäten zuwenden mußt, die es nötig machen zu gehen, dann solltest du in vollkommener Achtsamkeit jeden Schritt kurz als Gehen, Gehen oder links, rechts registrieren. Wenn du aber Gehmeditation machst, so solltest du jeden Schritt in drei Phasen wahrnehmen und kontemplieren: auf, vorwärts, ab. Der Schüler, der auf diese Weise Tag und Nacht den Übungsweg beschreitet, wird in nicht allzu langer Zeit in der Lage sein, seine Konzentration bis hin zum Anfang der vierten Stufe der Klarblickmeditation (Wissen um Werden und Vergehen) zu entwickeln und noch weiter bis zu den höheren Stufen.

Geshe Thubten Ngawang

Shamatha – Die Entfaltung Geistiger Ruhe

Geshe Thubten Ngawang ist Gelehrter und Meditationsmeister der tibetischen Gelugpa-Tradition. Er lebt seit 1979 in Hamburg und hat dort das Tibetische Zentrum (TZH) aufgebaut, das er seitdem leitet. Mit elf Jahren wurde er Mönch im Kloster Sera in Zentraltibet und floh 1959 vor den chinesischen Invasoren nach Indien, wo er seine intensiven Studien fortsetzte und schließlich den Titel eines Geshe Lharampa erwarb. In Deutschland hat er sich auch einen Namen im interreligiösen Dialog gemacht. Er ist Ehrenmitglied des Rates der Deutschen Buddhistischen Union (DBU).

In seinem Beitrag steht die Frage im Mittelpunkt, wie unser Geist ruhiger und stiller werden kann. Ausführlich beschreibt Geshe Thubten Ngawang neun Stufen, die Schritt für Schritt durchlaufen werden müssen. Wir beginnen damit, unseren Geist, der sich gewöhnlich nur für die Dinge der äußeren Welt interessiert und von ihnen fasziniert ist, nach innen zu richten und mehr und mehr zu konzentrieren. Die Entfaltung geistiger Ruhe ist vollendet, wenn ein müheloses meditatives Gleichgewicht möglich ist und diese »Punktförmigkeit« des Geistes mit einem besonderen Glücksgefühl einhergeht.

Meditation ist ein Übungsweg mit einem vielleicht fernen Ziel, der aber mit dem ersten Schritt beginnt und viele lohnende Zwischenetappen hat. Sie können wir ansteuern und so Inspiration finden und Kraft schöpfen, um den Weg weiterzugehen. Das gelingt um so besser, je mehr wir uns unserer Motivation bewußt sind. Das kann der Wunsch nach der eigenen Befreiung ebenso sein wie Liebe und Mitempfinden für andere. Wir selbst müssen herausfinden, an welchem Punkt des Weges wir uns gerade befinden.

Atembeobachtung und Motivation

Ein Mittel, den Geist in einen entspannteren, disziplinierteren Zustand zu bringen, ist die Beobachtung des Atems. Diese sammelt den Geist und beruhigt Emotionen wie Haß und Begierde. Es gibt verschiedene Wege zur Beobachtung des Atems, aber keine bestimmten Vorschriften dafür: Zum Beispiel atmen einige durch das linke Nasenloch ein und durch das rechte wieder aus. Es kommt lediglich darauf an, daß man sich das Atmen vergegenwärtigt. Dazu zählt man die Atemzüge beim Ein- und beim Ausatmen zunächst neunmal und überprüft dann erneut den Zustand des Geistes. Allmählich bemerkt man, daß die störenden Gedanken abgeklungen sind. Das kann vielleicht nach zwei oder drei solcher Zählungen der Fall sein. Ist das noch nicht so, führt man die Atembeobachtung fort. Sobald sich die anfänglichen Störungen gelegt haben, ist der Geist in einer neutralen Verfassung, die es erlaubt, ihn mit heilsamen Inhalten zu beschäftigen.

Nun erzeugt man die richtige Motivation für die Meditation. Die beste Motivation ist ein altruistisches Streben nach höchster Erleuchtung (Sanskrit: *bodhicitta*), das in den Lehren des »Großen Fahrzeugs« (Mahayana) erklärt wird. Eine andere Motivation ist das Streben, sich aus dem Daseinskreislauf (Sanskrit: *samsara*) endgültig zu befreien. Inwieweit Meditation, die der Entwicklung der Konzentration dient, zu einer religiösen Übung wird, hängt ganz von dem Umfang der Motivation ab. Ist die Meditation von dem altruistischen Streben nach Erleuchtung motiviert, wird sie zur Ausübung des »Großen Fahrzeugs« und somit zur Ursache für das Erreichen der höchsten Erleuchtung eines Buddha. Ist das Motiv zuallererst die persönliche Befreiung aus dem Daseinskreislauf, so wird sie zur Ursache für das Erreichen eben dieses Zieles.

Indem man den Geist durch das Beruhigen der leidverursachenden Emotionen in einen neutralen Zustand gebracht hat, hat man den Freiraum geschaffen, tugendhafte Gedanken zu entwickeln. Ihn nutzt man, um solche Geisteshaltungen zu stärken, die von Liebe, Mitleid, altruistischem Streben nach Erleuchtung und Befreiung aus dem Daseinskreislauf bestimmt sind. Man schafft eine korrekte Motivation, indem man sich vor Augen hält: »Um das Ziel, die Befreiung und die Allwissenheit eines Buddha, zu erreichen, muß ich Beherrschung meines Geistes erlangen. Durch die Übung, einen heilsamen Geisteszustand zu entfalten und diesen konzentriert auf das Meditationsobjekt zu richten, kann ich eine solche Beherrschung ermöglichen.«

Meditation über das Unattraktive mit Hilfe der Drei Aufmerksamkeiten

Yogi der anfänglichen Aufmerksamkeit

Wenn man schon ein vertrautes Objekt hat, mittels dessen man die Entwicklung von *Geistiger Ruhe* (Sanskrit: *shamatha*) übt, gibt es keinen Grund, zu einem anderen Objekt zu wechseln. Wer jedoch kein bestimmtes Objekt für die Übung benutzt, dem möchte ich hier eine bestimmte Methode erklären: die Methode, Geistige Ruhe in Verbindung mit der »Meditativen Festigung der Gewöhnung an das Unattraktive« zu schulen.

Die *Gewöhnung an das Unattraktive* ist in erster Linie ein Mittel gegen Begehren, das sich auf den menschlichen Körper richtet. Begierde beinhaltet subjektiv immer einen attraktiven Aspekt des Objekts. Wenn wir etwas begehren, schreiben wir dem Gegenstand des Verlangens übertrieben attraktive Eigenschaften zu, die er nicht oder nicht in dem Maße besitzt. Die Gewöhnung daran, sich die unattraktiven und unangenehmen Seiten des begehrten Gegenstandes zu verdeutlichen, wirkt dieser unrealistischen Sichtweise direkt entgegen.

Als Beobachtungsobjekt dieser Meditation nimmt man den

eigenen Körper und meditiert dabei auf folgende Weise: Auf der Stirn, an dem Punkt zwischen den Augenbrauen, versucht man sich vorzustellen, daß ein kleines, rundes, etwa daumennagelgroßes Stück des darunterliegenden Knochens sichtbar wird. Einigen wird diese Vorstellung leichtfallen und bald klar erscheinen, bei anderen wird es schwieriger sein und vielleicht etwas länger dauern. Man ist bemüht, es sich so gut wie möglich zu vergegenwärtigen. Wenn man sich ein kleines Stück vom Schädelknochen einigermaßen klar vorstellen kann, läßt man es allmählich größer werden. Schritt für Schritt wird immer mehr Knochen freigelegt, zunächst bis zu den Hüften und weiter beim ganzen Körper, bis nur noch das weiße Knochengerüst ohne Haut und Fleisch übrigbleibt. Wenn man das erreicht hat, erweitert man die Vorstellung auf den Stadtteil, das Land, den Kontinent und schließlich die ganze Welt. Man läßt den Geist bei diesem Bild verweilen, solange man möchte. Dann zieht man die Vorstellung von den äußeren Grenzen her in der gleichen Weise wieder Stück für Stück zurück, bis man wieder bei seinem Körper angelangt ist. Danach richtet man die Aufmerksamkeit konzentriert auf den eigenen Körper in der Form des weißen Knochengerüstes, solange es geht.

Wenn man sich mit Hilfe dieser Methode über längere Zeit hinweg stetig schult, wird die eigene Begierde erfolgreich verringert. Besonders effektiv ist diese Form der Meditation als Gegenmittel bezüglich der Begierde nach dem eigenen Körper. Schon auf dieser Stufe wird sie so gemindert, daß man dies konkret anhand der eigenen Erfahrung feststellt. Jemand, der auf diese Weise kontinuierlich übt, wird ein *Yogi der anfänglichen Aufmerksamkeit* genannt.

Yogi der Schulung der Aufmerksamkeit

Bei dieser Meditation spricht man insgesamt von drei »Stufen der Aufmerksamkeit«. Die zweite Stufe beginnt wie die erste. Man denkt sich zuerst wieder ein kleines, kreisrundes, freiliegendes Stück Knochen zwischen den Augenbrauen und dehnt diese Vorstellung Stück für Stück auf die ganze Welt aus. Wurde sie auf der ersten Stufe aber nur so weit wieder begrenzt, daß man sich zuletzt auf das Knochengerüst des gesamten Körpers konzentrierte, so schränkt man sie nun noch weiter ein, bis lediglich noch die Knochen der oberen Körperhälfte freiliegen, und konzentriert sich einige Zeit darauf. Dann ist es nur noch der Kopf, auf den man seinen Geist richtet, danach lediglich die obere Schädelhälfte als weißen Knochen. Auf diesem letzten Stück läßt man den Geist ruhen, solange man kann, und versucht dabei, das Bild so klar wie möglich werden zu lassen und beizubehalten. So wird diese Meditation zu einem sehr effektiven Mittel gegen Begierde. Auf dieser Stufe nennt man den Meditierenden einen *Yogi, der die Aufmerksamkeit schult*.

Yogi der Vollendung der Aufmerksamkeit

Auch die dritte Stufe der Aufmerksamkeit beginnt wie die beiden vorhergehenden. Man imaginiert zunächst das kleine Stück Knochen zwischen den Augenbrauen und weitet die Vorstellung Schritt für Schritt über den Körper auf die ganze Welt aus. Dann verengt man sie wieder bis auf den eigenen Körper und von dort bis auf den Ausgangspunkt, das freiliegende kleine, runde, weiße Knochenstück an der Stirn. Darauf läßt man seine Aufmerksamkeit ruhen, solange man kann und möchte. Man kann die Meditation über Tage, Wochen, Monate oder gar Jahre hinweg fortsetzen – bis man aus eigener Erfahrung weiß, daß sie zu einem wirksamen Gegenmittel für das Verlangen geworden ist. Auf dieser dritten Stufe nennt man den Übenden einen *Yogi der Vollendung der Aufmerksamkeit*.

Man kann die Übung auch an irgendeinem anderen Punkt des Körpers beginnen. Ein Text sagt beispielsweise, daß man die gesamte Meditation mit den drei Stufen auch ausgehend von der großen Zehe durchführen kann. Es ist empfehlenswert, die Methode zu wählen, die einem am leichtesten fällt.

Gehen wir einmal davon aus, daß man als Ausgangspunkt das kleine weiße Stück Knochen zwischen den Augenbrauen gewählt hat. Als Weiterführung der Meditation imaginiert man nun, daß sich dieses flache Knochenstück allmählich nach vorn hin auswölbt und die Umrisse eines in Meditationshaltung Sitzenden annimmt. Diese Auswölbung nimmt nach und nach die Gestalt eines Buddhakörpers an, dessen Blickrichtung wie die eigene ist. Der Meditierende versucht, sie sich möglichst genau und klar zu vergegenwärtigen. Diese Buddhagestalt ist dann das eigentliche Meditationsobjekt der Übung zur Entfaltung von Geistiger Ruhe. Wenn man jedoch schon ein anderes Objekt hat, an dem man normalerweise übt, dann ist es richtig, die Übung weiter damit fortzusetzen.

Die Neun Stadien der Geistigen Ruhe

Erstes Stadium: Nach-innen-Richten des Geistes

Nun hat der Meditierende den Entschluß gefaßt, die eigentliche Konzentrationsübung zu beginnen. Er weiß, daß er freie Verfügung und Beherrschung über seinen Geist gewinnen muß, um sein gewünschtes Ziel im Dharma zu erreichen. Deshalb muß er nun üben, den Geist punktförmig auf ein Objekt zu lenken. Vor der Übung im engeren Sinn hat er sich mit dem Meditationsobjekt gut vertraut gemacht. Das kann, wie beschrieben, eine kleine weiße Buddhastatue sein, die sich aus dem runden, freiliegenden Knochen zwischen den Augenbrauen gebildet hat. Es kann aber auch ein anderer Gegenstand sein, dem man zugeneigt ist. Gewöhnlich benutzt man eine goldene Buddhagestalt als Objekt der Visualisierung. In diesem Fall sieht man sich eine Statue oder ein anderes Bildnis genau an, prägt sich die Gestalt des Buddha gut ein und stellt die Abbildung dann wieder zur Seite.

Bei der Meditation denkt man sich die Gestalt des Buddha vor sich im Raum, in Höhe der eigenen Stirn. Ihr Gesicht ist dem eigenen zugewandt. Man versucht zuerst nur zu denken, daß sich dort eine aufrechte, goldene Gestalt in ihren groben

Umrissen befindet, ohne daß es einem gleich zu gelingen braucht, die Einzelheiten klar zu erfassen. Zu diesem Zeitpunkt beginnt das erste Stadium der neun Ebenen zur Erlangung von Geistiger Ruhe. Es wird das *Nach-innen-Richten des Geistes* genannt, weil es ein innerliches, im Geiste vorgestelltes Objekt ist, auf das man seine Aufmerksamkeit richtet. Diese Stufe ist dadurch gekennzeichnet, daß der Geist das Meditationsobjekt immer nur für kurze Zeit berührt, ohne Stetigkeit der Konzentration.

Zweites Stadium: Stetiges Richten

Später wird der Übende schon etwas länger ununterbrochen bei dem Meditationsobjekt bleiben können, ohne gleich wieder abzuschweifen. In den Schriften wird von der Zeitspanne gesprochen, die es dauert, einhundertundachtmal das Mantra *Om Mani Padme Hum* zu sprechen. Wenn der Geist etwa für diese Zeit stetig auf das Meditationsobjekt gerichtet sein kann, ohne ganz abgelenkt zu werden, erreicht man das zweite Stadium, das *Stetiges Richten* genannt wird.

Auf dieser Stufe wird der Meditierende gelegentlich empfinden, daß in seinem Geist ungewöhnlich viele ablenkende Gedanken auftreten. Obwohl es ihm so erscheint, als hätten die störenden Gedanken gegenüber früher zugenommen, ist das nicht wirklich der Fall. Er wird sich dieser vielen störenden Gedanken nur mehr bewußt. Dieses Phänomen kennen wir aus eigener Erfahrung: Wenn jemand normalerweise in einer ärmlichen Gegend lebt, sich dann eine Zeitlang in einem reichen und begüterten Land aufhält und schließlich wieder in seine Heimat zurückkehrt, wird sie ihm zum erstenmal besonders ärmlich erscheinen, und er wird vielleicht erschrocken denken, daß sich die Lebensumstände gegenüber früher verschlechtert haben. Tatsächlich ist die Lage aber nicht schlimmer als zuvor.

Bei diesem Entwicklungsstand wird es vorkommen, daß in dem Zeitraum, in dem der Geist das Meditationsobjekt nicht verliert, die störenden Gedanken gelegentlich stärker anwachsen, um dann wieder schwächer zu werden. Es erscheint so, als seien sie dann erschöpft und würden sich erholen, so wie man sich nach einer schweren Arbeit ausruht.

Sowohl im ersten als auch im zweiten Stadium sind die Phasen, in denen der Geist beim Objekt verweilt, kürzer als die, in denen er abgelenkt ist. Der Unterschied liegt darin, daß die Aufmerksamkeit nun schon etwas längere Zeiträume kontinuierlich auf das Objekt gerichtet bleiben kann. Im weiteren Verlauf der Übung wird das Verweilen des Geistes auf dem Meditationsobjekt immer länger und das Abschweifen davon immer kürzer.

Drittes Stadium: Wieder-zurück-Richten des Geistes

Der Meditierende geht von dem zweiten zum dritten Stadium über, wenn die Konzentrationsphase länger andauert als die Phase der Ablenkung. Das dritte Stadium wird *Wieder-zurück-Richten* des Geistes genannt. Jetzt bemerkt der Meditierende aufgrund seiner stetigen Übung sehr schnell, wenn seine Aufmerksamkeit abschweift, und er kann seinen Geist unverzüglich wieder zurück auf das Objekt lenken. Daher wird die Übung in diesem Stadium damit verglichen, daß man Flicken auf ein Kleidungsstück setzt.

Viertes Stadium: Zunehmendes Richten

Das vierte Stadium wird *Zunehmendes Richten* genannt. Im Verlauf der Übung kann man ganz allgemein folgendes feststellen: Zum einen wird das Verweilen des Geistes beim Meditationsobjekt immer stabiler, zum anderen wird zusätzlich auch die Klarheit der Meditation immer größer. Daß diese beiden Aspekte der Meditation, das Verweilen beim Objekt und die Klarheit, an Bedeutung gewinnen, ist auf die zunehmende *Kraft der Vergegenwärtigung* zurückzuführen. Man kann den abschweifenden Geist immer besser auf das Objekt zurücklenken und es sich zugleich länger klarer bewußt machen. Der Übende erreicht dieses vierte Stadium, wenn er durch die Kraft der Vergegenwärtigung in der

Lage ist, während der Meditationssitzung ständig auf das Objekt gerichtet zu bleiben, ohne es jemals ganz zu verlieren.

Der Fehler des Geistes, vom Meditationsobjekt zu anderen Dingen abzuschweifen und es so zu verlieren, wird *Erregung* genannt. Diese Erregung ist jetzt nicht mehr so stark, daß der Geist völlig von dem Meditationsobjekt abkommt, aber sie stört noch immer sehr stark die Meditation. Ein anderer Fehler ist das *Sinken*.

Diese beiden Mängel lassen sich gut am Bild eines Kindes verdeutlichen, das erzogen werden muß. Eltern sollten ihr Kind ausgewogen erziehen, weder zu streng noch zu nachgiebig. Die Eltern möchten, daß das Kind gutes Benehmen lernt, und auch in der Schule soll es etwas lernen. Ein Hindernis dabei wäre, wenn das Kind zu ausgelassen wäre, ständig herumtoben und viel Unsinn anstellen würde. Dies ist mit der Erregung zu vergleichen. Andererseits wäre es ein Nachteil, wenn das Kind ohne Freude am Lernen ständig bedrückt zu Hause sitzen würde. Das kann man mit dem Sinken vergleichen.

Es gibt grobe und feine Formen von Erregung. In unserem Vergleich ist das Kind vielleicht völlig hemmungslos, und es ist ihm ganz gleichgültig, ob die Eltern sein schlechtes Benehmen bemerken oder nicht. Vielleicht raucht oder trinkt es oder nimmt Rauschmittel auch dort, wo die Eltern es sehen können. Wenn nun die Eltern eindringlich mit ihm gesprochen haben, tut es die verbotenen Dinge nicht mehr so hemmungslos und oft, sondern nur gelegentlich oder vielleicht eher heimlich. So kann man sich das Stadium der Meditation vorstellen, wenn der Übende zwar von den groben, aber noch nicht von den feinen Ebenen der Erregung frei ist.

Vergegenwärtigung ist der Faktor des Geistes, der ein von früher vertrautes Objekt ins Bewußtsein ruft und präsent hält. Das wirkt der Ablenkung entgegen. Wenn die Kraft der Vergegenwärtigung entwickelt wird, vergrößert sich dadurch auch die Konzentrationsfähigkeit. Die Vergegenwärtigung ist daher die Hauptursache dafür, daß man die Fähigkeit zu punktförmiger Konzentration erreicht.

Wir müssen also bei der Meditation von zwei Seiten her auf unseren Geist achten und versuchen, Kontrolle über ihn zu gewinnen. Erregung schadet der Konzentration unter dem Gesichtspunkt der Ablenkung. Der Geist schweift von seinem Meditationsobjekt ab und beschäftigt sich mit einem anderen, einem Objekt der Begierde. Als Gegenmittel stärkt man die Vergegenwärtigung, bemüht sich mit größerem Ernst darum, die Bewußtheit des Objektes beizubehalten. Wenn man aber auf diese Weise über längere Zeit ausschließlich seine Kräfte anspannt, um die Vergegenwärtigung zu stärken und den Geist an das Beobachtungsobjekt zu binden, ermüdet er und wird etwas dumpf und unklar. Dann tritt das Sinken auf, der andere Fehler bei der Meditation.

Um bei unserem Vergleich zu bleiben: Es ist möglich, daß zu Hause Eltern ihr Kind immer wieder zu besonderen Leistungen in der Schule anhalten und daß es in der Schule zusätzlich von seinen Lehrern unter Druck gesetzt wird. Selbst wenn es vielleicht ganz gut lernt, kann es diesen Ansprüchen nicht gerecht werden. Dann sitzt es eingeschüchtert und beklommen in seinem Zimmer. Ich habe gehört, daß es Kinder gibt, die so betrübt und niedergeschlagen sind oder fürchten, die erwarteten Leistungen nicht zu erbringen, daß sie zu Tabletten greifen oder sich gar das Leben nehmen wollen. Eine solche Betrübnis ist natürlich wie zu große Ausgelassenheit ein Hindernis, das die gute Entwicklung des Kindes hemmt. Mit dem Sinken verhält es sich ähnlich.

Man kann nur aus der eigenen Meditationserfahrung genau verstehen, unter welchen Umständen Erregung und Sinken auftreten und in welcher Weise sie die Konzentration stören. Zunächst eignet man sich das theoretische Wissen an, das man dann mit der eigenen Erfahrung verbinden muß. So gewinnt man echtes Verständnis. Durch Erklärungen allein kann man diese Unzulänglichkeiten kaum klar erkennen.

Im vierten Stadium der Meditation gibt es kaum noch Erregung, die Kraft der Vergegenwärtigung ist schon groß. Mit ihrer Hilfe kann man den Geist bei seinem vorgestellten Meditationsobjekt halten. Schon im dritten Stadium war die Vergegenwärtigung recht gut; im vierten wird sie noch weiter gestärkt. Am Ende dieses Stadiums ist dann ihre Intensität so groß, daß der Geist schon zu sehr nach innen gezogen ist und dadurch an Klarheit verliert. Dies ist das Sinken. Um ihm entgegenzuwirken, muß man die *wachsame Selbstprüfung* anwenden. Damit wird das fünfte Stadium erreicht.

Fünftes Stadium: Zähmung

Natürlich ereignen sich nicht alle hier beschriebenen Vorgänge bei der Meditation in einer Sitzung. Tag für Tag beschäftigt man sich mit der Meditation, überprüft ihren Fortgang und sammelt Erfahrungen: Wie war die Meditation heute im Vergleich zu gestern, welche Entwicklung läßt sich beobachten? Bei dieser Entwicklungsstufe wird man die Erfahrung machen, daß als Fehler zu intensive Konzentration nach innen und als Folge davon Sinken aufkommt. Dies sollte ein Signal dafür sein, daß man sich verstärkt der Selbstprüfung widmen muß. Was bedeutet Selbstprüfung? Wie Shantideva im »Eintritt in das Leben zur Erleuchtung« (*Bodhicaryavatara*) sagt, hat Selbstprüfung die Funktion, das körperliche, sprachliche und geistige Verhalten in allen Situationen zu kontrollieren: Wo stellen sich Fehler ein? Geht das eigene Verhalten in eine heilsame Richtung oder nicht? Selbstprüfung bedeutet wachsames und kluges Untersuchen; deshalb wird sie auch mit einem Späher verglichen. Der Meditierende muß also zu diesem Zeitpunkt mit wacher Sorgfalt darauf achten, ob Sinken entsteht.

Selbstprüfung muß man nur als einen Teil des Geistes in der Meditation verstehen. Es ist nicht so, daß der Meditationsinhalt vorübergehend aufgegeben werden müßte, um der Selbstprüfung Platz zu machen. In diesem Fall träte das Gegenteil von dem ein, was man erreichen will: Man möchte ja gerade die ununterbrochene und klare Konzentration beibehalten. Wenn sich einmal durch die Übung eine gewisse Kraft der Meditation entwickelt hat, wird man in der Lage sein, einerseits den Geist ständig in meditativem Gleichgewicht und konzentriert bei seinem Meditationsobjekt zu lassen und andererseits gleichzeitig mit einer »Ecke« des Geistes darauf zu achten, ob Fehler auftreten oder nicht.

Man nimmt sich also vor, Selbstprüfung stärker anzuwenden, und achtet darauf, welche Fehler auftreten, wenn man den Geist nach innen auf das vorgestellte Objekt konzentriert. Wenn der Geist zwar stabil auf das Objekt gerichtet bleibt, aber nicht ganz klar ist, sollte man dies als Sinken erkennen.

Ähnlich war es schon im vierten Stadium, wo der Aspekt der Klarheit ebenfalls nicht groß genug war. Dabei handelt es sich aber noch um gröbere Formen des Sinkens. Wenn man erkennt, daß Sinken aufkommt, muß man etwas mehr Eifer und Tatkraft entfachen und so die Klarheit des Geistes wieder erhöhen. Wenn sich dadurch aber die Klarheit des Geistes nicht verbessern läßt, sollte man die Meditationssitzung zunächst einmal unterbrechen und ein anderes Mittel anwenden. Man kann sich beispielsweise etwas Helles und Strahlendes, etwas Kühles und Erfrischendes oder etwas Geräumiges und Weites vorstellen: etwa klares Sonnen- oder Sternenlicht oder einen Berg mit weiter Sicht, auf dem ein frischer Wind weht. Hilfreich ist es auch, aufzustehen und sich zu bewegen oder in einer weiten, offenen Landschaft zu gehen. Sinken bedeutet, daß der Geist zu sehr nach innen eingeengt und unklar ist, und deshalb sind alle Mittel richtig, durch die er wieder gelockerter und frischer wird. Diese Mittel wendet man je nach der Stärke des Sinkens an, gerade so weit, daß der gewünschte Effekt eintritt, ohne natürlich die Kontrolle über den Geist aufzugeben. Dann fährt man fort, sich in der Meditation auf das Objekt zu konzentrieren.

Dieses fünfte Stadium wird *Zähmung* genannt, weil man nun den Geist zähmt, indem man durch Anwendung wachsamer Selbstprüfung und Tatkraft den Fehler des Sinkens überwindet.

Weil man nun den Geist mehr gelockert hat und vielleicht etwas zu achtlos und unbekümmert ist, wird sich daraus allmählich wieder der Fehler der Erregung einstellen. Sie ist jedoch nur eine feinere Form, denn man hat auf dieser Stufe der Meditation schon eine grundlegende Beständigkeit und Klarheit der Konzentration erreicht. Dadurch wird der Übergang zum sechsten Stadium, der *Beruhigung,* markiert.

Sechstes Stadium: Beruhigung

In diesem Stadium hat man mit Hilfe der Selbstprüfung darauf zu achten, ob Erregung auftritt oder nicht, und man muß sie zu beseitigen versuchen. Zuvor war der Erregung durch die Kraft der Vergegenwärtigung entgegengewirkt worden, nun tritt dieser Mangel aber nur noch in feiner Form auf, und man kann ihm daher nur mit erhöhter Selbstprüfung und größerer Tatkraft begegnen. Wenn man dadurch das Aufkommen von feiner Erregung beinahe unmöglich gemacht hat – ohne daß sie schon ganz beseitigt wäre – geht man von dem sechsten zum siebten Stadium über: dem der *Vollständigen Beruhigung.*

Siebtes Stadium: Vollständige Beruhigung

Nun braucht man kaum zu befürchten, daß Sinken und Erregung auftreten. Man sollte sich aber ständig bewußt sein, daß auch im konzentrierten Zustand diese Fehler auftreten können, und entsprechend wachsam sein. Jedoch muß man nicht mehr so sehr auf der Hut sein und die Selbstprüfung intensivieren wie zuvor. Es geht jetzt vielmehr darum, mit Hilfe der Tatkraft stetig zu meditieren. Dadurch wird die Meditation zunehmend leichter fallen, und man hat, obwohl man noch etwas Selbstprüfung aufbringen muß, einen stabilen Zustand erreicht, in dem Sinken und Erregung die Meditation nicht mehr stören können. Man kann nun absehen, daß man diese Mängel bald ganz aufgegeben haben wird. Es besteht keinerlei Gefahr mehr, daß sie schaden könnten.

Achtes Stadium: Ausbildung der Punktförmigkeit

Indem man sich so der Tatkraft widmet und eine stetige Meditation durchführt, erlangt man das nächste Stadium, das kaum noch Anstrengung verlangt. Zu Beginn einer Meditationssitzung bringt man eine einmalige Anstrengung auf, wenn man sich das Meditationsobjekt vergegenwärtigt, aber dann wird die benötigte Mühe im weiteren Verlauf ganz deutlich abnehmen und die Qualität der Konzentration trotzdem ausgezeichnet sein. Ganz ohne Bemühung verläuft die Meditation aber noch immer nicht. Damit gelangt man zum achten Stadium, der Ausbildung der *Punktförmigkeit*.

So übt man kontinuierlich die punktförmige Konzentration, bis sich eine derartige Gewöhnung einstellt, daß man auch nicht die geringste Anstrengung aufbringen muß. Es ist etwa so, wie mit einem Gebet, das man tagtäglich spricht: Mit der Zeit ist die Vertrautheit damit so groß, daß die Worte ganz spontan und mühelos aus dem Mund fließen. Ähnlich verläuft die Konzentration in dem nächsten, dem neunten Stadium, dem *Versetzen ins Gleichgewicht*.

Neuntes Stadium: Versetzen ins Gleichgewicht

Auf die beschriebene Weise setzt man die Übung fort, bis man das neunte Stadium verwirklicht. Man spricht in diesem Zusammenhang auch davon, daß damit die »punktförmige meditative Festigung des Sinnlichen Bereichs« erlangt wird. Sie zeichnet sich dadurch aus, daß der Meditierende konzentriert in meditativem Gleichgewicht verweilen kann, solange er möchte. Trotzdem hat er die Geistige Ruhe noch nicht wirklich erlangt. Sie erreicht er durch weitere ständige Übung, wenn er über die Mühelosigkeit bei der stetigen konzentrativen Meditation hinaus eine ganz außergewöhnliche Freude erfährt. Wie lange er auch meditiert, er fühlt sich sowohl körperlich als auch geistig sehr leicht und beweglich, und diese Beweglichkeit zieht ein besonderes Glücksgefühl nach sich. Der Geist ist geschmeidig und gefügig, so daß er ganz nach freiem Willen dazu benutzt werden kann, sich höhere Tugenden anzueignen. Das ist der echte Zustand von Geistiger Ruhe.

Sie mögen sich nun selbst fragen, ob es einfach ist, Geistige Ruhe zu gewinnen, und wie viele Tage Sie wohl dazu benötigen mögen. Wenn es möglich wäre, etwa das vierte Stadium zu erreichen, wäre das ein beachtliches Ergebnis. Der Zustand des Anfängers ist durch sehr viel Aufregung und innere Unruhe gekennzeichnet, durch Probleme im Umgang mit anderen, durch viel Geschäftigkeit. Von diesem Zustand aus betrachtet bedeutet etwa das vierte Stadium einen schon recht kraftvollen und gefestigten Zustand, ein sehr erstrebenswertes Resultat.

Wenn man sich darum bemüht hat, Geistige Ruhe zu entwickeln, und wenn man dadurch erreicht hat, daß man den Geist in der Meditation verhältnismäßig stabil auf ein Objekt konzentrieren kann, sollte man sich in »Besonderer Einsicht« üben: Geistige Ruhe dient dazu, die Leidenschaften vorübergehend daran zu hindern, sich zu manifestieren und Schaden anzurichten. Um die Wurzel aller Bedrängnis zu vernichten, muß man darüber hinaus noch höhere, weiterführende Pfade beschreiten.

Es gibt viele Arten von Besonderer Einsicht: die Erkenntnis der Unbeständigkeit, die Erkenntnis der Selbstlosigkeit (Sanskrit: *nairatmya*), die Erkenntnis der Leerheit (Sanskrit: *shunyata*) und andere. Besondere Einsicht heißt, daß man eine ganze Reihe von argumentativen Untersuchungen und Überlegungen anstellt, um Einsicht in die eigentliche Wirklichkeit zu entwickeln. Die allerfeinste ist die Erkenntnis der Leerheit, die tatsächlich die Wurzel allen Leids durchtrennen kann.

Taisen Deshimaru

Die richtige Art, Zazen zu üben

Der als einer der großen Reformatoren des Zen gewürdigte und gelegentlich sogar als Bodhidharma der modernen Zeit bezeichnete Taisen Deshimaru (1914-1982) stammt aus Japan. Von Kodo Sawaki Roshi erhielt er 1965 die Mönchsordination und die Übertragung des Meistersiegels.

1976 kam er nach Paris und begann dort Soto-Zen zu lehren. Dabei führte er den unkonventionellen Stil seines Lehrers fort. In Frankreich gründete er zahlreiche Klöster und 1970 die Association Zen Internationale (AZI). Er ist Autor vieler Bücher und Übersetzungen von Grundlagenwerken des Zen.

Meditation kann letztlich nur so weit gelingen, soweit unser Verständnis für sie reicht. Oft ist das Verstehen der Praktizierenden aber unzureichend und oberflächlich, so Taisen Deshimaru. Das gilt besonders hinsichtlich des wechselseitigen Verhältnisses der beiden Grundelemente der buddhistischen Meditation. Wie genau verhalten sich Ruhe und Einsicht zueinander? Wann müssen wir das eine, wann das andere mehr beachten? Wie bei einer Krankheit die Medikamente müssen in der spirituellen Praxis Konzentration und Beobachtung in der richtigen Weise und in der richtigen Dosierung angewandt werden. Deshimaru mahnt, dabei nicht schematisch und mechanisch vorzugehen, sondern die jeweiligen Umstände genau zu beachten. Die von ihm gelehrte »dreifache Methode« hilft, Fehler zu vermeiden.

Sein Beitrag und der von Thich Nhat Hanh ganz am Anfang des

Buches unterscheiden sich deutlich, auch wenn beide der Zen-Tradition entstammen. Legt der eine großes Gewicht auf die unmittelbare Praxis, geht es dem anderen um eine genaue Beschreibung dieser Praxis und um begriffliche Klarheit.

Was ich Ihnen im folgenden zu sagen habe, behandelt die ganz wesentliche Grundlage der wahren Zazenübung. Will man nämlich Zazen ohne Fehler praktizieren, muß man zuvor die Methode verstehen, die ihm eigentlich zugrunde liegt. Jeder versteht leicht, welche Haltung man einnehmen und wie man atmen soll. Aber wie denkt man, wie lenkt man beim Zazen seinen Geist und sein Bewußtsein?

Das ist ein sehr wichtiges Problem. Viele meinen zu verstehen, aber ihr Verständnis ist zu oberflächlich. Jeder hat beim Zazen eine andere Geisteshaltung, und niemand weiß, welche er annehmen soll. Deshalb soll man zum Hishiryo-Bewußtsein finden. Was man hierunter zu verstehen hat, drückt Meister Dogen im *Fukanzazengi* folgendermaßen aus: »Denkt aus den Tiefen des Nichtdenkens heraus. Das ist *hishiryo*, das Geheimnis des Zen.« *Hishiryo* ist absolutes Denken, jenseits allen Denkens. Wie denkt man jenseits allen Denkens? Das ist ein tiefes Koan.

Bedingungen für Konzentration und Beobachtung

Wenn man im Dojo Platz genommen, sich in der korrekten Haltung hingesetzt und seinen Atem auf den richtigen, tiefen Rhythmus eingespielt hat, so bedeutet das durchaus noch nicht, daß auch das Bewußtsein, insbesondere bei den Anfängern, sogleich zur Ruhe gelangt.

Während der ersten Minuten des Zazen gleicht das Gehirn einem geöffneten Fenster, durch das ein starker Windzug geht. Ständig tauchen Gedanken auf. Im weiteren Verlauf der Übung jedoch nimmt die Flut der Gedanken ab und hört schließlich ganz auf. Ebbt der Windzug ab, wird es auch im Zimmer wieder ruhig. Das Gehirn wird zu einem friedlichen Ort: Durch das Erlöschen des Denkens entsteht der Zustand der Konzentration, *shamatha* in Sanskrit, *shi* im Sinojapanischen. Das *kanji* (Schriftzeichen) *shi* bedeutet wörtlich »aufhören«, »anhalten«; dabei ist zu ergänzen: durch die Konzentration des Geistes, die die Ruhe herbeiführt. Diese Geisteshaltung allein beschreibt aber noch nicht das wahre Zazen.

In der Tat ist das bloße Aufhören des Denkens nur ein Aspekt der echten Zazenverfassung und führt zu einem Zustand der Schläfrigkeit, *konchin* genannt. Das bedeutet, der Geist kann den Zustand der Wachsamkeit, der eine gewisse Anspannung des Bewußtseins und auch Aktivität erfordert, nicht aufrechterhalten. Deshalb sagte Dogen: »Es ist notwendig, aus den Tiefen des Nichtdenkens heraus zu denken.«

Diese aktive Wachsamkeit ist die Beobachtung *(kan)*, die zweite Komponente des wahren Zazenzustandes. *Shi* und *kan* zusammen ergeben die richtige Geisteshaltung beim Zazen. Insofern sie simultan entstehen, sind sie der höchste, ideale und absolute Ausdruck des Bewußtseins, *hishiryo* genannt, des absoluten Denkens jenseits des Denkens.

Anfangs jedoch, bevor man zu dieser vollkommenen Bewußtseinsebene gelangt, folgen der Zustand der Konzentration und der Zustand der Beobachtung abwechselnd aufeinander. Die Konzentration allein führt, wie wir gesehen haben, zu einer Verdunkelung des Bewußtseins, so wie eine Kerze sich langsam aufbraucht und erlischt.

Um nicht vollkommen schläfrig dahinzudämmern, muß man daher mit der Beobachtung beginnen. Das heißt, vom Unterbewußten her erwacht das Bewußtsein wieder. Die Gedanken werden ins Bewußtsein gerückt und von ihm beobachtet. Wenn ein Gedanke entsteht und gleich darauf wieder verschwindet, nennt man die daraus entstehende Beobachtung *vicara* in Sanskrit. Es handelt sich um eine momentane »Blitzbeobachtung«. Wenn aber das Denken stagniert und die Beobachtung daher anhält, nennt man es *vitarka*[1].

Ein zu langes Verharren im Beobachtungszustand führt zu *sanran*, einem unruhigen, zerstreuten Bewußtsein. Heftig bläst von neuem der Wind der Gedanken und zerstört das ruhige, sanfte Licht, das von der Flamme ausging. In diesem Fall muß man dann jeden Gedanken aufgeben und seinen Geist wieder in den Zustand der Konzentration versetzen. So entsteht ein Kreis von Konzentration und Beobachtung.

Hieraus erhellt sich schon jetzt, daß es sehr schwierig ist, den richtigen Bewußtseinszustand hervorzubringen und aufrechtzuerhalten. Die Ausdehnung der Konzentration führt zu *konchin*, die der Beobachtung zu *sanran*. Wie läßt sich dieses Dilemma lösen? Das ist ein tiefes Koan.

Dogen löst es mit dem Verweis auf *hishiryo*, dem Zustand jenseits des Denkens. Um dieses absolute Bewußtsein erreichen zu können, benötigt man selbstverständlich zuerst eine klare Darstellung der Methode, die dahin führt. Im Zen kennen wir drei Methoden der Konzentration und zwei der Beobachtung.

Die Konzentration *(shi)*

Wenn man das Dojo betritt, ist der Geist noch voll von der Unruhe und den Anforderungen, denen man in der Außenwelt ausgesetzt ist. Unser ganzes Wesen ist von dieser Unruhe durchsetzt, und daher neigt sie dazu, sich in konfusen Entladungen zu manifestieren, sobald man in der Zazenhaltung sitzt. Das Problem besteht darin, daß das Bewußtsein, vor allem bei den Anfängern, die Tendenz hat, anzuhalten und in diesen Fluten der Unruhe zu verharren. Dies ist der Moment der Übung der Konzentration:

1) Die erste Art der Konzentration besteht darin, seinen Geist auf die imaginäre Linie zu lenken, die die Nase mit dem Nabel verbindet. Das heißt, man bewahrt aufmerksam die exakt aufrechte Haltung, welche von Konzentration und Wachsamkeit zeugt. Um dies zu veranschaulichen, haben die Meister oft das

Bild eines an einen Pfahl gefesselten Affen gewählt: Der Affe ist der unruhige Geist und der Pfahl die unerbittlich gerade Haltung.

2) Die zweite Art der Konzentration besteht darin, die Gedanken vorbeiziehen zu lassen, sich bei ihrem Auftauchen von ihnen abzuwenden und sie loszulassen, sobald man merkt, daß man sich bei ihnen aufhält.

3) Die dritte ist die schwierigste: Sie entspricht der augenblicklichen Verwirklichung unseres wahren Wesens. Dieses unser wahres Wesen ist ohne Eigensubstanz, ohne Numen. Wenn wir dies tiefgründig verstanden haben, gelangen wir zum höchsten Erwachen. Es ist die letzte Bestätigung des Aufhörens der dualistischen Illusion: Das Ego ist nicht faßbar, weil es ohne Substanz ist. Und obwohl es existiert, ist es ohne Wirklichkeit. Es ist *ku*. Daher können wir unseren Geist, der keine Eigensubstanz hat, nicht erfassen. *Shin fukatoku* – »Ich kann meinen Geist nicht fassen«, das ist die berühmte Antwort Ekas an Bodhidharma. In diesem Moment ist es nicht mehr nötig, daß man versucht festzuhalten, zu kontrollieren, zu beruhigen, Frieden herzustellen. Es genügt, die Illusionen vorbeiziehen, sie von alleine verschwinden zu lassen und sich folglich der kosmischen Ordnung einzugliedern und diese wirken zu lassen. Die Konzentration stellt sich dann ohne Anstrengung ein, unbewußt, natürlich und automatisch, denn jeder Dualismus erlischt bei der Vereinigung des Geistes mit dem Geist. In diesem Stadium verschwindet auch die letzte Spur einer Unterscheidung, denn der Geist objektiviert sich nicht, er sieht sich nicht selbst. Dieser Zustand wird *nirvana* genannt, das vollkommene Erlöschen allen Unterscheidens im absoluten Einen.

Als ich mit Zen begann, konzentrierte ich mich ausschließlich auf Zazen, das heißt auf die korrekte Haltung, von welcher die richtige Konzentration abhängt. Später verstand ich jedoch, daß das wahre Zazen nicht nur in der konzentrierten Haltung von Geist und Körper besteht: Der wahre Geisteszustand, der durch die Zazenübung entstehen soll, ist sowohl subjektive Konzentration als auch objektive Beobachtung.

Dieser Zustand des Beobachtens ist in der Tat nicht ohne Schwierigkeiten, denn er führt den Übenden – vor allem, wenn er nur erst wenig Zazenpraxis hat – schnell zur Zerstreuung. Andererseits ist diese Beobachtungshaltung eine Notwendigkeit, denn sobald das bewußte Denken nachläßt, kann sich das Unterbewußtsein, von den Fesseln des Bewußtseins befreit, nach Belieben entfalten. Das Beobachten des vor dem Auge des Bewußtseins vorbeiziehenden Unterbewußten führt hingegen zum echten, nämlich nicht intellektuellen Verständnis dieses Unterbewußten. Dieses direkte, intuitive, unmittelbare Erkennen mit Hilfe des Körpers ist die notwendige Voraussetzung für das Entstehen echter Weisheit, die sich nach und nach durch das Hishiryo-Bewußtsein offenbart.

Das Hishiryo-Bewußtsein ist die bestmögliche Haltung des Bewußtseins und sein höchster Verwirklichungsgrad. In ihm sind gleichzeitig vollkommene Konzentration und unbegrenzte und unmittelbare Beobachtung des Ganzen enthalten. Unendliche Weisheit und großes Mitgefühl sind der höchste Ausdruck dieses sich beim Zazen manifestierenden Bewußtseins, das hineinwirkt in die zahlreichen Tätigkeiten unseres Lebens: Handlungen, Benehmen und Haltungen von Körper, Sprache und Geist zeugen genau vom jeweiligen Erweckungsgrad des Bewußtseins. Darüber hinaus bildet die Gesamtheit unserer täglichen Handlungen als solche für unser Bewußtsein ein weites Feld der Übung von Konzentration und Beobachtung. Zazen bleibt bei alledem dasjenige Mittel, bei dem die Erfahrung am klarsten und intensivsten ist und wo, sobald das eine zu ausschließlich und fehlerhaft wird, auf die Konzentration schnell das Beobachten folgen kann und umgekehrt, bis zur Erlangung der vollkommenen Harmonie beider in *jo-e*, der Weisheit *(e)* in der Heiterkeit *(jo)*.

Die Beobachtung *(kan)*

Dogen schreibt also im *Fukanzazengi*: »Denkt aus der Tiefe des Nicht-Denkens heraus!« Dieser Satz erläutert den Zustand der Beobachtung beim Zazen und ist das Gegenstück zu dem, der den Zustand der Konzentration ausdrückt: »Denkt nicht aus der Tiefe des Denkens heraus!«

Wenn während der Zazenübung die Gedanken aus dem Unterbewußtsein aufsteigen, sich ins Bewußtsein ergießen und dieses in einen Zustand der Zerstreutheit und Unruhe geraten lassen, so ist es nötig, die Beobachtung zu praktizieren, um so die im Bewußtsein entstandenen Störungen zu beseitigen. Die Methode der Beobachtung wird unterteilt in mittelbares und direktes Beobachten.

1) Das mittelbare Beobachten
Dieses hat wiederum zwei Aspekte:
a) zum einen das Beobachten von Beschmutzung und Beflekkung *(fujokan)*.

Im Sutra Hannya Shingyo heißt es: »Es gibt weder Reinheit noch Unreinheit, weder Schönheit noch Häßlichkeit, weder Gut noch Böse.« Dieser Satz erklärt das Wesen der Erscheinungen in ihrer absoluten, undifferenzierten Einheit und definiert so die gesamtheitliche, nicht dualistische Wahrnehmung.

Zur Zeit Buddha Shakyamunis war es üblich, neben Leichen zu meditieren. Das Ziel dieser Übung war es, das Bewußtsein zu Einsichten über das Wesen des Daseins zu führen, die der Wahrheit, nämlich *mujo*, der Unbeständigkeit, näherkamen. Der Begriff der Unbeständigkeit ist von ganz besonderer Bedeutung, da er implizit das Wesen aller Dinge als nichtsubstantiell beschreibt. Alle empfindenden und nicht empfindenden Wesen unterliegen den durch die Zeit bedingten Veränderungen. Daher muß man sich davor hüten, die Erscheinungen nur unter ihrem gegenwärtigen, augenblicklichen Aspekt des Schönen, Guten oder Reinen zu betrachten. Man muß vielmehr auch ihres gegenteiligen

Aspekts, der potentiell in dem augenblicklichen enthalten ist, gewahr werden. Ein junger Mann vertraute mir eines Tages an, daß jede schöne Frau, die ihm begegnete -- selbst beim Zazen – sexuelle Wünsche in ihm hervorriefe, die er nur schwer im Zaum halten könne. Diese Haltung ist das Gegenteil von dem, was man im Dojo anstrebt: die Besänftigung der sechs Sinnesorgane, der sechs Wahrnehmungsobjekte und der sechs Bewußtseinsaspekte. Daher antwortete ich ihm: «Vermeiden Sie als erstes, schönen Frauen zu begegnen, und sehen Sie dann zu, daß sich Ihr Geist auf Ihre eigenen Unreinheiten richtet!» Derart soll jeder handeln, zu dem sich beim Zazen oder im täglichen Leben ein Schatten von Begierde, Wollen oder Denken erhebt. Er denke an die Unbeständigkeit aller Dinge, an Geburt, Zerfall und Tod, an Aufblühen und Vergehen.

b) Der zweite Aspekt ist das Beobachten des Mitgefühls *(jishikan)*.

Dieses besteht darin, seine Gefühlsbewegungen zu kontrollieren und zu bändigen, indem man – durch das Aufgeben des Egos – den Geist des Mitgefühls aufkommen läßt. Das Ergebnis ist dann nicht mehr Verschlimmerung dieses Zustands, sondern Verständnis und Öffnung gegenüber anderen. Wenn zum Beispiel die Wut auftaucht, soll man diese sehen, beobachten, und das Ego, den Verursacher dieser Wut, überdenken. Die Wut verschwindet sofort, und der Geist des Mitleids erscheint.

2) Direktes Beobachten *(shokan)*

Dies ist die Essenz des Zazen, und ich will sie Ihnen so darlegen, wie es meiner persönlichen Erfahrung entspricht. Das direkte Beobachten verschmilzt mit der großen Weisheit, die es ermöglicht, das wahre Wesen aller Dinge zu erkennen. Dies besteht in *mujo*, der Unbeständigkeit.

Angeregt durch unsere eigenen inneren Aktivitäten und die zahlreichen äußeren Einflüsse des Lebens ist unser Bewußtsein ständig in Bewegung. Dieses Bewußtsein ermöglicht es Unmengen von Erscheinungen, sich zu manifestieren, und verleiht ihnen eine feste, dauerhafte Wirklichkeit. Im Japanischen nennt man diesen Zustand des Bewußtseins *nen* – die Kürze des Augenblicks. Anders ausgedrückt: Das Bewußtsein ist gefangen in der Zeit und besitzt keine andere Möglichkeit der Wahrnehmung als die, die sich ihm im gegebenen Augenblick bietet, und diese Wahrnehmung ist stets relativ.

Im Gegensatz dazu befindet sich ein Bewußtsein, dem ein tiefgründiges Verständnis von *mujo* zu eigen ist, im Zustand der Nicht-Bewegung. Es ist befreit von allem Denken; keinem Faktor und keinem Gesichtspunkt und überhaupt keiner Sache unterworfen, die vom Körper, dem Denken oder der Sprache erschaffen wurde. Es schafft auch keine solchen Unterscheidungen mehr; es befindet sich in *ku*, und *ku* selbst ist absolute Leerheit.

Aus dem Gesagten kann man entnehmen: In der wiedergefundenen, jegliche Unterscheidung auflösenden Einheit spiegelt sich der Geist nicht mehr wider, sondern er *ist*, unbewußt und ohne sich selbst zu sehen. Und damit kommen wir zum Kern des Problems. Was ist das für ein Geist, der sich manifestiert? Existiert er, oder existiert er nicht? Das Wort Manifestation beinhaltet gleichzeitig auch die Vorstellung der in der Vergangenheit zur Zukunft hin ausgerichteten Zeit.

Wenn der Geist sich also in der Vergangenheit manifestiert hat, existiert er jetzt nicht mehr, da die Vergangenheit vorüber ist. Wenn er sich in der Gegenwart manifestiert, ist er, da diese vergänglich und nicht faßbar ist, ebensowenig faßbar. Wenn er sich in der Zukunft manifestieren soll, existiert er ebenfalls nicht, da die Zukunft noch nicht eingetroffen ist. Deshalb heißt es, der Geist sei *fukatoku*, in keiner Weise faßbar, nicht in der Zeit manifestiert, Transzendenz und ewige Möglichkeit.

Aber auch wenn man die Zeit als eine Folge von Augenblicken betrachtet, deren Merkmal es ist, mit ihrem Auftauchen sogleich wieder zu verschwinden, kann man die flüchtige Manifestation des Geistes sehen. Versucht man indessen, den sich manifestierenden Geist zu beobachten, so ist er schon beim ersten Ansatz zum Nachdenken wieder verschwunden. Hat er wirklich existiert? Man kann sagen, daß er in einer ständig sich bewegenden Gegenwart ewig anwesend ist. Er selbst besitzt nicht das Wesen dieser auftauchenden und verschwindenden, flüchtigen Gegenwart. Dagegen ist alles, was in den Grenzen der Zeit hervorgebracht wird, von seinem Wesen durchdrungen.

Demnach kann man auch beim Zazen den entstehenden gelösten Zustand des Geistes nicht beobachten. Er *ist* ganz einfach. Sobald man auf den Gedanken kommt, ihn beobachten zu wollen, entsteht eine unendliche Kluft zwischen dieser Absicht und dem Geist, der schon Vergangenheit und verschwunden ist. Man kann sich dann die Frage stellen, was der Ursprung dieser Absicht war, die durch die Unterscheidung zum Bruch führte. In einem winzigen Zeitabschnitt, einem Blitz des Bewußtseins, hat der Geist sich auf sich selbst zurückgezogen, hat er sich eingesperrt und wohl zwar die potentielle Beziehung zu seinem unendlichen, unbegrenzten Wesen aufrechterhalten, war für den Augenblick jedoch von jeglichem Austausch abgeschnitten. Damit sein wahres Wesen wieder auftaucht, muß die Umhüllung aufplatzen.

Deshalb heißt es, man solle aus der Tiefe des Nicht-Denkens heraus denken. Das bedeutet, durch die tiefe Konzentration beim Zazen unbewußt, natürlich und automatisch zum wahren, höchsten Zustand des Geistes zu gelangen.

Die dreifache Methode

Ich gehe nun ausführlicher auf die Methoden ein, die den Übenden zum richtigen Zustand der Konzentration und des Beobachtens führen.

1) Die Methode zur Bekämpfung der Krankheiten *sanran* und *konchin*

Sanran bezeichnet den treibenden, ruhelosen, träumenden und denkenden Geist. *Konchin* ist der »sich verdunkelnde« Geist, der in einem Zustand von Schläfrigkeit dahindämmert. *Sanran* entsteht durch das Strömen der Gedanken. Das *kanji san* bedeutet »abgelenkt, zerstreut sein«, *ran* »sich in Verwirrung befinden«. Wenn unser Geist in diesem Zustand ist, muß man ihn mit Hilfe der Konzentration *(shi)* wieder klar werden lassen. *Konchin* entsteht aus dem Zustand des Nicht-Denkens *(fushiryo)*, der, wenn er andauert, den Geist in einen Dämmerzustand versetzt und schließlich zum Einschlafen bringt. In einem solchen Fall muß man den Geist mit Hilfe von *kan*, der Beobachtung, wieder zur Wahrheit führen.

Beide Male müssen Konzentration und Beobachtung in der richtigen Weise angewandt werden, es handelt sich dabei um eine Wechselbeziehung zwischen Krankheit und Medikament.

2) Die praktische, der Zeit und den Umständen entsprechende Methode

Wenn Sie spüren, daß Sie in *konchin* dahindämmern, und es Ihnen, obwohl Sie das Beobachten versuchen, nicht gelingt, Ihren Geist zu klären, ist es besser, Sie halten für eine Weile mit dem Beobachten inne und ersetzen es durch eine entsprechende Konzentration. Dann können sich Körper und Geist von neuem mit Aufmerksamkeit und Klarheit füllen. Hier ist es also, obwohl es sich um *konchin* handelt, besser, die Methode der Konzentration als die des Beobachtens anzuwenden.

Wenn Ihr Geist dagegen im Zustand *sanran* herumirrt, sich aufspaltet, und es Ihnen trotz Konzentration nicht gelingt, ihn zu beruhigen, so ist es besser, Sie hören mit dieser Konzentration vorerst auf und ersetzen sie durch Beobachtung. Dann werden sich Körper und Geist wieder mit Ruhe und Frieden füllen. Obwohl es sich um *sanran* handelt, ist es in diesem Fall also besser, die Methode des Beobachtens statt die der Konzentration anzuwenden.

3) Die Methode, um zum wahren Samadhi-Zustand zu gelangen
   a) durch Auslöschung der Sinneseindrücke
   Hat man die gestörten Zustände *sanran* und *konchin* mit Hilfe der oben beschriebenen Methoden überwunden, ist man in

der Lage, *samadhi* zu erlangen – einen Zustand vollkommener Konzentration, der sich beim vollkommenen Erwachen des Geistes einstellt. Dabei sind vorübergehend jegliche mit unserem unterscheidenden und dualistischen Bewußtsein zusammenhängenden Eindrücke ausgelöscht. Diese Eindrücke können aber jeden Augenblick wieder auftauchen. Dementsprechend ist die Samadhi-Verfassung sehr zerbrechlich und äußerst subtil.

Seien Sie versichert: Wenn wir nicht tiefgründig, mit der Ganzheit unseres Wesens, erkennen lernen, daß dieser eigenartige Samadhi-Zustand nichts von wahr oder falsch hat, sondern jegliche dualistische Sichtweise übersteigt und wir statt dessen an einem der wohltuenden Aspekte dieses Zustands – Heiterkeit und tiefe Freude – haften bleiben, dann entstehen im Bewußtsein Wertvorstellungen, die die Unterschiede betonen und uns dadurch so weit von diesem Zustand entfernen, wie Zenit und Nadir voneinander entfernt sind.

Wenn aber durch innerste Verschmelzung unseres gesamten Wesens mit diesem Samadhi-Zustand das absolute Verständnis entsteht, so wird dieser Zustand auf ganz natürliche Weise andauern. Durch dieses Verständnis jenseits jeglicher Unterscheidung werden in unserem Geist keine Illusionen (wahr und falsch, Freude und Furcht, Liebe und Abneigung), die Ausdruck unseres bewertenden Bewußtseins *(ken)* sind, mehr auftauchen. Auch dieser Zustand heißt Konzentration.

Um sich von jeder Art von Eindruck zu lösen, der durch die Macht der Bindung an das tiefe Karma der *bonno* (unrechte Handlungen des Körpers, der Sprache und des Bewußtseins) entsteht und uns auf den irreführenden Weg der Unterscheidung, der Wertungen und Vorurteile führt, müssen diese *bonno* und Eindrücke bewußt mit Hilfe wachsamen und unparteiischen Beobachtens objektiviert werden. Dann fällt jede Form der Bindung an das Karma wie abgestorbenes Holz ab. Durch diese Methode des Beobachtens läßt sich der Zustand vollkommener Konzentration, der *samadhi*, erreichen.

b) durch harmonisches Auftauchen der Weisheit

Das *kanji jo*, das dem Sanskritbegriff *samadhi* entspricht, bezeichnet den Zustand des Fundierten, Festen, Unbeweglichen und in Frieden Ruhenden. Das *kanji e* bedeutet Weisheit, die dem tiefen, intuitiven, unmittelbaren, inneren Verstehen des Ganzen entspringt. Sie unterscheidet sich ganz grundsätzlich von dem Begriff der Weisheit im europäischen Sinne, der aus der Erkenntnistheorie stammt und dementsprechend auf das rationale Erkennen *(ninshiki-eki)* beschränkt ist.

Wenn Sie beim Zazen mit Hilfe des absoluten Nicht-Denkens in *samadhi* eintreten können, so bedeutet das noch nicht, daß sich gleichzeitig die Weisheit einstellt. Zwar ist *samadhi* die heitere Unbeweglichkeit des Geistes, aber es kann auch lediglich Unbeweglichkeit in der Unwissenheit sein, ohne echte Weisheit. Es kommt also darauf an, daß echte Weisheit *(e)* entsteht. Wenn sie nur von dem durch Beobachtung erlangten Wissen herrührt, bleibt sie eng und lediglich auf diesbezügliche Mutmaßungen beschränkt. Die Weisheit *(e)* muß, zwar mit Hilfe der Aufmerksamkeit, aber im Samadhi-Zustand entstehen, in dem das Bewußtsein nicht vom Geist der Unterscheidung absorbiert, sondern auf die Gesamtheit konzentriert ist, sich in Einheit mit dem Ganzen befindet. In diesem Fall wird die Beobachtung umfassend, die Weisheit allwissend, universell und unendlich. Wenn Sie nun aber beim Zazen durch ein vom absoluten Denken gesteuertes Beobachten zu tiefer Weisheit gelangen, so bedeutet das nicht, daß Sie gleichzeitig den vollkommenen friedlichen Samadhi-Zustand *(jo)* erreicht haben. Auch wenn Ihre Weisheit klar und tief ist, muß sie nicht zur Heiterkeit führen. Wenn die Festigkeit des *samadhi* fehlt, wird sie sich in zahlreiche Richtungen verzweigen, wo sie das Bewußtsein gerade hinführt. Die Weisheit *(e)*, die fähig ist, *ku* (die Leerheit) und *muso* (das Nicht-Erscheinen) zu beobachten, die aber nicht die Heiterkeit des *samadhi* besitzt, ist eine trügerische Weisheit, die zum Wahnsinn führt. So muß, damit die richtige geistige Verfassung für Zazen erreicht wird, im Bewußtsein parallel zur Weisheit der Samadhi-Zustand entstehen.

Man sieht also auch hier, daß Konzentration und Beobachtung zwei grundlegend sich ergänzende Haltungen sind, deren Vereinigung es ermöglicht, zu echter, tiefer Weisheit in der Ruhe des *samadhi* zu gelangen. In dieser harmonischen Verfassung des Geistes können alle Arten von *bonno* zum Verschwinden gebracht und das höchste spirituelle Ideal verwirklicht werden.

Anmerkung (des Herausgebers)
1) Die beiden entsprechenden Palibegriffe *vicara* und *vitakka* werden bei Henepola Gunaratana im umgekehrten Sinn gebraucht.

Buddhadasa Bhikkhu

Die meditative Entwicklung der Geistesgegenwart beim Atmen *(anapanasati-bhavana)*

Buddhadasa Bhikkhu (1906 – 1993) stammt aus dem Süden Thailands. Mit 20 Jahren verließ er seinen Heimatort Chaiya, wurde Mönch und begann seine Ausbildung in Bangkok. Schon bald kehrte er in seine Heimat zurück, um in größerer Abgeschiedenheit und Naturnähe zu leben. 1932 gründete er Suan Mokh, das erste Dharma-Zentrum, das der Waldtradition verpflichtet war und in der Vipassana gelehrt wurde. Ajahn Buddhadasa verband einen betont praktischen Ansatz mit intensiven Studien der Lehrreden des Buddha nach den Paliquellen. Er gilt als einer der herausragenden Köpfe des buddhistischen Thailand unseres Jahrhunderts.

Wer sich mit Meditation beschäftigt, dem wird sehr bald auffallen, welch große Rolle der Atem und die Atembetrachtung spielen. Jedoch werden die Akzente oft ganz unterschiedlich gesetzt. Bei vielen Lehrerinnen und Lehrern dient die Achtsamkeit auf den Atem nur zur »Vorbereitung« (wie etwa bei Sangharakshita weiter unten). Sie soll mit der Beruhigung und Harmonisierung des Geistes die Voraussetzungen für das Entscheidende schaffen: das Erlangen von Einsicht und Weisheit. Um diese Aspekte zur Reife zu bringen, werden dann oft andere Meditationsmethoden vorgeschlagen.

Buddhadasas Ansatz unterscheidet sich davon ganz wesentlich. Mit Anapanasati, der Entwicklung der Geistesgegenwart beim Atmen, kann unsere meditative Praxis beginnen, und diese Methode kann uns bis zum letzten und höchsten Ziel begleiten. In sechzehn Schritten entfaltet Ajahn Buddhadasa diese Methode, die, richtig verstanden, für Anfänger ebenso geeignet ist wie für weit Fortgeschrittene. Seine Darstellung gibt zugleich einen tiefen Einblick in die menschliche Psyche, ihre Funktionsweise und ihre Wandlungsmöglichkeiten.

Vorbemerkungen

Die Geistesgegenwart[1] beim Atmen (*anapanasati*) ist eine vollständige Meditationstechnik. Sie ist insofern vollständig, als sie von den Anfängen der Übung bis zum Erreichen von Pfad-und-Frucht (*magga-phala*), also zu Nibbana, führt. Aufgrund dieser Vollständigkeit unterscheidet sich *anapanasati* in ihrer Zielsetzung von den anderen *kammatthana* (meditativen Übungsbereichen).

Diese Übung benutzt die Ein- und Ausatmung als grundlegendes Meditationsobjekt. Daher sind keine besonderen Vorbereitungen, Veränderungen oder Gegenstände nötig, denn der Atem ist immer gegenwärtig. Das macht *anapanasati* zu einer besonders bequemen und vorteilhaften Übungsmethode. Wann immer man sich zum Üben entschließt, wird man die Ein- und Ausatmung vorfinden. Bei vielen anderen *kammatthana*, die von äußeren Gegenständen, wie gefärbten Scheiben, Leichen oder anderem abhängig sind, ist das nicht der Fall. Wenn man jedoch die Ein- und Ausatmung zum Übungsobjekt macht, nimmt man dieses zwangsläufig mit sich, wo immer man auch hingeht.

Eine andere Besonderheit der Übung der Geistesgegenwart beim Atmen ist ihre Ungefährlichkeit. Es handelt sich um ein besonders feines Meditationsobjekt, das nicht zu Furcht, Erregungszuständen oder Verwirrung führt. So unterscheidet sich diese Übung zum Beispiel von den Leichenfeldbetrachtungen, bei denen starke Gefühle der Furcht oder des Abscheus im Geist des Meditierenden aufsteigen können.

Einen Lehrer, Anleiter oder »guten Freund« zu haben, der einem beim Meditieren beratend zur Seite steht, kann ein großer Vorteil sein. Allerdings ist in der Entwicklung der Geistesgegenwart beim Atmen die Übung selbst der wichtigste Lehrer. Es ist, wie wenn man das Radfahren lernt: Man kann den größten Lehrern zuhören, alle Bücher darüber lesen und den großartigsten Radfahrern zusehen, aber wenn man nicht selbst auf ein Rad steigt und das Fahren übt, wird man es nie lernen. Die Übung an sich ist der Lehrer, beim Radfahren wie bei der Meditation.

Schließlich wird der Meditierende dazu ermuntert, über das zentrale Thema der Buddha-Lehre nachzudenken: die Selbstlosigkeit oder das Nicht-Selbst (*anatta*). Trotz der Notwendigkeit des Gebrauchs von Personalpronomen oder anderen Wörtern, die auf persönliche und/oder vorsätzliche Aktivität hinweisen, ist es eine Tatsache, daß der »Tuende«, der »Meditierende«, der »Wissende« einfach Geist ist und kein Selbst, kein Ich, keine Person.

Die vier Tetraden – ein Überblick

Betrachten wir nun das System, das der Geistesgegenwart beim Atmen zugrunde liegt, wie es in den Schriften beschrieben wird. Es besteht aus sechzehn Schritten, die in vier Gruppen oder Tetraden mit je vier Schritten aufgeteilt sind.

1) Die erste Tetrade: Die ersten vier Schritte haben die Entwicklung der Sammlung (*samadhi*) als Zielsetzung. Auf dieser Ebene verfeinert die Übung den Atem, macht ihn zarter und ruhiger mit dem Ergebnis, daß sich *samadhi*[2] entwickelt.

2) Die zweite Tetrade: In den nächsten vier Schritten untersuchen oder kontemplieren wir die Freude (*piti*) und das Glücksgefühl (*sukha*), die im gesammelten Geist aufsteigen. Auf diese Weise lernt man, was Denkprozesse, Zerstreutheit, geistige Unruhe und so weiter entstehen läßt. In dieser Tetrade beginnt der Meditierende zu erkennen, was den Geist gestaltet.

3) Die dritte Tetrade: Die folgenden vier Schritte sind besonders der Erforschung beziehungsweise der Kontemplation des Geistes und seiner verschiedenen Erscheinungsformen gewidmet. In dieser Tetrade versucht der Meditierende, den Geist ent-

sprechend seiner Wünsche auf diese oder jene Weise zu kontrollieren und zu betrachten.

4) Die vierte Tetrade: In den letzten vier Schritten kontemplieren wir die Vergänglichkeit. Dies ist eine Sache des Klarblicks und der Weisheit (*panna*) und nicht einfach nur eine Sache des Geistes (*citta*). Weisheit kontempliert die Vergänglichkeit, bis der Geist ihrer überdrüssig wird und sich davon ablöst – bis zur vollständigen Befreiung.

Die erste Tetrade: die Grundlage der Geistesgegenwart, aufbauend auf der Kontemplation des Körpers (*kayanupassana-satipatthana*)

Die erste Tetrade beschäftigt sich mit dem Körper, genauer, mit der Körperfunktion Atmen. Sie zielt darauf ab, den Körper friedlich und ruhig zu machen und den Geist zu sammeln. Den »Körper-Gestalter« (*kaya-sankhara*), beziehungsweise die Ein- und Ausatmung, zu befrieden und zu beruhigen führt zur Sammlung des Geistes. Dieser wiederum folgt unmittelbar ein Glücksgefühl. Das den gesammelten Geist begleitende Glücksgefühl ähnelt dem Glück der Befreiung, wenn man davon absieht, daß es im Gegensatz zu Nibbana begrenzt und vergänglich ist.

Der erste Schritt besteht darin, sich des lang einströmenden und des lang ausströmenden Atems bewußt zu werden. Im zweiten Schritt wird man sich des kurz einströmenden und des kurz ausströmenden Atems bewußt. Beim dritten Schritt erkennt man, wie das lange und kurze Ein- und Ausatmen den physischen Körper gestalten. Die Aufgabe des vierten Schrittes ist es, diese den Körper gestaltende Atmung ruhiger und ruhiger werden zu lassen, bis sich Sammlung (*samadhi*) entwickelt. Das sind die ersten vier Schritte der Übung, die alle entwickelt werden müssen. Jetzt werde ich jeden davon genauer erklären.

Schritt eins: In diesem Schritt studieren wir die lange Atmung, in allen Aspekten und aus jedem Blickwinkel, bis wir alles darüber wissen. Was ist lange Atmung? Wenn ihr lang einatmet, wißt, daß ihr lang einatmet; wenn ihr lang ausatmet, wißt, daß ihr lang ausatmet. Untersucht die lange Ein- und Ausatmung, bis ihr vollkommen damit vertraut seid. Wie ist die lange Atmung? Wenn die lange Ein- und Ausatmung auftritt, wie fühlt sie sich an? Lernt die lange Einatmung und die lange Ausatmung gründlich kennen, bis ihr wißt, wie sie den Körper beeinflussen.

Schritt zwei: Beobachtet den kurzen Atem, um zu sehen, wie er ist, was seine Eigenschaften sind und wie sich sein Einfluß auf den Körper von dem des langen Atems unterscheidet. Vergleicht die kurze und die lange Atmung miteinander. Manchmal stellen wir fest, daß die Atmung lang ist. Wie fühlt sie sich an? Welche Auswirkungen hat sie? Dann wieder sagen wir, die Atmung sei kurz. Inwiefern ist sie kurz? Welche Wirkung hat die kurze Atmung? Man übt, bis man alles weiß, was es über die Atmung zu wissen gibt: die Atmung selbst, ihre Ursachen, ihre Auswirkungen und ihren Einfluß. Bislang wissen wir von diesen Dingen noch gar nichts. Wir müssen üben, bis wir sowohl mit dem langen als auch mit dem kurzen Atem völlig vertraut sind.

Während wir *anapanasati* üben, werden Gedanken aufsteigen, die uns ablenken. *Wir sollten uns nicht mit ihnen beschäftigen. Es gilt, während der Übung einzig die Atmung zu erforschen.* Das ist eine grundsätzliche Bemerkung, die bei allen sechzehn Schritten zutrifft.

Schritt drei: Bei diesem Schritt erkennt ihr, wie beide Arten der Atmung, die lange und die kurze, mit dem physischen Körper verbunden sind. Aufgrund dieser Verbindung wird die Atmung auch der »Körper-Gestalter« (*kaya-sankhara*) genannt. Wenn der Atem grob und rauh ist, wird auch der Fleisch-Körper grob und rauh beziehungsweise rastlos und unruhig sein. Wenn der Atem glatter und feiner ist, wird auch der Fleisch-Körper glatter und feiner beziehungsweise friedvoll und ruhig sein. Normalerweise wird der Atem lang sein, und wenn er das ist, wird er den Körper im Normalzustand halten. Wenn der Körper sich nicht im Normalzustand befindet wie bei Erschöpfung oder Verärgerung, wird der Atem kurz sein. Wenn sich der Geist in einem abnormen Zustand befindet, wird der Atem kurz sein, und auch der Körper wird sich nicht im Normalzustand befinden. Kommt dem Geheimnis auf die Spur, wie der Atem den Körper in jedem Augenblick gestaltet. Das ist es, was in den Pali-Schriften mit dem Ausdruck »alle Körper« (*sabbe kaya*) bezeichnet wird, und das ist es auch, worum es in der Übung des dritten Schrittes geht. Werdet euch aller Körper bewußt. Der Atem wird »Körper« genannt, und der Fleisch-Körper wird »Körper« genannt. Man muß beide Arten erspürt haben, um wirklich »alle Körper« zu kennen. Beide Arten besitzen viele Teilaspekte und manifestieren sich auf sehr vielen unterschiedlichen Weisen. Betrachtet jeden Aspekt und jede Erscheinungsform, dann werdet ihr den Atem-Körper und den Fleisch-Körper in allen Einzelheiten begreifen. Dann werdet ihr genau wissen, wie eng sie tatsächlich verbunden sind und wie sie sich gegenseitig gestalten. Wenn ihr euch jedes Mal, wenn ihr einatmet, und jedes Mal, wenn ihr ausatmet, darin übt, achtsam zu sein, werdet ihr die Wahrheit über dieses Wechselspiel der Bedingtheit von Atem-Körper und Fleisch-Körper sehen können. Das schließt den dritten Teil der Übung ab.

Schritt vier: In diesem Schritt wird die Sammlung (*samadhi*) fest begründet. Die Körperfunktionen werden über den Atem beruhigt. Den Körper beruhigend wird eingeatmet, den Körper beruhigend wird ausgeatmet. In dem Maße, wie sich der Atem besänftigt, wird auch der Körper stiller und stiller, und der Geist sammelt sich. Bei Schritt vier gibt es im Gegensatz zu den anderen Schritten einen Trick, eine Methode, die den Atem sehr zart werden läßt. Insgesamt gibt es hierzu fünf Übungen.

Die erste Übung besteht darin, dem Atem ganz sorgfältig mit dem Geist zu folgen, ihn sozusagen zu beschatten. Folgt mit eurer Achtsamkeit dem Atem, während er sich zwischen zwei Punkten, einem inneren und einem äußeren, hin und her bewegt.

Diese Punkte sind nur vorgestellt. Nehmen wir an, daß sich der äußere an der Nasenspitze befindet und der innere beim Nabel. Der einströmende Atem fängt also an der Nasenspitze an und hört am Nabel auf. Der ausströmende Atem fängt am Nabel an und endet an der Nasenspitze. Beschäftigt euch mit dem Atem nur an diesen beiden Punkten und dem sie verbindenden Weg, nicht anderswo. Der Geist wird zwei Dinge klar erkennen: den Anfangs- und den Endpunkt sowohl für die Ein- als auch für die Ausatmung. Setzt euch hin und kontempliert den Atem eine Zeitlang auf diese Weise. Laßt den Geist dem Atem folgen, als ob er ihm nachlaufen würde.

Während der Einatmung heftet sich die Aufmerksamkeit an den Atem, wie er sich von der Nasenspitze zum Nabel bewegt. Während der Ausatmung bleibt die Aufmerksamkeit beim Atem vom Nabel bis zur Nasenspitze. Um es noch einfacher zu machen, den Geist beim Atem zu halten, stellt euch einen Kanal oder eine Röhre vor, die von der Nasenspitze bis zum Nabel führt, durch die der Atem wie eine Kugel hin und her läuft. Wenn der Atem zu still oder zu ruhig wird, könnt ihr auch mit mehr Anstrengung ein- und ausatmen, wenn es sein muß sogar so, daß ein hörbares Geräusch entsteht. Auf diese Weise kann man dem Atem noch leichter folgen, denn so wird auch noch das Gehör zu Hilfe genommen, um Achtsamkeit zu entwickeln. Diese Methode ist auch ein guter Weg, um Schläfrigkeit entgegenzuwirken.

Die zweite Übung der Beruhigung des Atems ist »Beobachten« oder »Bewachen«. Hier gibt es nun kein Dem-Atem-hinterher-Laufen mehr, sondern nur noch eine genaue Beobachtung. Am besten beobachtet man den Atem an den Nasenflügeln. Wenn der herein- oder herausströmende Atem die Nasenlöcher berührt, folgt ihm nicht. Seid einfach an diesem Punkt achtsam. Wenn ihr auf der Hut seid und genau die herein- und herauskommenden Atemzüge beobachtet, wird der Geist keine Gelegenheit haben, irgendwohin abzuwandern. Beobachtet einfach die Atemzüge an den Nasenlöchern wie ein Torwächter, der sich die Menschen, die in eine Stadt hineingehen und aus ihr herauskommen, genau ansieht. Atmet ihr ein, wißt ihr, daß ihr einatmet; atmet ihr aus, wißt ihr, daß ihr ausatmet. Ist der Atem grob, wißt ihr, daß er grob ist; ist der Atem zart, wißt ihr, daß er zart ist.

Ihr werdet bemerken, daß kurze Lücken auftreten, nachdem die Einatmung beendet ist und bevor die Ausatmung beginnt. Während dieser kurzen Unterbrechungen im Atemfluß, die häufig auftreten können, muß die Aufmerksamkeit sorgfältig auf dem ihr zugewiesenen Posten gehalten werden, damit sie nicht abschweift und sich auf die Suche nach etwas Interessanterem macht. Wenn die erste Methode, die des Dem-Atem-Folgens, gut eingeübt und entwickelt wurde, besteht weniger Gefahr, daß der Geist abwandert.

Das ist ein wichtiges Prinzip der Übung, das man sich gut merken sollte: *Jeder Schritt der Übung muß sorgfältig und vollständig ausgeführt werden, damit es möglich ist, die folgenden Schritte zu üben.* Werden die Anfangsschritte nicht gut gemacht, wird es auch nicht möglich sein, die späteren Schritte gut zu machen.

Sobald ihr die »Beobachten« genannte, zweite Übung gut ausführen könnt, könnt ihr euch der dritten Übung zuwenden: »ein geistiges Bild (*nimitta*) aufsteigen lassen.« Das *nimitta* ist ein Bild, das man nur mit dem geistigen Auge sehen kann. Es wird dort auftauchen, wo die beobachtende Geistesgegenwart verankert wurde, an der Nasenspitze. An dieser Stelle der Übung wird das Beobachten so stabil und punktgerichtet, daß ein Bild aufsteigt. Es ersetzt nun als Meditationsobjekt den Punkt, an dem die ein- und ausströmenden Atemzüge die Nasenflügel berühren. Es mag wie ein Stern oder ein Juwel, eine kleine Sonne oder ein kleiner Mond aussehen. Es mag farbig sein, einer Wolke, einem Tautropfen oder einem im Sonnenlicht glänzenden Spinnennetz gleichen. Dieses geistige Bild ähnelt den »Sternen«, die man sieht, wenn man die Augen fest schließt.

Verschiedene Menschen »sehen« verschiedene Dinge. Es gibt kein »richtiges« *nimitta*, und es ist auch nicht wirklich da. Es ist nur ein geistiges Bild, das der Geist während der meditativen Übung erzeugt. Der Geist tut das, um einen neuen Fokus für die

Achtsamkeit zu schaffen, damit die Übung fortschreiten kann. Sein Auftreten zeigt an, daß der Atem und der Körper nun sehr fein und ruhig geworden sind. Wenn wir den Zustand der Beruhigung von Körper und Atem während der drei Übungen des »Folgens«, »Bewachens« und des »Entstehenlassens eines Bildes« vergleichen, werden wir bemerken, daß sowohl der Körper als auch der Atem in jedem Stadium zunehmend verfeinert werden. Soviel zur Technik des Aufsteigenlassens des geisterzeugten Bildes oder des »Erworbenen Zeichens« (*uggaha-nimitta*).

Die vierte Übung besteht im »Kontrollieren des Erworbenen Zeichens«. Das *nimitta* wird geformt und umgewandelt, bis es zum »Gegenstück-Zeichen« (*patibhaga-nimitta*) wird. Man sammelt die Aufmerksamkeit auf dem Erworbenen Zeichen, was immer es auch darstellen mag, und verändert es dann auf jede Weise, die man sich wünscht. Der Geist, der nun sehr ruhig und verfeinert ist, verursacht die Veränderungen im *nimitta*. Es wandelt sich mit jeder Einatmung und jeder Ausatmung.

Der Geist des Meditierenden modifiziert das Erworbene Zeichen schrittweise, sanft und sorgfältig, indem er es näherholt oder es sich entfernen läßt; indem er es kleiner und kleiner oder größer und größer werden läßt; indem er die Form, die Farbe, die Plazierung anders werden läßt oder indem er auf irgendeine sonstige Weise einen Wechsel herbeiführt. Wenn ihr glaubt, daß irgend etwas davon wirklich, das heißt unabhängig vom Geist des Meditierenden geschieht, dann könnt ihr euch damit wirklich verrückt machen. Aber wenn ihr euch bewußt seid, daß das nur aufgrund einer manipulativen Technik geschieht, die dazu dient, den Geist immer weiter zu beruhigen und zu verfeinern, gibt es kein Problem.

Bis jetzt haben wir die vier Übungen des Folgens, des Beobachtens, des Aufsteigenlassens des geistigen Bildes und des Kontrollierens des geistigen Bildes besprochen. Wenn ihr diese vier ausführen könnt, dürft ihr sagen, daß ihr imstande seid, den Geist, den Körper und den Atem zu »kontrollieren«. In Wirklichkeit ist es das Zur-Ruhe-Kommen-Lassen des Atems, das den Körper auf besänftigende Weise beeinflußt. Das wiederum wirkt sich auf den Geist aus, und so beruhigt sich auch er. Oder andersherum: Wenn der Geist ruhig ist, ist der Körper ruhig und der Atem ebenfalls. Das einzige, was noch zu tun bleibt, ist das Aufsteigenlassen des Zustands der Vertiefung (*jhana*).

Die Entwicklung von *jhana*, die fünfte Übung, wird erreicht, indem man Gewandtheit im Umgang mit dem *patibhaga-nimitta* erreicht. Das Zeichen wird zum Stillstand gebracht und sehr deutlich gemacht. An diesem Punkt ist alles für die Entwicklung von *jhana* vorbereitet. Bis hierher hat sich die Übung gut entwickelt, und der Geist ist geschickt und wendig in der Manipulation des *nimitta*. Nun werden die fünf Faktoren der ersten Vertiefung in Erscheinung treten: befestigter Gedanke (*vitakka*), stützender Gedanke (*vicara*), Begeisterung (*piti*), Beglückung (*sukha*) und Einspitzigkeit (*ekaggata*). Manche können sich diese Namen merken und manche nicht. Es ist wirklich nicht wichtig. Wenn die erste Vertiefung eintritt, werden diese Faktoren automatisch aufsteigen, ob ihr wißt, wie man sie nennt, oder nicht.

»Befestigter Gedanke« bedeutet, daß zwischen dem Geist und einem einzigen Objekt, dem Gegenstück-Zeichen, eine feste, ruhige Verbindung entstanden ist. »Stützender Gedanke« heißt, daß der Geist das Zeichen gründlich kennt und von ihm erfüllt ist. Beobachtet das. Genau hier, in diesem Moment, solltet ihr das Gefühl der Begeisterung, der Freude untersuchen, wie sie durch Zufriedenheit entsteht. Dieses Entzücken ist frei von jeglichem sinnlichen Begehren. Es ist nicht bei allen Menschen gleich, sondern es ist bei manchen stärker und bei anderen schwächer ausgeprägt. Wenn wir Erfolg haben, sind wir zufrieden, begeistert; das ist *piti*, Entzücken. Nun beobachtet das Gefühl der Glückseligkeit. Es ist eine intensive Fröhlichkeit und ein unübertroffenes Wonnegefühl vorhanden, das Beglückung (*sukha*) genannt wird. Auch solltet ihr euch jetzt bewußt werden, daß der Geist sich auf einem einzigen Punkt, einer Spitze, gesammelt hat. Ohne Ablenkung oder Störung ist er nur auf das Zeichen ausgerichtet. Das ist Einspitzigkeit.

Das gleichzeitige Aufsteigen dieser fünf Faktoren wird als erste Vertiefung oder erstes *jhana* bezeichnet. Darin wird die Ein-

und Ausatmung von diesen fünf Faktoren begleitet. Die erste Vertiefung zu erreichen ist nicht leicht, weil es sich dabei um einen außergewöhnlich verfeinerten Zustand handelt. Wenn Ablenkungen häufig sind, kann man ihn wahrscheinlich nicht erreichen, aber völlig ausgeschlossen ist es nicht. Wenn ihr die Gelegenheit habt, euch darin zu üben, tut das! Übt zu Hause, wenn ihr einen eigenen Raum habt, oder wo immer ihr ungestört seid. Wenn ihr ganz für euch sein könnt, dann übt, denn es besteht immer die Möglichkeit, die erste Vertiefung zu erlangen. Förderlich ist es, im Wald oder an einem anderen friedvollen Ort zu üben. Wenn man imstande ist, in das erste *jhana* einzutreten, bedeutet das, daß man in der Lage war, die Körperfunktion des Atmens vollständig zu beruhigen, zu befrieden.

Falls ihr nun in das zweite, dritte oder vierte *jhana* eintreten wollt, ist das nicht so schwer. Sie sind Verfeinerungen des ersten *jhana* in dem Sinn, daß jede folgende Vertiefung aus weniger Vertiefungsfaktoren besteht. Da es mir aber darum geht, euch zu einem Überblick über *anapanasati* zu verhelfen, werde ich die Details des Eintretens in die anderen *jhana* nicht erklären.

Macht euch keine Sorgen, wenn ihr es nicht schafft, in die Vertiefungen einzutreten. Wenn ihr es könnt, ist es gut; wenn ihr es nicht könnt, ist es auch gut. In der Übung von *anapanasati* sind diese besonders feinen Zustände der Sammlung nicht unbedingt nötig. Wir brauchen nur ein ausreichendes und angemessenes Maß an Sammlung, damit wir mit unserer Übung weitermachen können. Das heißt, es muß genug *samadhi* vorhanden sein, damit die Gefühle *piti* und *sukha* auftreten. Wir benötigen *piti* und *sukha* in den nächsten Schritten unserer Erforschung geistiger Gesetzmäßigkeiten. Wenn ihr *jhana* erreichen könnt, ist das nützlich. Es wird die nächsten Schritte erleichtern. Aber auch wenn ihr *jhana* nicht erreicht, macht ihr eure Sache ganz gut, solange etwas *piti* und *sukha* im Geist vorhanden sind. Und das wird doch wohl nicht so schwer sein, oder?

Laßt uns die erste Tetrade noch einmal kurz durchgehen. In Schritt eins hält man die Achtsamkeit auf der langen Einatmung und der langen Ausatmung, bis man mit der langen Atmung vertraut ist. In Schritt zwei macht man sich auf dieselbe Weise mit der kurzen Atmung vertraut. Schritt drei besteht darin zu erkennen, wie die verschiedenen Atemarten mit dem Körper verbunden sind und ihn gestalten. Schritt vier beginnt damit, auf den Atem Einfluß zu nehmen und ihn zu verfeinern, indem man die Techniken des Folgens und des Beobachtens anwendet. Als nächstes läßt man das Erworbene Zeichen aufsteigen, das dann verändert wird, bis es zum Gegenstück-Zeichen geworden ist, in das sich der Geist vertiefen kann, wobei die fünf Vertiefungsfaktoren aufsteigen. Das ist alles, worum es bei der ersten Tetrade, dem *kayanupassana-satipatthana*, geht. Wenn ihr bei irgendeinem Punkt Verständnisschwierigkeiten habt, dann müßt ihr einfach anfangen zu üben.

Die zweite Tetrade:
die Grundlage der Geistesgegenwart, aufbauend auf der Kontemplation der Gefühle
(vedananupassana-satipatthana)

Diese Tetrade beschäftigt sich mit den Gefühlen (*vedana*). Woher kommen die Gefühle, die in dieser Gruppe zum Objekt der Meditation werden? Sie befinden sich unter den Vertiefungsfaktoren, die in der ersten Tetrade auftraten. Es handelt sich bei ihnen entweder um die ausgereiften Vertiefungsfaktoren Entzücken und Wonne oder um die schwächere Version dieser Gefühle, wie sie durch das Beruhigen des Körpergestalters in dem Maße entstehen, in dem dieses fortgeschritten ist. So können auch jene genügend *piti* und *sukha* hervorbringen, um diese Schritte zu üben, die nicht in der Lage sind, *jhana* zu erlangen.

Schritt fünf: In diesem Schritt betrachten wir nur das Gefühl der Freude, des Entzückens, der Begeisterung, das Gefühl von *piti*. Der Geist erfährt *piti,* während wir ein- und ausatmen. Es ist sehr angenehm und erfreulich. Lernt dieses Gefühl auf dieselbe

Weise sorgfältig kennen, wie wir das beim langen Atem getan haben, und kostet es aus. Badet euch in diesem Entzücken, erkennt seine Eigenschaften, seine Ursachen, seinen Einfluß auf den Geist und den Körper. Geht hier im ersten Schritt der zweiten Tetrade genauso vor, wie ihr das in Schritt eins der ersten Tetrade getan habt.

Schritt sechs: Nachdem ihr euch gründlich mit *piti* vertraut gemacht habt, kommt ihr nun zur Kontemplation der Wonne, der Fröhlichkeit, der Glückseligkeit, dem Gefühl von *sukha*. *Sukha* wird nun zum Hauptaugenmerk unserer Forschung, während wir ein- und ausatmen. Es ist wichtig zu bemerken, daß *piti* und *sukha* nicht ein und dasselbe sind. *Piti* entspringt der Zufriedenheit und ist gröber als *sukha*, die Wonne. Dieses Glücksgefühl ist ruhiger und feiner. Wenn man zum Beispiel etwas erfolgreich zu Ende gebracht hat, ist man zufrieden und entzückt über diese Tatsache. Dieses Gefühl kann so stark sein, daß es den Körper zum Beben bringt oder daß einem die Haare aufstehen. Das ist *piti*.

Sobald Entzücken da ist, steigt auch Wonne auf. Wenn sie beide zusammen auftreten, ist es nicht möglich, sie zu unterscheiden. Sobald aber die Erregung von *piti* nachläßt, tritt *sukha* klarer hervor, und man kann erkennen, daß dieses Gefühl ruhiger, feiner, friedvoller und angenehmer ist. Der Geist kontempliert nun *sukha,* bis er es vollständig erkannt hat, bis man zum Experten in bezug auf das Glücksgefühl geworden ist. Was ist die Natur der Wonne? Was sind ihre Eigenschaften, ihre Ursachen, ihre Auswirkungen und ihr Einfluß auf Körper und Geist? Wir üben uns darin, bis wir das wissen, genauso wie wir es beim langen und beim kurzen Atem gemacht haben.

Schritt sieben: Nun machen wir den »Geist-Gestalter« (*citta-sankhara*) zum Objekt unserer Meditation. Das heißt, wir untersuchen die Funktion der Gefühle, wie sie auf den Geist einwirken und ihn gestalten.

Die Gefühle, in unserem Fall sind das *piti* und *sukha*, gestalten den Geist insofern, als sie ihn veranlassen, auf diese oder jene Weise zu denken. Wenn beispielsweise das Gefühl des Erfreutseins aufsteigt, wird der Geist in einer bestimmten Weise gestaltet. Vielleicht entsteht dadurch das Verlangen, dieses oder jenes Objekt zu haben oder zu besitzen, durch das dieses Glücksgefühl ausgelöst wurde. Ist das der Fall, steigt mit dem Wunsch, der ja eine Befleckung des Geistes (*kilesa*) ist, *dukkha* (Unzufriedenheit oder Leid) im Geist auf. *Dukkha* wiederum bedingt den Geist auf andere Weise. Wann immer wir also über Gefühle (*vedana*) sprechen, beziehen wir uns auf das, was den Geist bedingt, gestaltet, lenkt.

In Schritt sieben sehen wir, wie *piti* und *sukha* den Geist auf verschiedenste Weise gestalten, bis wir diese Gestaltung des Geistes gänzlich verstanden haben. Kontempliert diesen Vorgang, während ihr ein- und ausatmet. Das Ziel ist es, genügend Erfahrung zu sammeln, damit ihr wißt, wie ihr in Schritt acht, dem letzten dieser Tetrade, die Macht der Gefühle verringern könnt.

Schritt acht: Der *citta-sankhara* wird entmachtet und zunehmend geschwächt. Erlaubt ihm nicht, den Geist zu gestalten, wie er es will. Vor allem erlaubt ihm nicht, den Geist auf eine befleckende Weise zu gestalten.

Wenn man sich glücklich fühlt, besteht die Neigung, sich an das zu klammern, was dieses Glücksgefühl ausgelöst hat. Wir müssen dieser tendenziösen Geistesgestaltung das Erkennen der Vergänglichkeit dieses Gefühls entgegensetzen. Das Glücksgefühl ist ein Betrüger, es ist ein Trugbild. Aufgrund dieser Erkenntnis wird sich die Macht, die das Glücksgefühl als Geist-Gestalter besitzt, automatisch verringern. Denn der Geist ist mit Täuschung und Illusion nicht zufrieden, sobald sie als solche entlarvt sind. Wenn wir den Geist einfach seinen eigenen Neigungen folgen lassen, wird er sich in alles und jedes verlieben, das *piti* oder *sukha* in ihm aufsteigen läßt. Wenn wir aber erkennen, daß das Ergebnis davon nur eine Befleckung ist, die zu Leiden führt, werden wir den Gefühlen nicht einfach freien Lauf lassen und sie den Geist gestalten lassen, wie sie wollen. Ihre Macht über uns, die sich mit einem Schwall von Anhaften Bahn bricht, wird sich in diesem achten Schritt von *anapanasati* automatisch verringern.

Die dritte Tetrade: die Grundlage der Geistesgegenwart, aufbauend auf der Kontemplation des Geistes *(cittanupassana-satipatthana)*

In dieser Tetrade befaßt sich die Übung direkt mit dem Geist (*citta*).

Schritt neun: Der neunte Schritt im gesamten System oder der erste Schritt in der dritten Tetrade besteht darin, den Geist selbst zu kontemplieren. Jedesmal, wenn der Meditierende ein- oder ausatmet, beobachtet er, in welchem Zustand sich der Geist befindet. Vielleicht ist er in einem *piti*- oder *sukha*-Zustand. Vielleicht ist er angefüllt mit Gier (*lobha*), oder vielleicht ist er ohne Gier (*alobha*). Vielleicht befindet sich der Geist in einem Zustand der Verärgerung (*patigha*), möglicherweise in einem Zustand der Angst oder einem der Furchtlosigkeit. Die Liste der möglichen Geisteszustände ist wahrhaftig lang. Was wir tun müssen, ist, jede der verschiedenen Arten von Geisteszuständen zu erkennen, sobald sie aufsteigen. Gute und schlechte Zustände, edle und niedere Zustände; wir erkennen sie, sobald sie im Geist erscheinen. Setzt euch hin und erforscht aufmerksam den Geist, bis ihr darin Geschicklichkeit erlangt und ihn gut kennt.

Schritt zehn: Bringt den Geist dazu, nur zufrieden und erfreut zu sein. Kontrolliert ihn, tut, was immer nötig ist, um ihn in einem Zustand des erfrischenden, amüsierten Erfreutseins zu halten, während ihr ein- und ausatmet. Dazu braucht ihr das Wissen, das ihr in den vorangegangenen Schritten (besonders der zweiten Tetrade) erworben habt. Das ist kein leichter Schritt, aber wenn er gelingt, haben wir Macht über unseren Geist, und wir müssen nicht länger unangenehme Geisteszustände ertragen. Wir können jederzeit die geistige Energie hervorbringen, die nötig ist, um eine bestimmte Arbeit zu verrichten. Wir können zu jeder Zeit Freude empfinden, die nicht durch sinnliche Stimulation ausgelöst wurde.

Schritt elf: Nun bringen wir den Geist dazu, völlig still zu werden. Wir sammeln ihn, festigen ihn, reinigen ihn und bereiten ihn darauf vor, seine Pflichten zu erfüllen. Das ist nicht so schwierig, weil wir das von Anfang an (besonders in Schritt vier und Schritt acht) getan haben. Wenn der Geist richtige Sammlung (*samadhi*) besitzt, können wir an ihm drei Eigenschaften entdecken:

Er ist gefestigt, unzerstreut und auf ein Objekt gerichtet *(samahito)*.

Er ist klar und rein, unverstört und ungetrübt von Befleckungen *(parisuddho)*.

Er ist in hervorragender Weise vorbereitet, seine Pflichten zu erfüllen: in Verständnis und Weisheit von Moment zu Moment zu wachsen *(kammaniyo)*.

Übt euch darin, den Geist mit jedem Atemzug stiller und gesammelter werden zu lassen.

Schritt zwölf: Befreit den Geist. Bringt ihn dazu, alles loszulassen, was er noch festhält. Ob wir den Geist von etwas befreien oder ihn dazu bringen, es loszulassen, läuft auf das gleiche hinaus. Beobachtet sorgfältig, während des Ein- und Ausatmens, ob es im Geist noch irgend etwas gibt, das ihn gefangen hält oder an dem er sich festklammert.

Die beste Methode, um diesen Schritt zu üben, ist es, sich die Gefahr, die Strafe, das Übel, den Schmerz und das Leid genau anzusehen, das den Geist jedesmal befällt, wenn er etwas als »ich« oder »mein« betrachtet und sich daran festhält. Und betrachtet andererseits auch das Gute, die Vorzüge und Freuden des Loslassens. Durch diese Form der Kontemplation wird der Geist automatisch befreit. Das beschließt die dritte Tetrade, in der sich die Aufmerksamkeit (*sati*) auf den Geist richtet.

Die vierte Tetrade:
die Grundlage der Geistesgegenwart, aufbauend auf der Kontemplation der natürlichen Wahrheiten
(dhammanupassana-satipatthana)

In der vierten Tetrade werden die *dhamma*, die Wahrheiten der Natur, zum Objekt der Meditation.

Schritt dreizehn: Die Vergänglichkeit (*anicca*) wird kontempliert, bis sie klar erkannt ist. Hier handelt es sich um die Vergänglichkeit aller bedingt entstandenen Dinge (*sankhara*). Die Vergänglichkeit klar erkennend atmet der Meditierende ein. Die Vergänglichkeit klar erkennend atmet der Meditierende aus.

Wo sehen wir diese Vergänglichkeit? Wir brauchen uns nicht Dingen oder Personen außerhalb von uns zuzuwenden, um sie zu sehen. Wir sehen sie in uns selbst, in der Übung der Geistesgegenwart beim Atmen. Wir müssen uns über die Vergänglichkeit völlig klar werden. Erkennt den langen und den kurzen Atem als vergänglich. Erkennt die Gestaltung des Körpers durch den Atem als vergänglich. Der beruhigte und friedvolle Atem und auch der beruhigte und friedvolle Geist sind nicht beständig. Das erste *jhana* ist nicht beständig. Die Vertiefungsfaktoren, der Befestigte Gedanke, der Stützende Gedanke, die Begeisterung, die Beglückung und die Einspitzigkeit, sie alle sind vergänglich. Nun wenden wir uns der zweiten Tetrade zu. *Piti* und *sukha* sind vergänglich. Weder hat ihr Gestalten des Geistes Bestand, noch ist ihre Beruhigung von Dauer, auch sie ist vergänglich. Sogar der Geist selbst mit seinen verschiedenen Zuständen, wie wir sie in der dritten Tetrade beobachtet haben, ist vergänglich. Der erfreute, der gesammelte, der befreite Geist, alles vergänglich!

Kontempliert jeden Schritt, einen nach dem anderen, bis jeder in seiner Vergänglichkeit erkannt ist. In jeder Phase, jedem Aspekt dieser Übung muß die Vergänglichkeit offensichtlich werden, bis sie völlig klar und zweifelsfrei, mit absoluter Gewißheit erkannt ist. Das ist der dreizehnte Schritt, der wichtigste von allen. Nur wenn wir die Vergänglichkeit von Moment zu Moment immer klarer und klarer sehen, werden wir der eigentlichen Früchte dieser Übung teilhaftig werden. Nur dann wird der nächste Schritt, die Kontemplation des Verblassens (*viraganupassana*) aufsteigen.

Schritt vierzehn: Anhaften verschwindet, verblaßt. Beobachtet sorgfältig, wie die Erkenntnis der Vergänglichkeit das Anhaften auflöst. Wie die Farbe in einem Kleidungsstück verblaßt, das zu lange an der Sonne hängt, so verblassen auch die Herzenstrübungen (*kilesa*) und das Anhaften im Licht der Einsicht in die Vergänglichkeit aller bedingt entstandenen Dinge. Ein- und ausatmend kontemplieren wir dieses Verblassen. Je klarer die Einsicht im vorhergehenden Schritt war, desto tiefer wird die geistige Stille des nicht-anhaftenden Geistes sein.

Schritt fünfzehn: Dies ist die Kontemplation des Erlöschens (*nirodhanupassana*). Das Anhaften verblaßt immer mehr, und schließlich ist es völlig weg. Es ist erloschen. Es gibt viele Formen von *nirodha*, die wir beobachten können, während wir ein- und ausatmen: das Erlöschen des Festhaltens an einem Selbst, das Erlöschen der Selbstsucht, das Erlöschen von Gier, Haß und Verblendung, das Erlöschen von allem Leid. Alles das geschieht, wenn das Anhaften aufhört, verschwindet, erlischt.

Eigentlich ist der fünfzehnte Schritt schon genug. Denn *nirodha* und *nibbana* sind Synonyme. Das Kontemplieren des Erlöschens von Anhaften ist also das Kosten der Frucht des Pfades, das Kontemplieren von *nibbana*.

Schritt sechzehn: das Kontemplieren der beendeten Aufgabe oder das Kontemplieren der Preisgabe oder des Verzichts (*patinissagganupassana*). Das Preisgeben oder Zurückgeben von allem, was uns je Leid verursacht hat, wird mit jeder Ein- und Ausatmung kontempliert. Es entspricht der Erkenntnis, endlich entkommen zu sein, endlich frei von allen Leid erzeugenden Anhaftungen zu sein. Metaphorisch gesprochen geben wir alle Dinge, die wir von ihrem Eigentümer, dem *dhamma* oder der Natur gestohlen hatten, zurück. Wir waren Diebe, die ihr Diebesgut anhäuften, sich damit identifizierten und sich daran festhielten, wodurch wir viel Leid erfuhren. Nun haben wir aber die Übung bis zum Erlöschen von *dukkha* vorangetrieben. Es gibt keine Illusion des Besitzes und kein Anhaften mehr. Wir geben alles zurück. Diesen letzten Schritt, das Ende der Übung, kann man nur noch durch eine Metapher wie diese in angemessener Weise umschreiben.

Vergänglichkeit, Verblassen, Erlöschen und Preisgabe, die Schritte der letzten Tetrade, sind vier Arten von *dhamma* (natürliche Wahrheiten), deren gründliche Kontemplation die Übung vollendet, die geistigen Befleckungen ausrottet, das Leiden beendet und den heiligen Lebenswandel (*brahmacariya*) zum Abschluß bringt.

Die vier Tetraden entsprechen den vier Grundlagen der Geistesgegenwart. Sind die vier Grundlagen der Geistesgegenwart vollständig entwickelt, steigen die sieben Erwachungsfaktoren zusammen auf. Diese sieben sind: Achtsamkeit (*sati*), Wahrheitsergründung (*dhamma-vicaya*), Energie (*viriya*), Entzücken (*piti*), Geistesruhe (*passaddhi*), Sammlung (*samadhi*) und Gleichmut (*upekkha*). Sind diese sieben Erwachungsfaktoren vollständig ausgebildet, dann sind auch höchste Erkenntnis (*vijja*) und Befreiung (*vimutti*) vollständig ausgebildet. So führt die Übung der sechzehn Schritte von *anapanasati* zur endgültigen Befreiung, zum vollständigen Erwachen.

Seht ihr, wie wunderbar und differenziert die Entwicklung der Geistesgegenwart beim Atmen ist? Aber vielleicht ist euch das auch zuviel, nachdem wir sie jetzt in den Einzelheiten besprochen haben. Vielleicht wollt ihr jetzt nicht mehr: Solltet ihr aber immer noch daran interessiert sein, dann übt Schritt für Schritt und findet heraus, was es mit dieser Übung wirklich auf sich hat.

Die abgekürzte Methode

Nun möchte ich euch gerne eine neue, viel kürzere Reihe von praktischen Übungsschritten vorstellen. Ich habe ja bereits erklärt, daß die vollständige Übungsmethode nicht gerade leicht ist. Diese Reihe von Schritten vereinfacht die Sache etwas. Es gibt in ihr keine sechzehn Schritte, aber sie führen trotzdem in dieselbe Richtung. Die Methode ist folgende: Entwickelt erst einmal ausreichend *samadhi*, auf jede Art, die euch das ermöglicht – vielleicht, indem ihr die Übungen der ersten Tetrade benutzt. Ist ausreichend *samadhi* vorhanden, dann fangt gleich an, Vergänglichkeit zu kontemplieren. Habt ihr Vergänglichkeit in angemessener Weise kontempliert, werdet ihr als Ergebnis davon Verblassen und Erlöschen erfahren. ihr müßt also in dieser abgekürzten Methode selbst einen Weg finden, um euren Geist zu erquicken, ihn klar und durchscheinend zu machen, ihn zu festigen und zu erhellen, damit er imstande ist, Vergänglichkeit zu kontemplieren.

Mein Vorschlag ist es, *anapanasati* zu üben, um Leichtigkeit, Helligkeit, Energie und Glück im Geist zu erlangen. Von da an müßt ihr versuchen, den Geist zur Kontemplation der Vergänglichkeit in euch selbst anzuleiten: im Körper, in den Gefühlen von Freud und Leid, im Bewußtsein, in den geistigen Gestaltungen, in den Ideen und in den Wahrnehmungen – in allem müßt ihr die Vergänglichkeit sehen. Die Elemente Erde, Wasser, Feuer und Wind; die sechs Sinnestore, die sechs Sinnesobjekte: Erkennt sie alle als vergänglich. Auch wenn ihr diese Dinge nicht mit ihren buddhistischen Bezeichnungen benennt, könnt ihr immer noch ihre Unbeständigkeit erkennen. Seht die Vergänglichkeit in euch selbst auf diese Weise, die ganze Zeit, während ihr ein- und ausatmet.

Ihr braucht Geistesgegenwart, um die Unbeständigkeit der Dinge schnell genug zu erkennen. Ihr braucht *sati* und *samadhi*, damit ihr nicht vom Weg abkommt; damit ihr nicht auf den Gedanken kommt, daß diese oder jene Wahrnehmung, dieser gute Geschmack oder dieser schlechte Geschmack beständig sind. Sobald etwas im Geist aufsteigt, erkennt es als vergänglich. Formen, Gerüche, gute und schlechte Geschmacksempfindungen – erkennt alles als vergänglich.

Das ist die Drei-Schritt-Methode:

1) Entwickelt ausreichend *samadhi*, indem ihr zum Beispiel die erste Tetrade übt.

2) Springt zu Schritt dreizehn und kontempliert die Vergänglichkeit. Entsprechend der Perfektion eurer Betrachtungen stellt sich dann ein Gefühl des Unzufriedenseins mit Unbeständigem ein.

3) Wenn diese Unzufriedenheit aufsteigt, wird sie den Geist vorantreiben, ihn ablösen von Anhaftungen, die verblassen und verlöschen, und ihn zu einem Zustand der Befreiung von Leid führen.

Die Anapanasati-Kombinationsmethode

Wir können den Geist natürlich auch auf andere Arten als mit *anapanasati* trainieren, aber sie sind nicht so gut wie der Weg, den der Buddha gelehrt hat. Wenn man die Zeit und die Möglichkeit besitzt, sollte man die sechzehn Schritte üben. Wenn man weder die Zeit noch die Fähigkeit besitzt, sollte man zumindest an den drei Schritten der abgekürzten Methode arbeiten.

Wenn man jedoch nicht einmal das tun kann, bleibt immer noch die wichtigste Zutat, *sati*, die Achtsamkeit, die Geistesgegenwart, die man ausbilden kann. Beim Sprechen, Handeln, Denken: geistesgegenwärtig, bewußt sein! Wann immer ein Sinnesobjekt mit dem Geist in Kontakt tritt, seid immer achtsam, bevor ihr etwas sagt, bevor ihr etwas tut, und am besten, bevor ihr etwas denkt. Wenn wir uns zum Beispiel über jemand ärgern, brauchen wir *sati* unbedingt. Achtsamkeit vor dem Sprechen, bevor wir jemand verfluchen. Mit genügend Geistesgegenwart werden wir niemand beschimpfen oder sogar schlagen.

Wenn wir die vollständige Reihe der sechzehn Schritte üben, wird die Achtsamkeit perfekt sein. Es wird keine unerwarteten

Reaktionen geben. Aber diese Achtsamkeit ist sehr nach innen gerichtet und ziemlich schwierig. Die etwas Schwerfälligeren sollten erst einmal handlungsbezogen üben, damit sie nichts sagen, tun oder denken, ohne daß erst *sati* vorhanden ist. Das ist die Kombinationsmethode. Bei richtiger Übung werden Geistesgegenwart, Sammlung und klares Verstehen in der »Kombination« entwickelt. Es handelt sich auch hier um *anapanasati*, denn man übt sich, während man ein- und ausatmet, und die Frucht dieser Übung ist die Entwicklung von Geistesgegenwart.

Wir haben also diese Methode, die unvollständige, abgekürzte Methode mit nur drei Schritten und die vollständige Übung mit sechzehn Schritten. Zusammenfassend kann man sagen, daß *anapanasati* immer mit dem Einatmen und dem Ausatmen beschäftigt ist. Die Achtsamkeit ist durchgängig an den Atem gebunden. *Anapanasati* bringt in uns das dreifache Juwel, die dreifache Zuflucht hervor. Das ist so, weil die Essenz von Buddha, Dhamma und Sangha der Geist ist, der rein, klar und ruhig ist. *Anapanasati* verwirklicht die drei grundlegenden Prinzipien der buddhistischen Übung: *sila-samadhi-panna*. Der unerschütterliche Entschluß zum Üben ist *sila* (Tugend). Aufgrund dessen üben wir, bis *samadhi* aufsteigt, was wiederum *panna* (wirklichkeitsgemäßes Erkennen, Weisheit) ermöglicht. Der positivste Aspekt der Übung von *anapanasati* jedoch ist, daß wir *nibbana* hier und jetzt erfahren können. *Nibbana* bedeutet Kühle, abgekühlt sein. Die Übung von *anapanasati* kühlt die geistigen Feuer, die geistigen Befleckungen, bis hin zu ihrem vollständigen Erlöschen. Ist es auch anfänglich nur kurzzeitig, so haben wir doch einen Vorgeschmack auf *nibbana* erhalten, den wir ausbauen können, bis wir das vollkommene *nibbana* erlangen. Buddha selbst erklärte, daß er durch die Übung von *anapanasati* das vollständige Erwachen erlangte. Er wies uns an, diese Übung zu unserem eigenen Wohl und zum Wohl von allen anderen anzuwenden. Aus diesem Grund freut es mich, euch diese Übung nahebringen zu können.

Anmerkungen (des Übersetzers)

1) »Geistesgegenwart« ist eine etwas unübliche Übersetzung des Paliwortes *sati* (Buddhadasa Bhikkhu verwendet in diesem Text ausschließlich Palibegriffe), das normalerweise mit »Achtsamkeit« übersetzt wird. Wörtlich bedeutet *sati*: »sich etwas in den Geist rufen«, meint also, sich etwas zu vergegenwärtigen oder sich an etwas zu erinnern. In der meditativen Übung geht es darum, sich das gegenwärtige Objekt der Übung immer und immer wieder in den Geist zurückzurufen, den Geist beim Objekt zu halten, ihn nicht abschweifen zu lassen. *Sati* muß sehr schnell sein, um den Geist, dessen Neigung es ist, gleichsam wie ein Affe von Ast zu Ast zu springen, immer wieder zurück zum Objekt der Übung und in die Gegenwart zu holen. Die zwei Hauptaspekte des Wortes *sati*, die Gegenwärtigkeit und die Schnelligkeit, kommen meines Erachtens in dem Wort »Geistesgegenwart« am besten zur Geltung, und deshalb habe ich ihn zumeist den üblichen Übersetzungen vorgezogen.

2) *Samadhi*: Unzerstreutheit des Geistes, Sammlung und Stabilisierung geistiger Energie auf einem bestimmten Objekt.

Agetsu Wydler Haduch

Das Wesen der Zen-Meditation

Dr. Agetsu Kudo A. Wydler Haduch ist ordinierte Rinzai-Zen-Priesterin und leitet das »Zentrum für Zen-Buddhismus« in Zürich. Sie promovierte im Fach Neuropsychologie. Nach langjährigem Training unter der Anleitung ihres Zen-Meisters Dr. Henry B. Platov und mehrmonatigen Aufenthalten im japanischen Zen-Kloster Shogen-ji erhielt sie die Lehrbefugnis. Sie übersetzte unter anderem die Dharma-Vorträge des Zen-Meisters Sokei-an aus dem Amerikanischen und ist Autorin der Schriftenreihe »Der Springende Punkt«. Sie führt ebenfalls eine Praxis für psychologische Beratung und Akupressur.

Körper und Geist gehören untrennbar zusammen, und in der Meditation kommt diesem Zusammenhang eine wichtige Rolle zu. Agetsu Wydler Haduch betont die Wichtigkeit der inneren und der äußeren Haltung. Der still und fest auf dem Kissen sitzende Körper hat einen positiven Einfluß auf den Zustand des Geistes, und ein konzentrierter Geist wird sich umgekehrt beruhigend und stablisierend auf die körperlichen Funktionen auswirken. So verbindet und eint die Übung die im Alltagsleben oft als getrennt empfundenen Elemente unserer Persönlichkeit.

Verbinden und einen will die Zen-Praxis auch die formelle Übung in der Meditationshalle und unser Verhalten im Beruf, in der Familie, auf der Straße. Das Leben ist ein einheitlicher Prozeß, und Zen-Praxis eine ganzheitliche Praxis. Erst durch diese Praxis wird es möglich, daß sich der Raum des Gewahrseins erweitert, daß sich der Geist öffnet und er die Dinge einfach zuläßt, ohne sie gleich kontrollieren zu wollen. Ihren eigentlichen Sinn erhält Meditation jedoch, so Agetsu Wydler Haduch, durch die ihr zugrunde liegenden Lehren des Buddha.

Einleitung

Der Begriff *Meditation* ist heutzutage in der westlichen Welt recht bekannt. Das Spektrum derjenigen Tätigkeiten, die als Meditation bezeichnet werden, reicht von hingebungsvollem Tun (Tanzen, Nähen, Malen) über das Lauschen auf die Klänge besinnlicher Musik bis zur religiös motivierten Versenkung. Der vorliegende Artikel befaßt sich mit einer Form der Meditation, die am ehesten im letztgenannten Bereich anzusiedeln ist, wobei vorwegzunehmen ist, daß sie an keine bestimmte Religion gebunden ist.

Besondere Merkmale der Zen-Meditation

Das japanische Wort *Zen* geht zurück auf den chinesischen Begriff *ch'an*. Dieser wiederum entspricht dem Sanskritausdruck *dhyana*. In der hinduistischen Tradition, aus der dieser Begriff stammt, bezeichnet *dhyana* eine der drei Endstufen des Yoga. Es ist der Weg beziehungsweise die Technik, durch die der geistige Ruhezustand von *samadhi* angestrebt wird. In der buddhistischen Systematik bedeutet *samadhi* einen bestimmten Zustand der geistigen Versenkung und der vollkommenen Sammlung auf ein Objekt der Kontemplation. Innerhalb der buddhistischen Meditationsformen, die alle *samadhi* anstreben, gilt Zen als die »gegenstandslose Meditation« im Gegensatz zu denjenigen Meditationsformen, in denen man an Hand eines geistigen Inhalts meditiert, wie zum Beispiel eines Mantrams oder Mandalas. In der Zen-Meditation benutzt man definitionsgemäß keinerlei ge-

gebene Inhalte beziehungsweise Hilfsmittel und weilt statt dessen im inhaltslosen »leeren« Geist.

In der Praxis sieht dies jedoch etwas anders aus. Denn es ist für den ungeübten Geist fast unmöglich, im wachen Zustand völlig frei und ungebunden zu wirken. Aus diesem Grunde richtet man die Aufmerksamkeit auch in der Zen-Meditation zuerst willentlich auf ein Objekt, allerdings nicht auf eines, das von außen zugeführt wird, sondern auf eines, das allen Lebewesen inhärent und für alle unentbehrlich ist. Dieses Quasi-Objekt ist der eigene Atem.

Eine grundlegende Betonung der Zen-Meditation ist die Stabilität der inneren und äußeren Haltung. Man setzt sich auf den Boden, kreuzt die Beine im Halblotos oder Lotossitz, legt die Hände in ein Mudra über der Leibesmitte (*hara*) zusammen, richtet das Becken leicht nach vorn, so daß die Wirbelsäule ihre natürliche aufrechte Lage beibehält. Wer nicht in dieser Art auf dem Boden sitzen kann, kann auch eine Sitzbank oder einen Stuhl benutzen. (Die Zen-Meditation ist nicht von der Haltung abhängig.) Die Schultern und der Kopf sind möglichst entspannt und natürlich. Man findet diese Haltung in vielen fernöstlichen Buddhafiguren nachgebildet; sie ist gekennzeichnet durch die Ausstrahlung von großer Ruhe und Gelassenheit.

Ruhe und Gelassenheit stellen sich jedoch nicht unmittelbar ein, sobald man den Körper in die entsprechende Sitzhaltung bringt. Im Gegenteil: Anfänger haben oft zu kämpfen mit allerlei Hindernissen wie Unbehagen, Schmerzen und seelischer Unruhe. Nur wer sich davon nicht abhalten läßt und immer wieder geduldig übt, wird feststellen, daß die Stabilität der Körperhaltung gewisse Rückwirkungen auf den Geist hat. Körper und Geist können ja nicht voneinander getrennt werden, deshalb wäre es auch falsch zu denken, Meditation sei eine rein geistige Angelegenheit. *Zazen* (wörtlich: sitzendes Zen) betrifft Körper und Geist gleichermaßen und ist deshalb ein Yoga im wahrsten Sinne des Wortes (Yoga wörtlich: Joch, Vereinheitlichung von Körper und Geist beziehungsweise Materie und Gott). Die Ruhe des Körpers wirkt auf den Geist beruhigend, während die Ruhe des Geistes wiederum dem Körper zu mehr Ruhe verhilft. Weil dem so ist, übt man sich in der Zen-Meditation sowohl im Stillhalten des Körpers als auch im Stillhalten des Geistes. Wie sich trübes Wasser klärt, wenn es in Ruhe gelassen wird, so klärt sich der Geist, wenn sein Gefäß nicht geschüttelt oder stark bewegt wird.

Sobald die stabile Körperhaltung etabliert ist, richtet man die Aufmerksamkeit auf den Atem. Meiner Erfahrung gemäß ist es am besten, wenn man dem Ein- und Ausatem zunächst einfach folgt, ohne eine bestimmte Erwartung oder Absicht. In der einschlägigen Literatur ist oft vom »Kontrollieren des Atems« die Rede, doch wie ich festgestellt habe, verstehen die Menschen im Westen unter »Kontrolle« meistens einen Willensakt, der eine Art Dominanz über das zu kontrollierende Objekt bedingt. Es liegt aber nicht im Wesen des Zen, irgend etwas zu dominieren, ganz im Gegenteil, man bemüht sich vielmehr, alle Kontrolle des Egos und jeglichen Eigenwillen zugunsten eines natürlichen Geschehen-Lassens aufzugeben.

Das Konzept des Geschehen-Lassens, das Vertrauen in die natürliche Funktion von Körper und Geist – indem man sich zum Beispiel sagt: »Der Atem weiß schon, was er zu tun hat« –, dieses Vertrauen ist den westlichen Menschen leider weitgehend fremd geworden. Das ist der Grund, warum viele gleich zu Beginn ihrer Meditationspraxis einen enormen inneren Leistungsdruck aufbauen und meinen, Zen-Meditation sei etwas ganz Schwieriges, Außergewöhnliches oder »Esoterisches«.

Zuerst empfiehlt es sich also, den Atem einfach zu beobachten, nicht mit kritischem oder kritisierendem Geist, sondern mit aufmerksamem Gewähren-Lassen, so wie eine liebende Mutter ihrem spielenden Kind zuschaut. Eine liebevolle Mutter läßt ihr Kind gewähren. Sie gibt ihm Raum. Sie beobachtet und greift nur dann ein, wenn Hilfe angebracht ist. Sie ist achtsam, aber nicht kontrollierend. Eine ängstliche oder selbstherrliche Mutter hat Vorstellungen, wie das Kind sein sollte. Oder sie läßt sich von der Umwelt beeinflussen. Sie wagt es nicht, dem Kind seinen eigenen Raum zu gehen und greift dauernd ein mit »Nein! ...«,

»Paß auf! ...«, »Laß das! ...«, »Tu dies, mach jenes! ...« Ebenso verfahren viele Meditierende mit sich selbst und ihrem Atem.

Wir alle haben eine liebende und eine kontrollierende »Mutter« in uns. Die liebende Stimme, die Raum läßt und nicht dauernd eingreift, ist die uns angeborene Weisheit, das Urvertrauen, die Buddha-Natur. Die kontrollierende, nörgelnde Stimme ist das erworbene Über-Ich: »Ich muß ...«, »Ich sollte ...«, »Ich darf nicht ...«, »Es ist nicht erlaubt ...« und so weiter. Und aus diesem »*Ich* muß« wird »*Man* muß« und »*Du* mußt«. Schließlich verstellen all diese Normen, Ansprüche und Einengungen den ursprünglichen Raum.

Wenn man ruhig sitzt und auf das Kritisieren verzichtet, verlangsamt sich der Rhythmus der Atemzüge in der Regel von selbst, und die Intensität nimmt zu. Manchmal kann es allerdings hilfreich sein, wenn man sich in der Vorstellung sanft und bestimmt mit dem Ausatem sinken läßt, so wie ein Stein, der ins Wasser geworfen wurde und nun dem Grund entgegensinkt. Letztlich muß aber jeder Mensch selber herausfinden, wie es für ihn am besten geht. Obwohl es unzählig viele Anleitungen zur Meditation gibt, sind diese nur Wegweiser, aufgestellt von anderen Menschen, die den Weg für sich selbst gefunden haben. Es ist dem Wesen des Zen fremd, irgendeinen Wegweiser als Dogma zu betrachten. Selbst die Worte des Buddha und der alten Meister sollen durch die eigene Erfahrung geprüft werden.

Die innere Haltung gilt dann als stabil, wenn die Aufmerksamkeit auf den Atem gerichtet bleibt und nicht andauernd von Gedanken abgelenkt wird. Alle, die schon einmal in dieser Form meditiert haben, wissen, wie schwierig dies ist. Was theoretisch so leicht und einfach klingt – einfach nur zu atmen und sonst nichts –, ist in der Praxis alles andere als leicht. Es gibt unendlich viele Dinge, die die Aufmerksamkeit vom Atem wegziehen und auf sich selbst lenken: Gedanken, Geräusche, Körperempfindungen drängen sich auf und, was das Schlimmste ist, es findet ein unaufhörlicher innerer Dialog statt. Dies geschieht natürlich nicht nur in der Meditation, man befindet sich den ganzen Tag lang in diesem Zustand, und selbst im Schlaf schweigen die

Das Wesen der Zen-Meditation

Stimmen nicht oder wenn, dann nur ganz kurz. Doch in der Meditation wird man sich dieses unaufhörlichen Flusses vielleicht zum ersten Mal im Leben bewußt.

Die ersten Reaktionen auf diesen inneren Lärm bestehen in der Regel aus Erstaunen, gefolgt von Unmut, Enttäuschung und Verunsicherung. »Was mache ich falsch?«, »Wie kann ich meine Gedanken abstellen?« sind die häufigsten Fragen von Anfängern in der Zen-Meditation. »Du machst gar nichts falsch« muß die Antwort lauten, denn es ist ganz natürlich, daß die Ohren hören, die Augen sehen und das Gehirn denkt, solange man einigermaßen gesund und wach ist. Wenn es etwas Falsches an der Sache gibt, dann höchstens die Erwartung, daß es anders sein sollte. Man kann die Aktivität der Sinnesorgane nicht einfach abstellen, und dies ist auch gar nicht erwünscht. Was man durch die Meditation lernen kann und soll, ist, die Aufmerksamkeit zu fokussieren. Wie man ein Licht, das diffus in alle Richtungen leuchtet, zu einem einzigen hellen Strahl bündelt, so soll das Licht der Aufmerksamkeit gesammelt und auf das eigene Bewußtsein gerichtet bleiben.

Ein wichtiger Bestandteil der Zen-Meditation ist deshalb neben dem Beobachten des Atems auch das Beobachten sämtlicher Bewußtseinsinhalte, angefangen bei den Körperempfindungen bis hin zu den Gedanken, den Emotionen, den Erinnerungen, den Phantasiebildern. All dies wird betrachtet wie in einem Spiegel oder so, wie man eine Landschaft von der Straßenbahn aus betrachtet: Man mischt sich nicht ein, redet nicht mit jedem Hund, der des Weges kommt, und kann nicht stehenbleiben, wenn einem etwas gefällt. Auch dieser Schritt fällt am Anfang vielen sehr schwer. Man ist es vom Alltag her gewohnt, zu allem, was man sieht, hört, fühlt und denkt, Stellung zu beziehen – sei es zustimmend oder ablehnend. Unser Ich glaubt, es müsse zu allem sofort seinen Senf dazu geben. Man merkt gar nicht, wie man durch diese Färbung alle Wahrnehmungen unmittelbar manipuliert. Der gewöhnliche Mensch lebt in einer Welt der Urteile, Meinungen, Ansichten und Überzeugungen, die mit der wirklichen Natur der Dinge wenig oder nichts gemeinsam haben.

Doch so wie die liebende Mutter sich selbst zurücknimmt und für das Kind im Hintergrund bleibt, so können wir das eingreifende, beurteilende Ich-Bewußtsein zurücknehmen und im Hintergrund halten. Man sitzt unbeweglich und läßt geschehen, was geschieht. Wie die Sonne völlig unparteiisch auf die Welt hernieder scheint, so scheint das Bewußtseinslicht auf seine eigenen Lebenserscheinungen. Die Sonne bejaht nicht und verneint nicht, sie sagt nicht zu der einen Pflanze: »Du bist gut, dir gebe ich viel Licht« und zu der anderen: «Du bist ein Unkraut, dir gebe ich kein Licht.« Das reine Bewußtsein ist wie die Sonne: Es scheint auf alles, nimmt alles so wahr, wie es ist. Man kann dies sehr schön beobachten bei kleinen Kindern, die die Welt zum ersten Mal erleben. Sie hegen noch keine Vorurteile, haben in vielem noch keine negativen oder positiven Erfahrungen, noch keine Erinnerungen. Sie schauen mit großen Augen auf die Welt. Diese ist spannend und voller Überraschungen.

In der Zen-Meditation übt man sich also darin, Unangenehmes und Angenehmes gleichermaßen zu betrachten, im Gegensatz zum gewöhnlichen Verhalten, bei dem man sich bemüht, Angenehmes zu sammeln und festzuhalten und Unangenehmes möglichst schnell loszuwerden.

Wenn man diese wählerische Haltung auf das ganze Leben ausdehnt, wird man nie ganz zufrieden sein können, denn das Unangenehme, das Negative, gehört nun einmal zum Leben wie alles Angenehme, Positive. Der Frieden, den Buddha und seine Nachfolger mit Hilfe der Meditation gefunden hatten, beruhte weitgehend auf der Grundlage des unparteiischen Beobachtens, auf der inneren Haltung von »weder ja noch nein«, weder Zugreifen noch Ablehnen. Es war das vertrauensvolle Mit-Fließen mit dem unaufhaltsamen Strom des Lebens, der allerdings neben Freude auch Leid mit sich führt.

Solange jemand nicht in der Lage ist, seine Aufmerksamkeit zu sammeln und stillzuhalten, wird er oder sie auf alle Zeiten das Opfer der eigenen Launen, Gefühlsschwankungen, Zweifel und Selbstkritik bleiben. Alle diese Zustände hängen ausschließlich von der Befindlichkeit der eigenen Person ab, sie führen weder zur inneren Ruhe noch zu innerem Frieden. Es sind Hindernisse auf dem Weg, und sie sollten als solche erkannt und überwunden werden. Dies bedingt allerdings, daß die meditierende Person in der Lage ist, sich selbst objektiv zu betrachten und das Kommen und Gehen der verschiedenen Gemütszustände zu beobachten.

Mit der rein beobachtenden, nicht Partei ergreifenden Haltung zu sitzen, erfordert Willenskraft und eine gewisse Anstrengung, aber es ist die einzige Anstrengung, die zu erbringen ist, alles andere ergibt sich von selbst. Die Angewohnheit, den Gedanken und Emotionen freien Lauf zu gewähren und sich von ihnen mitreißen zu lassen, hat bei ungeübten Menschen große Macht; man muß dieser Kraft eine andere, gleichgroße Kraft entgegensetzen, so wie ein sich drehendes Rad nur durch die der Zentrifugalkraft entgegengesetzte Zentripetalkraft im Gleichgewicht sein kann. Indem man sich von nichts aus der Ruhe bringen läßt, seien es äußere Sinnenreize oder innere Geschehnisse, entwickelt sich die Zentripetalkraft, die Kraft, die nach innen führt. Man spricht in diesem Fall von »Harakraft« (Japanisch: *choriki*). Durch regelmäßige Praxis, durch Ausdauer und Geduld sammelt sich die Harakraft und breitet sich im ganzen Körper aus. Daraus resultiert die gedankliche und emotionale Stabilität, die für den weiteren Fortschritt auf dem Zen-Weg unerläßlich ist.

Während des stabilen Sitzens mit wachem Geist stellt sich manchmal eine Empfindung ein, die sich wie das Verschwinden des Atems anfühlt. Plötzlich findet man sich in einem Zustand, in dem alles wie weg ist, Gedanken, Empfindungen, ja selbst der Atem. Nicht selten reagiert man darauf mit Angst und setzt automatisch alles daran, so schnell wie möglich wieder in den bekannten Zustand zurückzukehren, in dem man weiß, wer man ist und was existiert. Dieses Zurückschrecken vor dem Nichts ist durchaus natürlich, aber eigentlich schade. Es ist die erste Erfahrung des *dharmakaya*, des grundlegenden Nicht-Seins, aus dem alles Sein entspringt. Wenn man jedoch nicht nachläßt, wird man eines Tages genügend Vertrauen und Wachsamkeit entfaltet haben, so daß man sich nicht mehr dagegen zu wehren braucht und sich in den Abgrund des Nicht-Seins fallen lassen kann.

Wenn Meditation mehr sein soll als Träumerei, ist es unbedingt nötig, daß man die Verhaftung an eingespielte Verhaltensmuster, an übernommene Meinungen und Überzeugungen, an den immerwährenden Mechanismen von Ja und Nein löst. Es ist aber nicht damit getan, daß man bloß das Wort »Loslassen« im Munde führt – obwohl dies zumindest ein guter Anfang wäre –, sondern es braucht auch ein Verstehen, worum es geht. Es braucht den Glauben und die Überzeugung, daß die eigenen Gefühle, Meinungen und Ansichten tatsächlich Täuschungen sind. Und es braucht den Willen, diese Täuschungen gegen eine andere Sicht einzutauschen. Auch dies ist nicht leicht.

Das Erfordernis des richtigen Verstehens bringt einen Aspekt der Zen-Meditation ins Spiel, von dem bisher nicht die Rede war, nämlich die ihr zugrundeliegende Lehre. Basierend auf Buddhas Lehre über das Leiden in der Welt, anerkennt und schätzt auch die Zen-Schule die grundlegenden Mittel und Tugenden, wie sie zum Beispiel im Achtfachen Pfad zur Befreiung niedergelegt wurden. Dort werden als erstes vollkommene (rechte) Sicht beziehungsweise vollkommene (rechte) Erkenntnis genannt (Sanskrit: *samyag-drishti*), gefolgt von vollkommenem Entschluß (*samyak-samkalpa*), rechtem Denken und Reden (*samyag-vach*), rechtem Handeln (*samyak-karmanta*) sowie rechtem Lebenserwerb (*samyag-ajiva*) und rechter Bemühung (*samyag-vayama*). Alle diese Tugenden stehen in direktem Zusammenhang mit der vollkommenen Aufmerksamkeit (*samyak-smriti*), die in die vollkommene Sammlung (*samyak-samadhi*) mündet.

Damit Zen-Schüler auf ihrem Weg vorankommen, müssen also auch sie zwei Beine benutzen, das Bein des rechten Verstehens und das Bein des rechten Tuns. Man mag einwenden, es stehe doch in jedem Zen-Buch geschrieben, daß Zen unabhängig von Schriften und Worten übermittelt werde, daß die wortlose Übertragung von Herz zu Herz geradezu das Markenzeichen dieser Schule sei. Das stimmt, doch leider wird dies oft tüchtig mißverstanden. Da der Rahmen dieses Artikels zu begrenzt ist, um dieses Thema ausreichend zu behandeln, sei hier lediglich darauf hingewiesen, daß man nicht dem irrigen Glauben verfallen sollte, die Zen-Meister und ihre Schüler kümmerten sich nicht um das gesprochene oder geschriebene Wort, oder sie lehnten den menschlichen Verstand mit seiner Fähigkeit des Denkens grundsätzlich ab. »Jenseits« oder »unabhängig« von Worten bedeutet, daß man die Worte und Zeichen nicht als das Höchste oder Letzte betrachtet, sondern stets über sie hinausschaut, in den Bereich der Welt, die nichts mit Worten zu tun hat und in den keine Worte hinreichen. Diese Welt ohne Worte ist zwangsläufig auch eine Welt ohne Formen (wo eine Form ist, gibt es auch ein Wort). Dieser »formlose« Bereich des Bewußtseins ist die eigentliche Domäne des Zen.

Es ist die Welt der Stille, auch Leerheit (*shunyata*) genannt, die Welt des Absoluten im Gegensatz zum Relativen, *nirvana* im Gegensatz zu *samsara*. Solange man über diese Welt reden oder schreiben kann, ist sie natürlich nicht wirklich, wirklich ist sie nur in der Erfahrung, in der sämtliche Worte, Zeichen und Sinnbilder versagen. Wer diese Erfahrung gemacht hat, versteht, daß die Gegensätze keine Gegensätze sind, sondern sich gegenseitig bedingen und ineinander übergehen, wie es im taoistischen Symbol von Yin und Yang dargestellt wird. Das höchste Ziel der Zen-Meditation ist es, diese über-gegensätzliche Haltung zu verwirklichen, sie im Leben zu manifestieren, weil man erkannt hat, daß die gewöhnliche Welt und die transzendentale Welt (*nirvana*) tatsächlich nicht zwei verschiedene Welten sind.

Wenn Zen-Meister das auszudrücken versuchen, was nicht ausgedrückt werden kann, malen sie oft einen Kreis. Sie verzichten also nicht a priori auf den Versuch eines Ausdrucks, sie verharren nicht bloß im Schweigen, denn dies würde wiederum zu einem Mißverständnis führen. Die Lehre von der Leerheit richtig zu verstehen ist das A und O der traditionellen Zen-Schulung. Zu diesem Zweck benutzen die Meister viele verschiedene Hilfsmittel, unter anderem auch die sogenannten *Koan*, überlieferte Problemstellungen, mit denen sich die Schülerinnen und Schüler in der Meditation auseinandersetzen. Über Koan ist schon viel geschrieben worden, leider auch viel Unsinn. Wer diese Methode wirklich kennen und anwenden will, soll sich vergewissern, daß die entsprechende Lehrerin oder der Lehrer tatsächlich dafür qualifiziert ist. Die Befugnis, mit Koan zu arbeiten, ist auch heute noch etwas, das man nur durch langes Studium mit einem anerkannten Zen-Meister oder einer Meisterin erlangen kann. Durch die Bestätigung durch eine Meisterin oder einen Meister soll die Echtheit der Zen-Lehre geschützt und bewahrt bleiben. Koan sind jedoch nur ein Hilfsmittel unter anderen, allerdings eines, das es so nur in der Zen-Schulung gibt. Sie werden aber nicht in allen Schulen verwendet und sind auch nicht zu verwechseln mit der Zen-Lehre als solcher, das heißt man kann auch Zen praktizieren, ohne mit Koan zu arbeiten.

Zen-Praktizieren heißt aber auch nicht nur, in der beschriebenen Art zu sitzen und zu meditieren. Es bedeutet vielmehr, die in der sitzenden Meditation geschärfte Aufmerksamkeit und die angesammelte Energie auf die Tätigkeiten des gewöhnlichen Lebens anzuwenden. Deshalb sollte man sich angewöhnen, immer nur eine Sache auf einmal zu tun.

Solange man ungeübt ist, weiß man in der Regel nicht, was man denkt; viele Gedanken sind impulsiv und unkontrolliert. Sie sind einfach da, ausgelöst durch etwas, was man sieht oder hört; meistens weiß man auch das nicht so genau. Es sind diese impulsiven Gedanken und Emotionen, die den Verlauf des Lebens bestimmen. Jemand hat zum Beispiel Lust oder Hunger und geht zum Kühlschrank, um sich etwas zum Essen zu suchen. Auf dem Weg dorthin fällt der Blick auf die Zeitung auf dem Küchentisch, und er sieht das Gesicht eines bekannten Politikers. Während er sich ein Butterbrot streicht, denkt er über die Rede nach, die dieser Politiker neulich gehalten hat. »Welch ein Unsinn das doch wieder war ...« Der Puls steigt, Ärger kommt hoch. Er kaut am Butterbrot und blättert in der Zeitung. Da fängt der Nachbar an, den Rasen zu mähen. »Schon wieder dieser unnötige Krach, er hat es doch erst letzte Woche getan!« Nun sitzt er da, drei Dinge gleichzeitig in sich aufnehmend – Brot, Buchstaben, Lärm – alle Sinne mit einem anderen Inhalt füt-

Das Wesen der Zen-Meditation

ternd. Und er merkt gar nicht, wie sich Ärger sammelt und den Weg zum Magen versperrt. Er wundert sich höchstens, daß er am Ende des Tages nervös und angespannt ist.

Durch die regelmäßige Ausübung der Meditation und durch die Ausdehnung der Achtsamkeit auf alle Tätigkeiten im täglichen Leben, verbunden mit dem rechten Verstehen und dem rechten Bemühen, ergibt sich eine innere Ruhe, die schließlich zur vollkommenen Sammlung des Geistes (*samyak-samadhi*) führt. Darunter versteht man im Zen die Fähigkeit, in allen Lebensumständen – seien sie noch so schwierig oder aufregend – Ruhe und Gelassenheit zu wahren und im Gleichgewicht zu bleiben. Nun ist die Trennung zwischen der Ich-Person und der sogenannten Außenwelt überwunden, und man ist fest in der allumfassenden Stille des Herzens verwurzelt.

Diese allumfassende Stille ist nicht etwas, das man in der Meditation erzeugen muß oder kann. Sie existiert immerwährend und überall, selbst im allergrößten Lärm des täglichen Lebens. Jedes Geräusch, jeder Gedanke, jede Empfindung wird aus der Stille geboren, existiert in der Stille und taucht wieder in die Stille ein. So wie es keine Musik ohne die Stille gibt, so gibt es kein Leben ohne sie. Denjenigen Menschen, die glauben, sie müßten die Stille in der Meditation suchen, sei deshalb geraten, sich nicht darauf zu versteifen, ihre Gedanken oder Gefühle »abzustellen«, damit »es still wird«. Horche statt dessen einfach auf die Stille, die sämtliche Gedanken und Gefühle umgibt. Horche nicht auf das Motorengeräusch des Rasenmähers, horche auf die Stille.

In der Auffassung der alten Meister ist es ein leichtes, an einem ruhigen Ort zu meditieren, an dem möglichst viele Sinnesreizungen ausgeschaltet werden, doch diese Art der Meditation gilt als oberflächlich und unwirklich. Mitten im Getümmel einer Straßenkreuzung, eines Warenhauses oder einer kritischen Lebenssituation im Kontakt mit der Stille zu sein und aus ihr heraus zu handeln, das ist es, was die Meister als Zen bezeichnen.

Die allumfassende Stille ist identisch mit dem ursprünglichen klaren Geist (Japanisch: *mushin*). Der klare Geist sieht, hört, riecht, schmeckt, fühlt, tastet und denkt, von morgens früh bis abends spät, doch er tut dabei überhaupt nichts. Das tätige Subjekt namens Ich betrachtet sich nicht mehr als Quelle und Vollstrecker der Tätigkeiten, sondern als wacher Zeuge eines natürlichen Geschehens. Dies ist der ich-lose Zustand, von dem in der Zen-Literatur so oft die Rede ist. Es ist das »Tun im Nicht-Tun« (*wei-wu-wei*), das die chinesischen Taoisten als das höchste Prinzip des menschlichen Handelns anstrebten. Er ist auch das Verbindungsglied zwischen der buddhistischen Meditationsschule aus Indien und dem Taoismus aus China, die beide zur Entwicklung der Zen-Schule führten.

Der ich-lose Zustand ist allen Menschen gemeinsam, er ist der Ursprung, der von keiner Religion, keiner Nation, keiner Doktrin abhängig ist. So verstanden gehört Zen allen Menschen und Völkern. Es ist eine Lebenshaltung und Lebensschulung, die geboren wird aus der natürlichen Fähigkeit des menschlichen Geistes, die konflikthaften, oft chaotischen und unbeständigen Lebensumstände zu transzendieren.

Mahatma Gandhi segnete seinen Mörder, Jesus verband das Ohr seines Häschers, nachdem es einer der Jünger im Versuch, Jesus zu verteidigen, abgeschnitten hatte; eine tibetische Nonne berichtete, daß ihre größte Prüfung während der chinesischen Gefangenschaft darin bestand, keinen Haß gegen ihre Folterer aufkommen zu lassen. Die menschliche Geschichte ist voll von Berichten, in denen Haß mit Liebe begegnet wurde. Derartige Berichte beeindrucken uns. Denn wenn man angegriffen wird, reagiert man gewöhnlich spontan mit Angst und Abwehr, und auf Aggression antwortet man mit Aggression. Das scheint ganz normal.

Was ist das Geheimnis eines Jesus, eines Gandhi und der vielen bekannten und unbekannten Menschen, die sich konsequent weigerten und noch weigern, dem Haß und der Zerstörung zu unterliegen? Sie bewahren mitten im Alltag und auch angesichts des Todes einen klaren Blick und einen ruhigen Geist. Ihre Sorge richtet sich in erster Linie auf das Wohl ihrer Mitmenschen und nicht auf sich selbst. Es ist die tatkräftige Anwendung dessen, was im Buddhismus als das Bodhisattva-Ideal bekannt ist: die Überwindung der Ichhaftigkeit und das Bestreben, allen Lebewesen auf ihrem Weg zum wahrhaftigen Glück behilflich zu sein. In den Zen-Klöstern und Zen-Gemeinschaften erinnert man sich vor und nach jeder Meditation, vor und nach jeder Mahlzeit an diese Wahrheit durch die Wiederholung des Gelübdes, alle Lebewesen zu befreien. Dabei sind allerdings nicht nur die sichtbaren Lebewesen gemeint, die diese Welt mit uns teilen. Eingeschlossen sind auch alle inneren Wesen – Götter und Dämonen in der Verkleidung von Habgier, Zorn, Angst und Unwissenheit. Sie alle führt man in der Meditation zu ihrem Ursprung zurück: in den immerwährenden *samadhi*, aus dem sie geboren werden, in dem sie blühen und in den sie zurückkehren. Wer dies verwirklicht, braucht keine Angst mehr zu haben und versteht die Worte des Herz-Sutra (*Mahaprajnaparamita-Hridaya-Sutra*), in dem es heißt: »Im Geiste des Bodhisattva, der in Weisheit (*prajnaparamita*) verweilt, gibt es keine Hindernisse, und da er frei von Hindernissen ist, hat er keine Angst. Indem er die falschen Ansichten überwindet, kennt er das höchste Nirvana ...«[1]

»Höchstes Nirvana« versteht man im Zen als den unerschütterlichen Frieden, der einen befähigt, das alltägliche Leben in seiner ganzen Fülle – mit Freud und Leid, Geburt und Tod – als einen Ausdruck von *shunyata* vertrauensvoll anzunehmen, hochzuschätzen und in Gemeinschaft mit allen anderen Lebewesen zu leben. Daraus erwächst der Mut und die Kraft, jeden Tag, jeden Augenblick, jede Schwierigkeit, jedes Leiden als eine Chance zu einem Neuanfang zu erkennen und zu nutzen. Solcherart sind die Früchte echter, tiefer Meditation.

Anmerkung

1) Zitiert aus der deutschen Übersetzung von A. Wydler Haduch: Das Herz-Sutra. Maka Hannya Haramita Shingyo, Zürich o.J.; Band 1 der Schriftenreihe: Der Springende Punkt

Gendün Rinpoche

Meditation jenseits von Hoffnung und Furcht

Gendün Rinpoche wurde 1918 Osttibet geboren. Im Alter von sieben Jahren trat er in das Kloster Khyodrag ein, mit siebzehn erhielt er die volle Ordination, und mit einundzwanzig begann er das traditionelle dreijährige Gruppenretreat. Die Besetzung Tibets 1959 bedeutete auch für diesen herausragenden Vertreter der Kagyü-Tradition den Verlust der Heimat. Zunächst ging er nach Indien und Bhutan und kam auf Wunsch Gyalwa Karmapas 1975 nach Frankreich. 1984 gründete Rinpoche in Le Bost in der Auvergne ein Retreatzentrum. Am 31.10.1997 verstarb er dort im Alter von 80 Jahren.

Gendün Rinpoches Betrachtung zielt auf die Natur des Geistes. Er nimmt einen zentralen Aspekt wieder auf, der in den vorangegangenen Beiträgen mehrfach angeklungen ist, und vertieft ihn: das vorurteilsfreie, unverzerrte und tiefe Verstehen der Wirklichkeit. Kennen wir unseren eigenen Geist wirklich? Läßt sich ein Ort angeben, wo er zu finden ist, hat er Gestalt, Form und Farbe? In welchem Verhältnis stehen Körper und Bewußtsein zueinander? Woher kommen die Gedanken, warum hören sie nicht auf? Sind sie bloße Störenfriede oder vielleicht sogar Freunde?

Natürlich stellt Rinpoche nicht nur Fragen, sondern zeigt, wo die Antworten liegen und aus welchen Motiven heraus wir sie suchen sollten. Der Zustand meditativer Ruhe und Freude ist kein Selbstzweck. Es geht darum, das Haften an einer falschen Ich-Vorstellung zu erkennen und sie loszulassen, denn diese Ich-Vorstellung ist die

Ursache unserer vielfältigen Leiden. Der Anhaftung entspringen unsere Hoffnungen und Befürchtungen, die aber sind gleichermaßen Blockaden, welche die Entfaltung des Geistes verhindern.

Die zugrundeliegende Motivation

Wenn man um Belehrungen bittet[1] und sie in der Praxis anwenden möchte, muß man zuallererst die Sehnsucht nach Erleuchtung in sich entwickeln, denn sie ist die Grundlage des gesamten Weges. Diese Sehnsucht entsteht, wenn man erkennt, daß alle Lebewesen im unermeßlichen Weltenraum aufgrund von negativen karmischen Tendenzen von Emotionen aufgewühlt sind und dadurch Leid erfahren. Sie kreisen schon seit anfangloser Zeit im Daseinskreislauf und sind völlig in ihrem Leid gefangen. Diese Wesen waren alle in unzähligen vergangenen Leben bereits unsere Eltern und haben uns als solche ebensoviel Liebe, Güte und Aufmerksamkeit gewidmet wie unsere Eltern in unserem jetzigen Leben. Sie gleichen sich alle darin, daß sie Glück finden und Leid vermeiden wollen. Da sie jedoch unter dem Einfluß der Unwissenheit stehen, wissen sie nicht, wodurch Glück und wodurch Leid entsteht. Auf der Suche nach Glück begehen sie unter dem Einfluß ihrer Emotionen zahlreiche Handlungen, die zu Unglücklichsein und Leid führen.

Auf der Grundlage solcher Überlegungen sollten wir die reine und aufrichtige Motivation entwickeln, die erhaltenen Unterweisungen bis zu ihrer Verwirklichung zu praktizieren, um dann imstande zu sein, alle Wesen, die einmal unsere Eltern waren, den Weg zur Freiheit von Leid, dem wahren Glück der Buddhaschaft, zu führen. Diese Motivation ist die wirkliche Ursache der Buddhaschaft und sollte kein bloßes Lippenbekenntnis sein, sondern aus der Tiefe unseres Herzens kommen, damit alle Handlungen, ganz gleich welcher Art, zum Weg der Befreiung werden. Hierbei ist es nicht angebracht, ängstlich im Hinblick auf etwaige Schwierigkeiten und Unannehmlichkeiten zu sein. Was immer in der Praxis auftauchen mag – wir sollten weiter voller Glück und

Freude praktizieren, tiefes Vertrauen in den Lama entwickeln und unsere Liebe und unser Mitgefühl auf alle Wesen ausweiten.

Die drei Stützen der Praxis: Loslösung, Mitgefühl und Vertrauen

Indem wir uns von Anhaftungen lösen
und gleichzeitig Mitgefühl und Vertrauen entwickeln,
wird der Geist von selbst zur Ruhe kommen.

Bisher – von der Geburt bis zum gegenwärtigen Augenblick – waren wir in vollkommen unnütze Handlungen verstrickt, mit denen wir Samsara beständig fortgesetzt haben. Jetzt haben wir die Möglichkeit, uns von den Verlockungen und Gewohnheiten, die uns an Samsara binden, zu lösen. Dafür müssen wir wahre Entsagung entwickeln und uns auf authentische Weise innerlich von ihnen lösen, nicht nur in Worten. Deshalb sollten wir genau hinschauen, was die Ergebnisse all der Handlungen waren, die wir bisher ausführten, und uns eingestehen, wie sinnlos all diese aus Anhaftung ausgeführten Handlungen sind.

Wir handelten weltlich, weil wir unter dem Einfluß der Unwissenheit waren, doch nun können wir uns dank der Lehre in Richtung Erleuchtung entwickeln. Wir sehen, daß alle Wesen unter dem Einfluß dieser Unwissenheit sind und aus diesem Grunde negativ handeln. Die meisten haben keinen Kontakt mit der Lehre und deshalb keine Möglichkeit, ihre Unwissenheit zu erkennen und sich zu befreien. Dies läßt uns Mitgefühl entwickeln.

Wir haben viel negatives Karma in der Vergangenheit angesammelt, das uns jetzt an Samsara bindet. Doch nun haben wir, dank unserem Lehrer, die Möglichkeit, die Lehre kennenzulernen und zu praktizieren. Dadurch wiederum entwickeln wir Vertrauen in den Lehrer und in die Lehre. Wenn es uns hierdurch gelingt, uns vom Anhaften am Daseinskreislauf zu befreien, wird der Geist von selbst zur Ruhe kommen.

Meditieren bedeutet Entspannen

*Meditation ist ein natürlicher Prozeß,
in dem sich der Geist von allen Spannungen, Knoten und Ketten,
die ihn gefangenhalten und einschränken, befreit.*

Für gewöhnlich greift der Geist, mit dem wir uns als »Ich« identifizieren, ununterbrochen nach Objekten und haftet an all den verschiedenen Situationen. In der Meditation geben wir dieses Greifen auf und lösen den Geist aus seinen Fesseln, indem wir alle Arten von Anhaftung sich von selbst auflösen lassen. Wir lassen tiefe Entspannung zu, in der wir vollkommen offen bleiben und alles, was in unserem Geist erscheint, zulassen, ohne an irgend etwas festzuhalten oder irgend etwas abzulehnen. Wenn der Geist auf diese Weise vollkommen entspannt ist, belassen wir ihn in diesem gegenwärtigen Moment gewöhnlichen Gewahrseins. Das ist Meditation. Wenn der Geist es schafft, sich in diesen natürlichen Zustand zu begeben und in ihm zu ruhen, wird er immer feiner in der Wahrnehmung und klarer werden.

*Meditation bedeutet,
den Geist im gegenwärtigen Augenblick ruhen zu lassen –
ohne etwas abzulehnen, ohne etwas künstlich zu erzeugen
und ohne das Sosein des jeweiligen Momentes zu manipulieren.*

Wir lassen den Geist sich in einen Zustand einfinden, der frei von jeder Anhaftung und Ablehnung ist – tiefe Entspannung. Dies bedeutet, das gewöhnliche Bewußtsein in seiner wahren Natur ruhen zu lassen, dem Gewahrsein des momentan Gegenwärtigen. Jenseits von Subjekt und Objekt weilt der Geist in vollkommener Entspannung ruhig in seinem natürlichen Zustand. Darin kann ihn nichts stören oder ablenken. Bei dieser Art von Meditation gibt es keine Vorstellung von Meditierendem und Meditationsobjekt mehr – sie sind untrennbar geworden.

Entspannt zu sein bedeutet nicht, sich körperlich gehen zu lassen oder unaufmerksam zu sein. Auch ist damit nicht gemeint, auf friedlich-behagliche Weise zu meditieren oder sich wie kurz vor dem Einschlafen einer Art Dumpfheit hinzugeben. Gemeint ist eine Entspannung des Geistes, in der Körper und Geist vollkommen präsent und wach sind.

Oft finden wir es schwierig zu meditieren, weil wir nicht wissen, wie wir den Geist entspannen können oder was zu tun ist, damit er nicht an äußeren Objekten haftet. Wir sind festgefahren in unserer Anhaftung an Sinnesobjekte. Sobald einer unserer Sinne etwas wahrnimmt, erzeugt der Geist Gedanken in bezug auf diese Wahrnehmung. Dann glauben wir, daß wir diese Gedanken kontrollieren müßten und versuchen, sie zu verhindern, statt den Geist entspannt in einem Zustand zu lassen, in dem keine Anhaftung an all die Sinnesobjekte besteht.

Wenn wir meditieren, ohne nach etwas zu greifen,
lösen sich alle geistigen Spannungen.
Dies führt zu einem offenen Geist mit klarem,
lebendigem Bewußtsein.

Saraha sagt, der Geist sei von Natur aus hell, klar und strahlend und es ginge in der Meditation einzig darum, den Geist zu entspannen – dann bestünde kein Zweifel, daß wir Befreiung erreichen werden. Dafür muß die Meditation frei von allen Reaktionen des Anhaftens und Ablehnens sein, ohne die geringste Künstlichkeit.

Wenn wir beispielsweise Tee einschenken, ist der Tee zuerst noch in Bewegung. Doch wenn wir die Tasse in Ruhe lassen, wird er sich allmählich beruhigen. Das gleiche geschieht, wenn wir nichts mit dem Geist tun: Er wird in natürlicher, gelöster Ruhe weilen, die sich immer mehr vertiefen wird. Nicht zu erlauben, daß der Geist in diesem entspannten Zustand weilt, ist, als würden wir die Tasse fortwährend bewegen.

Grundlegende Betrachtungen zur Natur des Geistes

Wenn wir mit der Praxis der Meditation beginnen, müssen wir zunächst in Erfahrung bringen, wie der Geist wirklich ist. Wenn wir nichts von der wahren Beschaffenheit des Geistes wissen, könnten wir denken, daß Meditation ein wenig wie Schlafengehen ist, wo der Geist in einen Zustand der Dumpfheit und Untätigkeit oder gar Bewußtlosigkeit fällt. Träfe dies zu, müßten wir jedesmal, wenn wir schlafen gehen, tatsächlich mehr und mehr erleuchtet werden. Dies ist jedoch offensichtlich nicht der Fall. Im alltäglichen Sprachgebrauch bezeichnen wir mit dem Wort »Geist« das, was alles Denken, Erinnern und Erforschen ausführt. Doch so sehr wir auch nach diesem Geist suchen, er ist nicht zu finden.

Wo befindet sich der Geist? Ob wir nach dem Geist in unserem Körper, außerhalb davon oder im Grenzbereich dazwischen suchen, wir können nichts entdecken, das wir »Geist« nennen können, wie sehr wir uns auch mühen. Es verhält sich aber nicht so, daß der Geist irgendwo existieren würde und es uns nur nicht gelänge, ihn zu finden. Der Geist ist einfach nicht so beschaffen, daß wir ihn irgendwo ausfindig machen könnten.

Falls wir annehmen, daß der Geist an einem bestimmten Ort weilt, müßten wir ihm irgendeine Form zuschreiben können, denn etwas, das an einem bestimmten Ort und nicht anderswo existiert, muß eine abgrenzbare Form haben. *Welche Form oder Gestalt hat der Geist?* Wenn etwas eine Form hat, muß es auch eine Farbe haben, denn eine Form kann nicht farblos sein. *Welche Farbe hat denn der Geist?* Wir werden zu der Feststellung kommen, daß wir nichts Definitives über dieses Etwas sagen können, das wir so einfach Geist nennen.

Wir können aber auch nicht einfach behaupten, daß der Geist »nichts« sei oder daß er nicht existiere. Wäre dies der Fall, müßte der Körper auch ohne Geist handeln können. *Wenn es den Geist nicht gäbe, könnte dann der Körper für sich allein dieses oder jenes tun?* Könnten die Sinnesorgane wie Ohren und Augen noch hören und sehen, wenn kein Geist da wäre? Kann eine Leiche, ein Körper ohne Geist, sehen und hören? Solche Fragen sollten wir uns stellen, wenn wir zu der Annahme neigen, der Geist existiere nicht. Wir können auch einen Schritt weitergehen und direkt diesen Geist betrachten, der da denkt, daß er nicht existiert.

Falls wir hingegen immer noch überzeugt sind, der Geist existiere, obwohl wir weder seine Form noch Farbe gefunden haben, so sollten wir unsere Aufmerksamkeit auf das richten, was sich des Geistes bewußt ist. *Ist es der Körper, der sich des Geistes bewußt ist, oder ist es der Geist, der sich seiner selbst bewußt ist?*

Der Geist besitzt kein stoffliches Dasein. Er hat weder Form noch Farbe und ist doch imstande, alles zu wissen und alle verschiedenen Formen zu erfassen oder zu erfahren. Aufgrund des Geistes wissen wir um Vergangenheit, Gegenwart und Zukunft und erleben Samsara und Nirvana.

Die vier extremen Sichtweisen: Wenn wir behaupten, eine Essenz des Geistes existiere, fallen wir in die Sichtweise des Ewigkeitsglaubens (1). Wenn wir behaupten, eine Essenz des Geistes existiere nicht, fallen wir in das andere Extrem des Nihilismus (2). Die wahre Natur oder Essenz des Geistes liegt jenseits dieser beiden Extreme: Wir können weder sagen, daß der Geist existiert, noch, daß er nicht existiert. Wenn wir dies hören, mögen wir dem vielleicht zustimmen und behaupten, daß der Geist jenseits dieser beiden Extreme sei (3). Doch fallen wir so wieder in den Ewigkeitsglauben, indem wir aufgrund von Festhalten und Anhaften die Existenz von etwas bejahen. Oder wir denken: »Nun, wenn es sich so verhält, muß der Geist *nichts* von all dem sein« (4). Hiermit verneinen wir wiederum seine Existenz und fallen in das Extrem des Nihilismus.

Die wahre Natur des Geistes ist jenseits aller Bejahungen und Verneinungen. Sie liegt jenseits von allem, was mit Worten beschreibbar wäre, und kann in keiner Weise definiert werden. Wir entdecken, daß der Geist vollkommen jenseits von Gedanken und Ausdruck ist. Geist ist jenseits von Geburt und Tod – er hat keinen Anfangspunkt. Es gab keinen Augenblick, an dem er geboren oder erschaffen wurde. Etwas, das niemals geboren oder erschaffen wurde, kann auch kein Ende haben. Darum heißt es, daß der Geist unsterblich oder unendlich ist. Etwas, das nicht existiert und in keiner Weise erschaffen wurde, kann keine konkrete Wohnstatt haben. Deshalb sagen wir, daß der Geist nirgendwo verweilt. Wenn wir in einem Augenblick der Erkenntnis sehen, daß der Geist jenseits von Existenz und Nichtexistenz ist, dann sind wir in eben diesem Moment von unserem dualistischen Haften, dem Festhalten an Subjekt und Objekt, befreit. In diesem einen Augenblick ist alles befreit. Diese Verwirklichung nennt man *eines erkannt, alles befreit*.

Fehler aufgrund von Hoffnung und Furcht

Die Motivation unserer Praxis sollte sein, zum Wohle der Wesen die Erleuchtung eines Buddha verwirklichen zu wollen. Es geht nicht darum, einen Zustand von Ruhe und Frieden zu erlangen. Die treibende Kraft auf der Suche nach friedlichen Geisteszuständen ist das Haften an einem »Ich«, aufgrund dessen wir eine starke Anhaftung an die ersten Meditationserfahrungen entwickeln. Auf unserer Suche nach Erfahrungen von Klarheit und Freude unterbinden wir absichtlich die Bewegungen des Geistes, was zur Folge hat, daß er blockiert. Natürlich haben wir dabei zunächst den Eindruck, ruhiger und stabiler zu sein. Doch da diese Ruhe auf dem Blockieren geistiger Bewegung basiert, mit all der Spannung, die dies mit sich bringt, ist sie nicht echt – wir müssen Anstrengung aufbringen, diesen Zustand aufrechtzuerhalten. Und sobald diese Erfahrung nachläßt, machen wir noch größere Anstrengungen, diesen Zustand von vermeintlicher Meditation wieder zu erzeugen.

Aufgrund des Ehrgeizes, der dieser Anstrengung zugrunde liegt, haben wir die Tendenz, überaus gerade zu sitzen, und die Spannung im Geist bewirkt, daß sich die Zirkulation der subtilen Energien im oberen Teil des Körpers, besonders im Kopf, konzentriert. Wer so meditiert, hat oft den Eindruck, daß sein Geist im Gesichtsbereich konzentriert ist. Dies kann so weit führen, daß dabei Kopfschmerzen entstehen.

Manche erfahren die Spannungen, die vom Blockieren des Geistes herrühren, in anderen Körperteilen. Abhängig davon, wie sie sitzen und meditieren, werden sie Rückenschmerzen bekommen, sich im Bauch gespannt fühlen, im Oberkörper und so weiter –, all dies kommt von der angespannten, unnatürlichen Haltung, die Energieblockaden im Körper bewirkt. Beim Sitzen können sie nicht ruhig bleiben und müssen immer den einen oder anderen Teil des Körpers bewegen, um ihn zu entlasten.

Manche identifizieren Meditation mit einem Zustand, in dem der Geist vollständig »weg« ist. Sie meditieren steif wie Bohnenstangen, die Augen nach oben verdreht, alle Energien des Körpers sammeln sich im Schädel. Der Körper ist starr wie ein Stück Holz, während ihr Geist hell und offen zu sein scheint. Sie suchen nach einem mystischen Erlebnis, das ihre vollständige Erleuchtung kundtut.

Wieder andere glauben, Meditation sei ein Zustand irgendwo zwischen Behaglichkeit und Verschwommenheit, eingehüllt in einen Wattebausch von Ruhe. Der Kopf ist eingezogen, als würde das Kinn benutzt, um die Gedanken zu blockieren, auf daß sie nicht zu zahlreich erscheinen und nicht zuviel Krach machen mögen. Sie versuchen, in dieser sanften Stimmung zu schlummern, was eine große Anhaftung ist: Sie wollen einfach ruhig im Warmen schlafen.

Dann gibt es jene, die meinen, daß sie die Bewegungen des Geistes in Schranken halten müßten. Sie halten den Geist fest, konzentrieren sich mehr und mehr auf sich selbst und unterdrücken den Geist, bis er ganz geknebelt ist und in der Herzgegend festsitzt, was wiederum vielerlei Schwierigkeiten hervorruft.

Oft begegnet man der Vorstellung, Meditation bedeute, einen flachen, leeren Zustand zu erreichen, in dem nichts passiert, wo es keine Gedanken gibt. Dies ist ein Fehler, denn dann wäre ein Tisch, der niemals Gedanken hat, ein ausgezeichneter Meditierender! Wir versuchen nicht, die Verwirklichung eines Tisches zu erlangen. Wir *haben* Gedanken im Geist, und deshalb können wir überhaupt meditieren.

Wiederum andere meinen, alles verstanden zu haben: Sie meinen zu wissen, was die Leerheit ist, und sind so von deren Existenz überzeugt, daß sie die Leerheit vor sich hinstellen und anstarren. Sie konzentrieren sich auf die Leerheit, was darauf hinausläuft, eine Leerheit zu erschaffen, die jedoch nicht im geringsten authentisch, sondern nur eine Vorstellung ist. Sie halten beim Meditieren ihre Augen auf ihre Vorstellung von Leerheit und Meditation im Raum geheftet und beglückwünschen sich, in diesem Zustand zu sein, in dem sie meinen, alles verstanden zu haben.

Meditation ist auch keine Technik, wo man sich etwa grüne Punkte, rote Kreise und gelbe Vierecke vorstellt. Meditieren bedeutet: nichts festhalten, an nichts haften und alles loslassen, was im Geist erscheint.

Alle diese Fehler führen zu einem Geist, der gehemmt, frustriert und immer ärgerlicher wird, bis es zu wirklichen Störungen kommt, die großes Leid hervorrufen. Wahre Meditation und ihre Erfahrungen sind jedoch jenseits solcher intellektuellen Spielereien und übersteigen diese vollständig. Jeder Meditierende muß sich der Art des Fehlers, zu dem er neigt, bewußt werden. Nur wenn wir unsere Fehler klar erkannt haben, können wir uns von ihnen befreien.

Wenn uns niemand auf unsere Fehler hinweist, werden wir sie nicht entdecken, können uns nicht ändern und werden nie eine richtige Meditation entwickeln. Ein Lehrer hilft uns zu erkennen, ob wir in einem dieser Zustände verfangen sind und ob die aus diesen Fehlern entstehenden Schleier in uns aktiv sind. Aus diesem Grund spielt der Lama eine wichtige Rolle in der Entwicklung des Schülers auf dem Weg zur Erleuchtung. Er sollte dem Schüler dessen Fehler aufzeigen. Der Lama sollte darauf bestehen, daß der Schüler auf richtige Weise meditiert, auch wenn er sich dadurch beim Schüler nicht sehr beliebt macht. Gibt sich der Lehrer mit einer bloß angenehmen Beziehung zum Schüler zufrieden, weil er Belastungen und Unannehmlichkeiten vermeiden möchte, wird dies dem Schüler nicht erlauben, irgendwelche Fortschritte zu machen, sondern dieser wird immer stolzer werden, immer überzeugter, daß er richtig meditiert, und die wahren Qualitäten der Meditation können sich niemals entwickeln.

Meditation und die drei Zeiten

Jeder, der zu meditieren versucht, erkennt bald, daß der Geist ständig aktiv und keineswegs unbewegt ist. Unablässig tauchen die verschiedensten Gedanken auf, und wir lassen uns von ihnen davontragen. All dieses Denken beruht auf unserem Festhalten und Anhaften. Taucht zum Beispiel ein Gedanke über die Vergangenheit auf, greifen wir danach und spinnen ihn aus: »Dies und jenes habe ich damals getan. Damals habe ich jene Arbeit gemacht, und alle haben gesagt, wie gut ich bin und wie toll ich das gemacht habe ...« Ein leichtes Gefühl von Stolz erscheint, welches durch unsere Gedanken, wie gut wir doch sind, verstärkt wird, und dies läßt uns an die Zukunft denken: »Damit dies auch in Zukunft so weitergeht, sollte ich dieses und jenes tun ...« Dies weckt Hoffnung auf Erfolg und Furcht vor Versagen, was jede Menge weiterer Überlegungen mit sich bringt. All diese Überlegungen geschehen in der Gegenwart, und diese wird so zu einem Feuerwerk von Gedanken: »In der Vergangenheit habe ich das getan, in der Zukunft werde ich jenes tun«, und immer so weiter. Dies erzeugt eine riesige Menge an Aufregung, Streß, Hoffnung und Furcht.

Es ist sehr wichtig, in der Meditation nicht ständig an Dinge zu denken, die wir in der näheren oder ferneren Vergangenheit getan haben. Wenn wir uns an einen Erfolg erinnern, fühlen wir uns zufrieden und glücklich, und unser Geist wird von Stolz und Selbstzufriedenheit getrübt. Erinnern wir uns jedoch an einen Mißerfolg, einen Verlust oder ein Versagen, dann werden wir deprimiert und verstricken uns in Trauer und Reue. Um in der Meditation nicht durch Gedanken dieser Art aufgewühlt zu sein, sollten wir uns sagen, daß die Vergangenheit aus und vorbei ist und daß es sinnlos ist, sie immer wieder durchzukauen. Wir lassen alles Vergangene los und kommen nicht wieder darauf zurück.

Ebenso sollten wir keine Zeit mit Zukunftsmalerei verschwenden, da es ein sinnloses Unterfangen ist, Geschehnisse vorhersehen und vorherbestimmen zu wollen. Wir nehmen uns vor, dieses oder jenes zu tun, wollen irgendwelche Ziele erreichen und wünschen, daß die Ereignisse einen bestimmten Verlauf nehmen. Solche Vorstellungen erzeugen Leid (Anspannung) in unserem Geist: Wenn wir uns einreden, daß wir es schon schaffen werden, den Lauf der Dinge nach unseren Wünschen zu gestalten, werden wir von Hoffnungen erfüllt. Und wenn wir daran zweifeln, daß sich die Dinge tatsächlich so einstellen werden, machen wir uns Sorgen und haben Befürchtungen.

Die Zukunft ist noch nicht eingetreten, sie ist leer (offen), und von daher ist alles möglich. Deshalb ist es ziemlich aussichtslos und unangebracht, sich abzumühen, Dinge in der nahen oder fernen Zukunft herbeiführen zu wollen. Wir können die Zukunft nicht einfach beeinflussen, indem wir jetzt über sie nachdenken. All diese Gedanken über Projekte und ehrgeizige Pläne, denen wir während der Meditation nachhängen, sind völlige Zeitverschwendung, da diese Gedanken nicht wirklich die Zukunft bestimmen werden. Die Umstände, die wir in der Zukunft erfahren werden, sind hauptsächlich von den Handlungen bestimmt, die wir in der Vergangenheit ausgeführt haben. Wenn wir bewußt und mit großer Anstrengung versuchen, den Verlauf von Ereignissen zu bestimmen und gewisse Umstände herbeizuführen, dann werden wir uns schließlich eingestehen, daß wir die Geschehnisse kaum beeinflussen können. Ob und wie eine Situation eintritt, hängt nicht nur von unseren Absichten ab, sondern hauptsächlich davon, was wir und die anderen an der Situation Beteiligten in der Vergangenheit getan haben.

Genauso ist es wichtig, nicht an Eindrücken und Gedanken der Gegenwart in der irrigen Annahme zu haften, daß sie wirklich und dauerhaft wären, denn auch dies wühlt den Geist auf. Was ist der gegenwärtige Moment? Er ist die nicht faßbare Grenze zwischen Vergangenheit und Zukunft. Er ist nichts Greifbares. Dieses »Jetzt« ist schwierig zu definieren. Es ist nicht mit Vorstellungen über Zukunft oder Vergangenheit gefüllt. Es ist einfach, wie es ist.

Beim Meditieren wenden wir uns weder Erinnerungen zu, noch stellen wir Überlegungen für die Zukunft an. Wir belassen den Geist im gegenwärtigen Moment, in dieser Gegenwart, die der Vergangenheit folgt und der Zukunft vorausgeht. Dieser Moment kann nicht vom Geist erfaßt werden und läßt sich nicht beschreiben. Er ist das Gewahrsein der direkten Erfahrung der Gegenwart.

Wir sprechen von drei Zeiten – Vergangenheit, Gegenwart und Zukunft – als Ausdruck unserer Einsicht, daß nichts bleibt, sondern daß alles von Vergänglichkeit gekennzeichnet ist. Alles erscheint im Geist und ist Projektion dieses Geistes. Und der Geist ist in einem Prozeß ständiger Veränderung und Bewegung. Daher ist es völlig natürlich, daß auch alle Situationen, all diese Projektionen des Geistes, sich ständig verändern und vergänglich sind. Wir brauchen nur auf unsere Uhr zu schauen, um zu sehen, wie die Zeit ständig fortschreitet. Obwohl wir dies intellektuell verstehen, neigen wir dennoch zum Festhalten. In unserem Versuch, Situationen aufzuhalten oder ihre Veränderung zu verhindern, reagieren wir ständig. Dieser Wunsch, den Gang der Dinge aufzuhalten, läßt uns leiden. Wenn wir die Vergänglichkeit wirklich als unvermeidbar akzeptieren, gibt es keinen Grund mehr zu leiden. Wird Vergänglichkeit gelebt und innerlich tief verstanden, dann hilft sie uns, die Dimension des gegenwärtigen Augenblicks zu erkennen.

Wenn der Geist nichts projizieren würde, gäbe es dann die drei Zeiten – Vergangenheit, Gegenwart und Zukunft? Jeder kann selbst sehen, daß in einem solchen Fall die drei Zeiten als solche nicht wahrgenommen werden könnten. Sie sind ein bloßer Eindruck von Zeit, der von Projektionen des Geistes hervorgerufen wird. Um dies zu erfahren, müssen wir während der Meditation immer wieder direkt in den Geist hineinschauen, bis Gewißheit entsteht, daß das eben Beschriebene tatsächlich wahr ist. Worte und intellektuelles Verständnis sind für eine echte Verwirklichung der Natur des Geistes unzureichend.

Gedanken

Meditation bedeutet nicht, keine Gedanken zu haben.
Es geht darum, nicht an den Gedanken zu haften.

Beim Meditieren versuchen viele, einen Zustand von persönlichem Frieden und Freude zu erlangen, und bemühen sich, jegliche gedankliche Bewegung im Geist zu unterbinden. Sie denken, daß Gedanken von außen kommen, und versuchen, sie von innen her abzuwehren. Dies führt nur zu Anspannung von Körper und Geist, die ihrerseits wieder eingesetzt wird, um die Gedanken weiter zu unterdrücken. Zunächst wird der Geist tatsächlich ein wenig ruhiger, da Unterdrückung den Fluß der Gedanken einschränken kann. Mit wirklicher Meditation hat diese Erfahrung aber nichts zu tun. Kaum daß sie auftritt, haften wir an ihr. Wir denken: »Das ist gut, das muß bedeuten, daß die Meditation funktioniert«, und bemühen uns, diesen Zustand um jeden Preis aufrechtzuerhalten, was Besorgnis und Streß hervorruft: Je mehr wir uns anstrengen, desto aufgewühlter wird unser Geist. Der Versuch, die Meditation zu kontrollieren, verdirbt sie völlig, und sie wird zur Quelle von großem Leid.

Es ist so, als würden wir glücklich und zufrieden in einem Haus sitzen. Dann aber sehen wir draußen jemanden vorbeigehen und nehmen plötzlich grundlos an, daß diese Person hereinkommen und uns stören wird. Um dies zu verhindern, springen wir eiligst auf, um alle Fenster und Türen zu verriegeln. Die gleiche Einstellung haben wir während der Meditation gegenüber Gedanken: Kaum taucht einer auf, wollen wir ihm den Zugang verwehren, ihn hinauswerfen und loswerden.

Die Suche nach Ruhe, Frieden und Behaglichkeit ist keine wahre Meditation. Sie ist lediglich Ausdruck von Unwissenheit, denn in diesem bewegungslosen Frieden gibt es keine Dringlichkeit, positive Handlungen auszuführen und negative zu vermeiden – man endet in einer Art Stumpfsinn und vergeudet seine Zeit. Wäre der ideale Meditierende jemand, dessen Geist sich überhaupt nicht bewegt, könnte man sagen, daß Erde, Steine und dergleichen in perfekter Meditation verweilten, und konsequenterweise müßte man zu dem Schluß kommen, daß Menschen nicht in der Lage sind zu meditieren, denn ihr Geist ist stets von Gedanken angefüllt.

Solange wir Gedanken haben, werden wir in der Lage sein zu meditieren. Es ist unmöglich zu meditieren, wenn wir keinerlei Gedanken haben. Gedankenaktivität als etwas Schlechtes zu betrachten führt nur zu Schwierigkeiten in der Meditation. Wahre Meditation besteht nicht darin, Gedanken loszuwerden, sondern Gedanken ungehindert erscheinen und natürlich wieder gehen zu lassen, ohne an irgendeinem von ihnen festzuhalten und davongetragen zu werden. Dies ist der Schlüssel zum Nicht-Denken.

Wenn wir von »Nicht-Denken« sprechen,
ist ein Zustand gemeint, in dem Gedanken erscheinen,
ohne daß wir aber an ihnen hängen –
wodurch kein »Denken« im gewöhnlichen Sinne des Wortes
entsteht.

Laut Meister Gampopa waren zu seiner Zeit viele Meditierende der Ansicht, Gedanken seien ein Makel, den man loswerden müßte. Deshalb unterdrückten sie jegliche geistige Bewegung und konzentrierten ihren Geist so sehr, daß sie schließlich in einen Zustand ohne Bewußtsein fielen, ähnlich dem einer Ohnmacht. Das ist die falsche Art zu meditieren. Der Meditierende sollte einfach, sobald ein Gedanke erscheint, auf dessen Essenz schauen und nicht versuchen, die Bewegung der Gedanken zu unterdrücken.

Wir müssen Gedanken als Freunde unserer Meditation
betrachten und nicht als Feinde,
denn Gedanken sind die schöpferische Energie,
der natürliche Ausdruck des Geistes.
Je mehr Gedanken, desto mehr Meditation:
Genauso wie wir mit viel Feuerholz ein großes Feuer
entzünden können,
so können wir mit vielen Gedanken um so mehr meditieren.

Manchmal haben wir beim Meditieren den Eindruck, daß mehr Gedanken im Geist sind als gewöhnlich. Tatsächlich ist dies nicht der Fall. Durch die Meditation haben wir lediglich mehr Achtsamkeit entwickelt und nehmen die Bewegungen im Geist klarer wahr. In unserem gewöhnlichen Zustand außerhalb der Meditation ist der Geist wie benebelt und sich des Flusses der Gedanken überhaupt nicht bewußt. Deshalb ist der Eindruck, beim Meditieren viele Gedanken zu haben, kein Fehler, sondern ein gutes Zeichen.

Woher kommen die Gedanken?

Gedanken erscheinen aufgrund von Tendenzen, die latent im Geist vorhanden sind. Diese Tendenzen beruhen ihrerseits auf Anhaften. Dieses ist die Ursache von allem, was sich in unserem Geist zeigt. Wenn wir den Strom der Gedanken aufmerksam beobachten, können wir sehen, wie – ohne daß wir eine Kontrolle darüber haben – ein Gedanke nach dem anderen auftaucht. Sie erscheinen unvermittelt, wie von selbst, auch ohne daß wir etwas Bestimmtes denken wollten. All diese Gedanken entstehen unter dem Einfluß unserer vergangenen Handlungen. Nicht wir entscheiden, welche Gedanken auftauchen, sondern unser Karma, unsere karmischen Tendenzen.

Warum hören die Gedanken nicht auf?

Die Gedankenketten finden kein Ende, weil wir glauben, daß äußere Objekte eine eigenständige, von uns getrennte Existenz besäßen. Wir erzeugen die Vorstellung eines Objekts und halten daran fest – und dies hält uns gefangen. Wir schaffen zwischen uns und dem Objekt, von dem wir denken, daß es existiere, eine Verbindung, die uns wie ein Strick daran bindet und uns unter seinen Einfluß bringt. Die Fixierung auf das Objekt führt zu einer Abhängigkeit, die zu starken emotionalen Schwankungen und noch viel mehr Gedanken führt.

*Wenn wir lernen, den Geist zu entspannen,
durchtrennen wir den Strick, der uns ans Objekt bindet.*

Dadurch finden wir wohltuende Ruhe, in welcher der Geist nicht länger von allen möglichen Vorstellungen in bezug auf Objekte unseres Anhaftens aufgewühlt ist.

Für gewöhnlich glauben wir, daß die äußeren Objekte unsere Gedanken und Gefühle hervorrufen. Doch diese werden nicht vom Kontakt mit äußeren Objekten ausgelöst, sondern kommen aus dem Inneren. Die Gedanken und Gefühle projizieren die Objekte ins vermeintliche Außen. Diese Gedanken kreisen um den Wunsch, weltliche Anliegen zu befriedigen: Glück zu erlangen und Leid zu vermeiden. Sie kommen von unserem Anhaften an das Fortbestehen dieses Lebens – von unserem mangelnden Gewahrsein des Todes und der Vergänglichkeit.

Solange wir nicht sehen, was wirklich in unserem Geist geschieht, sind wir überzeugt, daß all die Unruhe in uns von anderen hervorgerufen wird. Wir meinen, es sei ihretwegen, daß unser Geist von Stolz, Ärger und so weiter aufgewühlt wird. Haben wir jedoch verstanden, daß alle diese Emotionen von innen kommen und nicht auf äußeren Ursachen beruhen, hören wir auf, anderen die Schuld an unserem Aufgewühltsein zu geben, und unser Geist wird nicht mehr von diesen emotionalen Reaktionen geschüttelt. Aufgewühltsein entsteht, weil wir jedesmal, wenn ein Gedanke auftaucht, diesen ergreifen und, je nachdem wie er uns gefällt, sagen: »Der ist gut« oder »Der ist schlecht«.

*Wenn wir an nichts haften, erscheinen dann weiterhin Gedanken?
Kann der Geist noch aufgewühlt sein, wenn er nach
überhaupt nichts greift?*

Gibt es keine Anhaftung, dann erscheinen zwar immer noch Gedanken, aber »frei von Merkmalen« – das heißt sie werden nicht als gut oder schlecht bewertet, um entweder angenommen oder abgelehnt zu werden, und werden nicht von einem Subjekt festgehalten. Es gibt dann nur unaufhörliche Bewegung, das ungehinderte schöpferische Spiel des Geistes. Der Akt des Ergreifens ist eine geistige Handlung, die dieses spontane Spiel verhindert.

Was ist Denken?

Was wir als Denken bezeichnen – wir könnten es auch einen »Prozeß verwirrter dualistischer Wahrnehmung« nennen –, beinhaltet all das, was im Anschluß an eine geistige Bewegung geschieht: Ein Gedanke taucht auf, und wir heften sofort eine ganze Reihe von weiteren Gedanken an diesen Augenblick der Bewegung im Geist – Gedanken über die Vergangenheit, Gegenwart oder Zukunft – und erzeugen so Ablehnung, Festhalten, Spannung und so weiter. Gedanken sind Bewegung im Geist, und Denken ist ein auf Anhaften beruhender Strom von Reaktionen auf diese spontanen geistigen Bewegungen. In diesem Ergreifen oder Ablehnen einzelner Gedanken haften wir auch am jeweils darauffolgenden Gedanken oder lehnen ihn ab, und so geht es immer weiter. Dies erzeugt Wirbel in unserem Geist und stört das ungehinderte Erscheinen geistiger Bewegungen.

Geistige Ruhe und Gedanken

Sind die geistigen Wirbel stark, so deshalb, weil viel Anhaften da ist. Wenn wir unser Haften an Gedanken loslassen, wird die Bewegung der Gedanken sich ganz natürlich beruhigen, denn der Geist wird sich keinem Objekt des Anhaftens zuwenden. Gedanken erscheinen zwar weiterhin, aber die auf sie folgenden Gedankenketten treten nicht mehr auf. Es gibt eine Bewegung im Geist, und diese verschwindet wieder. Der Geist nimmt die Bewegung wahr, und das ist alles. Die Bewegung läuft ungehindert ab, weil nicht in sie eingegriffen wird.

Wenn wir einen Geisteszustand frei von Anhaften kultivieren, in dem wir uns auf nichts versteifen oder beschränken, dann entspannen wir vollkommen, und es gibt keinen Grund für das Erscheinen von Gedankenketten im Geist. Die Gedanken werden unwichtig, denn es gibt keine Kraft, die sie länger verweilen ließe, und sie lösen sich ganz natürlich in den Geist auf. Wir projizieren kein Objekt, über das wir nachdenken müßten oder das uns etwas angehen würde. Wenn uns dies gelingt, wird sich innere Ruhe von selbst einstellen, ohne daß wir sie uns aufzwingen müssen. Dies ist die beste Art, die Meditation wahrer geistiger Ruhe zu entwickeln. Der Geist ist ruhig, weil die Emotionen, die Reaktionen auf Gedanken, beliebig kommen und gehen können, ohne daß wir an einer einzigen hängen würden. Emotionale Bewegtheit kommt auf diese Weise ganz natürlich zur Ruhe, und wir erfahren tiefe, freudige Gelassenheit.

Intuitive Einsicht und Gedanken

Wenn ein Gedanke auftaucht, sollten wir ihn als Erscheinung des Geistes erkennen und sehen, daß Geist und Gedanke ununterscheidbar sind. Solange wir Gedanken für wirkliche Dinge halten, die eine vom Geist unabhängige Realität besitzen, werden wir ihnen folgen, abgelenkt werden und Leid erfahren. Wenn wir aber erkennen, daß sie unwirklich sind und nicht vom Geist getrennt existieren, dann werden wir sehen, daß die Natur der Gedanken der Geist selbst ist, und wir werden nicht mehr von ihnen abgelenkt werden. Dies zu erkennen ist Weisheit und führt zu Glück und der Freiheit von Leid und allen Begrenzungen.

> *Wir müssen das Auftauchen vieler Gedanken nutzen,*
> *indem wir sie jedesmal als Gelegenheit betrachten,*
> *die Natur unseres Geistes zu sehen.*

Immer dann, wenn uns ichbezogene Interessen und Wünsche bestimmen, werden wir Gedanken entweder ergreifen oder ablehnen. Ihre wahre Natur können wir nur sehen, wenn wir von Moment zu Moment aufmerksam gewahr sind, was im Geist geschieht. Wir sehen den Gedanken, sehen seine Natur, und er löst sich auf. Gedanken über die Vergangenheit beschäftigen uns dann genausowenig wie Wünsche und Ängste in bezug auf die Zukunft. Wir sind einfach da, im Jetzt, im gegenwärtigen Augenblick, und sehen die Natur von dem, was erscheint, ohne in gut oder schlecht zu unterscheiden.

Wir sehen dann, daß der Gedanke keine Farbe oder Form besitzt – nichts, was seine Existenz bestätigen würde. Er ist belanglos, lediglich eine Vorstellung in unserem verwirrten Geist. Wenn wir so die Natur eines Gedankens untersuchen, findet der Geist Eingang in seine wahre Natur: Leerheit ohne Ende, wie der Himmelsraum. Auf diese Weise enthüllt sich die Natur eines jeden Gedankens von selbst als der *dharmakaya*, der Körper letztendlicher Wahrheit. Von daher wäre es widersinnig, Gedanken zu unterdrücken oder abzulehnen, denn jedesmal, wenn wir die Natur eines Gedankens sehen, sehen wir die Natur des Geistes, den Wahrheitskörper. Die kommenden und gehenden Gedanken sind in ihrem wahren Wesen das Spiel letztendlicher Wahrheit und so unwirklich wie die Offenheit des Raumes.

Wir könnten fragen: »*Wer ist es, der die Unwirklichkeit der Gedanken erkennt?*« Doch wenn wir denjenigen betrachten, der die Natur des Gedankens erkennt, werden wir wiederum weder Form noch Farbe und so weiter entdecken und werden dadurch in der Lage sein zu sehen, daß da kein Ich, kein Subjekt ist, das diese Erkenntnis hat. Zu sehen, daß nichts zu sehen ist, ist das Sehen der Natur des Geistes. Die Natur eines jeden Gedankens ist der *dharmakaya*, der Wahrheitskörper. Viele Gedanken bedeuten also viel *dharmakaya*. Haben wir aber nur einen Gedanken, so haben wir nur ein bißchen *dharmakaya*. Es ist also besser, viele Gedanken zu haben.

Jene, die mit wachem Gewahrsein meditieren, werden sich von den Ketten, die den Geist fesseln, befreien können, indem sie unmittelbar die Natur der Gedanken betrachten. Die Gedanken sind für so einen Praktizierenden etwas überaus Positives, denn sie öffnen die Tür zum *dharmakaya*. Sie sind wie der Lama, denn sie zeigen uns die Wirklichkeit.

Wie Wolken am Himmel

Gewahr, daß Gedanken keine eigenständige Natur besitzen, lassen wir sie auftauchen und sich wieder auflösen. Sie sind wie die Wolken am Himmel: ohne Ursprung und ohne Ziel. Wolken kommen nicht von einem bestimmten Ort, noch gehen sie an einen bestimmten Ort – sie bestehen nicht auf dauerhafte Weise. Alles, was im Geist erscheint, ist einfach Erscheinung des Geistes. Gedanken haben letztendlich keine Wirklichkeit, keinerlei bleibende Substanz, ähnlich den Wolken am Himmel. Wolken sind das Produkt der Verdunstung am Boden, sie verändern sich ständig und unterliegen der Vergänglichkeit, bis sie schließlich verschwunden sind. Gedanken sind genauso. Wenn wir nicht an ihnen hängen, werden sie so wie Wolken verschwinden, und wir werden sie als das natürliche Spiel des Geistes erkennen. Alle Verwirrung in bezug auf ihre vermeintliche Wirklichkeit löst sich auf, und wir öffnen uns für die Erfahrung spontaner Leichtigkeit.

Wie Meereswogen

Gedanken sind eine natürliche Bewegung, ähnlich den Wogen eines Ozeans. Jede Welle hat ihre eigene Größe und Form, aber das Wasser der einzelnen Wellen ist das gleiche wie das des Ozeans selbst. Wir können die Wellen nicht vom Ozean trennen. Wenn wir an den Vorstellungen von »Welle« und »Ozean« als etwas Getrenntem haften, fallen wir in ein gedankliches Unterscheiden, das nicht länger mit der Wirklichkeit übereinstimmt.

Ob der Geist nun ruhig oder von vielen Gedanken aufgewühlt ist, er ist immer Geist. Wenn im Geist ein Gedanke erscheint, so sind das Bewußtsein hinsichtlich seines Erscheinens, der Gedanke selbst und der ruhige Geist, in dem er aufsteigt, alle drei untrennbar. Es gibt also keinen Unterschied zwischen Geist und Gedanken. Es macht keinen Sinn, einen ruhigen Geist als gut und einen aufgewühlten Geist als schlecht zu bezeichnen. Das ist ein Fehler. Wenn er uns passiert, sollten wir die Vorstellung von »gut« oder »schlecht« direkt anschauen und sehen, daß sie keinerlei eigenständige Existenz besitzt. Diese Vorstellung ist auch nur ein Gedanke, eine Projektion des Geistes. Gedanken sind wie Wellen auf der Oberfläche eines Ozeans: Sie mögen individuelle Formen haben, sind aber doch nur Wellen, Wasserprojektionen des Ozeans, und so ist es nicht nötig, sie zu bewerten.

In gleicher Weise sind Gedanken als Projektionen des Geistes gleichermaßen Geist, weshalb es keinen Grund gibt, sie in »gute« und »schlechte« Gedanken einzuteilen. Wir sollten einfach ihre wahre Natur betrachten, die Tatsache, daß sie dieselbe Natur wie der Geist haben.

Das Nichtsehen von irgend etwas

Normalerweise gibt es einen Beobachter und seine Gedanken. Dies nennen wir Dualität: ein Subjekt, das wahrnimmt, und ein Objekt, das wahrgenommen wird. Doch solange es jemanden gibt, der etwas anderes sieht, handelt es sich nicht um das wirkliche Sehen der wahren Natur des Gedanken. Wir haben zwar den Eindruck, etwas zu sehen, aber in Wirklichkeit sehen wir nichts. Solange jemand etwas sieht oder versteht, ist Dualität am Werk. Wenn der Geist sich selbst sieht, so gibt es keinen Akt des Sehens mehr, denn da ist niemand, der etwas sieht. Dieser Akt des Nichtsehens ist das wahre Sehen: Wir verstehen, daß es keine Dualität gibt, keine Trennung zwischen Beobachter und wahrgenommenem Gedanken. Niemand sieht irgend etwas, und in diesem Nichtsehen geschieht das Sehen. Dies ist das königliche Sehen.

Meditieren jenseits von Hoffnung und Furcht

Wir sollten es vermeiden, unsere Meditation zu kommentieren: »So sollte es sein, jetzt ist der Geist ruhig!« oder im entgegengesetzten Fall: »Wie furchtbar, der Geist ist so aufgewühlt!« Beide Arten von Bewertungen behindern die Meditation: Entweder versuchen wir, einen für positiv gehaltenen Zustand aufrechtzuerhalten (Hoffnung), oder wir versuchen, einen negativ eingestuften Zustand zu beenden (Furcht). Dieses Beurteilen und das darauffolgende Reagieren führen zu einer künstlichen Meditation. Einen ruhigen Geist für gute Meditation zu halten wird zu Stolz führen: Wir denken, daß wir alles richtig machen und große Meditierende sind. Dieser Stolz und die Anstrengungen, die wir seinetwegen in der Hoffnung unternehmen, bestimmte Meditationszustände zu erreichen, werden mehr und mehr zu Hindernissen für unsere Meditation. Auch wenn uns das Meditieren schwerfällt, entwickeln wir eine Art von Stolz: Wir meinen, Meditieren sei zu schwierig für uns, und diese Identifikation mit Schwierigkeiten blockiert den Geist und wühlt ihn auf. Der Geist gerät völlig unter den störenden Einfluß dieser Einstellung, und geistiges Leid ist die Folge.

Wenn wir den Geist in seiner eigenen Klarheit und Strahlkraft ruhen lassen, ohne die Bewegung der Gedanken im geringsten zu behindern, erkennen wir, daß er jenseits von Geburt und Tod ist: Er ist nicht geboren, ist unendlich und auf perfekte Weise spontan. Es gibt also überhaupt keinen Grund für Hoffnung und Furcht, wir sollten den Geist so lassen, wie er ist, auf seine eigene spontane Weise, ohne zu haften.

Wenn Meditationserfahrungen auftauchen,
schaue direkt auf denjenigen, der diese Erfahrung macht,
statt auf die Erfahrung zu reagieren.

Immer wenn bewertende Gedanken, seien sie Auslöser von Hoffnung oder von Furcht, während der Meditation erscheinen, lenken wir die Aufmerksamkeit auf denjenigen, der bewertet. Dies ist das Gegenmittel, welches jegliche Form auftauchender Anhaftung durchtrennt. Im Erkennen, daß da kein Denker ist, sind wir vom Gedanken befreit. Der Moment, in dem wir erkennen, daß der bewertende Beobachter nicht wirklich existiert, ist der Moment der Verwirklichung. Nach einem kleinen Umweg über Hoffnung oder Furcht kehren wir so schließlich zur eigentlichen Meditation zurück. Auf diese Weise arbeiten wir mit allem, was im Geist erscheint, ohne in Hoffnung oder Furcht zu verfallen, das heißt, ohne danach zu greifen oder es abzulehnen.

Wenn wir die Dinge klar betrachten, werden wir erkennen, daß da nichts und niemand ist, daß all dies schlicht und einfach trügerische Erscheinungen sind. Wir verstehen, daß der Geist, der die Meditation kommentiert, keinerlei Eigennatur besitzt.

Dieses direkte Schauen ist also nicht nur ein Gegenmittel für Hoffnung und Furcht, sondern auch ein Mittel, für einen Moment die Natur des Geistes zu erblicken. Mit diesem Verständnis werden die vielen auftauchenden Erfahrungen unsere Meditation nicht mehr beeinflussen, denn wir öffnen uns der Sphäre der Nichtdualität von meditierendem Geist und Meditation.

Eine Übersicht des Weges

Der Weg der Meditation[2] hat zwei Phasen: geistige Ruhe (Tibetisch: *shinä*, Sanskrit: *shamatha*) sowie intuitive Einsicht (Tibetisch: *lhaktong*, Sanskrit: *vipashyana*). In der Phase geistiger Ruhe lassen wir zunächst Körper und Geist zur Ruhe kommen. Dann gilt es, die entstehende Stabilität auszuweiten, bis wir in die Phase der Einsichtsmeditation eintreten.

Zunächst lernen wir, unseren Geist in einem Zustand der Meditation zu halten. Dazu nehmen wir mit unserem Körper die richtige Sitzhaltung ein und entwickeln die richtige geistige Einstellung. Wir können unserem Geist helfen, ruhig zu bleiben, indem wir ihm einen Bezugspunkt geben. Als Bezugspunkte für den Geist können gewöhnliche oder besondere Objekte benutzt werden.[3]

Wir lassen unseren Geist auf dem Objekt ruhen und praktizieren, bis sich die drei Erfahrungen von Freude, Klarheit und Nicht-Denken einstellen. Sobald wir darin etwas geübt sind, können wir auch ohne jeglichen Bezugspunkt meditieren.

Nicht-Denken: Mit fortschreitender Praxis kommt der Geist allmählich in einer Erfahrung von tiefer Entspannung zur Ruhe, in der sich die äußere Welt – die Welt unserer Projektionen – aufzulösen beginnt. Das ist die Erfahrung (aber noch nicht Verwirklichung) von Leerheit. Darin können wir so lange verweilen, wie Körper und Geist tief entspannt und unabgelenkt bleiben.

Freude: Das Sich-Wohlfühlen in Körper und Geist ist die zweite Qualität der Meditation. Zu der Erfahrung der Leerheit kommt nun die Erfahrung der Freude hinzu.

Klarheit: Schließlich stellt sich auch die dritte Qualität der Meditation ein, eine Erfahrung von großer Klarheit, enormer Präzision und ungehinderter Dynamik.

Unser Geist vertieft sich vollständig in diese drei Erfahrungen und erfährt einen tiefen Zustand geistiger Ruhe. Dabei haben wir nicht den Eindruck, daß unsere Meditation aufgrund von Absicht entsteht, sondern daß sie sich ganz natürlich, ohne Anstrengung einstellt. Dies ist ein Zeichen, daß man sich in tiefer meditativer Sammlung befindet – so tief, daß sie sich von alleine fortsetzt. *Shiné/shamatha*-Praxis ist Vertiefung in diese drei Erfahrungen von Freude, Klarheit und Nicht-Denken, die aus tiefer geistiger Ruhe erwachsen. Dabei werden drei aufeinanderfolgende Stufen unterschieden:

Wie ein Wasserfall: Zunächst werden wir dieses Spieles von Vorstellungen und Gedanken gewahr, die erscheinen und sich wieder auflösen. In diesem Zustand ist das Haften an Gedanken bereits geringer, doch der Geist ist noch nicht zur Ruhe gekommen, sondern immer noch aufgewühlt.

Wie ein Strom: Mit dem Vertiefen der Praxis werden jedoch selbst die subtilen gedanklichen Bewegungen ausklingen und fast ganz verschwinden. Wir gelangen dadurch zu einer Erfahrung von tiefer Ruhe. In dieser Stabilität, in der es nur wenig gedankliche Bewegung gibt, kann der Geist sich selbst sehen.

Wie der ruhige Ozean: Schließlich kommt der Geist auf natürliche Weise völlig zur Ruhe und verweilt ohne jegliche gedankliche Bewegung.[4)] Dabei handelt es sich jedoch nicht etwa um den bewußtlosen Zustand eines Tisches, sondern um einen ruhigen Geisteszustand voller Bewußtsein. Der Geist ist seiner selbst gewahr. Dieses Selbstgewahrsein kann jedoch nur durch Meditation erfahren werden.

Unterweisungen helfen uns, eine richtige Sichtweise zu entwickeln, was diese Erfahrungen sein könnten, aber dann müssen wir diese korrekte Sicht in die Praxis umsetzen und selbst die Erfahrungen machen. Wir dürfen das Auftreten dieser Erfahrungen jedoch nicht als Ziel der Meditation mißverstehen, denn diese müssen wieder aufgelöst werden, um in die nächste Phase der

Meditation hineinzufinden und wirkliche Erkenntnis hervorzubringen.

Die Erfahrungen geistiger Ruhe dienen als Grundlage für das Entstehen von intuitiver Einsicht (*lhaktong/vipashyana*), der zweiten Phase der Meditation, in der wir zum ersten Mal der Natur unseres Geistes begegnen. Hierbei lassen wir Körper und Geist wie zuvor in Meditation ruhen, wodurch die Klarheit allmählich zunehmen wird. Das immer klarer, transparenter und bewußter werdende Gewahrsein löst sich mehr und mehr von den auftauchenden Erfahrungen und Wahrnehmungen und führt den Geist in einen gesammelten Zustand spontaner Nichtzweiheit frei von jeglicher Verunreinigung durch dualistische Muster. Das ursprüngliche Gewahrsein erscheint. Jetzt gibt es beim Meditierenden keinerlei Wahrnehmung von im Geist erscheinender Klarheit mehr. Die Meditation vollzieht sich jenseits der Dualität. Das ist wahre Verwirklichung, der Zustand jenseits aller Erfahrungen wie Freude, Klarheit oder Nicht-Denken.

Doch wir müssen noch weitergehen, um *mahamudra* (wörtlich: das »Große Siegel«, die umfassende Erkenntnis der Natur des Geistes) zu verwirklichen: Alle Erscheinungen – das heißt die Welt, die wir für gewöhnlich als außerhalb von uns selbst betrachten, und alle die in ihr lebenden Wesen – haben keinerlei tatsächliche, ihnen innewohnende Wirklichkeit. Sie sind nicht beständig. Obwohl Erscheinungen in vielfältigsten Formen auftauchen, sind sie ihrem Wesen nach Geist. Alles Erscheinende ist lediglich das Sich-Manifestieren der Projektionen unseres eigenen Geistes. An diesem Punkt in unserer Entwicklung erkennen wir, daß das Universum und die Natur unseres Geistes nicht voneinander getrennt werden können. Diese Verwirklichung nennen wir die *Verwirklichung des Einen Geschmackes.*

Zu Beginn dieser Phase ist der Meditierende aber noch mit einem kleinen Kind vergleichbar, das zwar alle Gliedmaßen eines Erwachsenen besitzt, aber kaum in der Lage ist, etwas mit ihnen anzufangen. Er ist noch kaum in der Lage, seine Einsicht anzuwenden. Indem er jedoch die Qualitäten der Meditation weiterentwickelt, wird er allmählich fähig, umfassendere Aktivität zu entfalten und die Verwirklichung der Natur des Geistes in Handlungen umzusetzen.

Verwirklichung passiert nicht zufällig. Sie ist die Frucht des Segens des Lamas, der uns die Natur des Geistes zeigt. Sie ist auch das Ergebnis unseres Vertrauens in seine Unterweisungen und der Anstrengungen, die wir in unserer Praxis unternommen haben. Wenn diese drei – Segen, Vertrauen und Anstrengung – vorhanden sind, wird unser Weg direkt und unfehlbar zu dieser Verwirklichung führen.

Anmerkungen (der Übersetzer)

1) Die vorliegenden Unterweisungen gab Gendün Rinpoche öffentlich, größtenteils in Dhagpo Kagyü Ling, Frankreich. Sie wurden von Lama Anila Rinchen ins Englische übersetzt und thematisch zusammengestellt. Für die deutsche Ausgabe wurden sie vom Karmapa Übersetzungskomitee inhaltlich etwas gekürzt.

2) Rinpoche baut in diesem wie auch in anderen Abschnitten auf den Erläuterungen des Neunten Karmapa im zweiten Band von *Mahamudra – Ozean des wahren Sinnes* auf.

3) Gewöhnliche Objekte sind zum Beispiel ein Stein, ein Reiskorn, der Atem und so weiter, während besondere Objekte zum Beispiel eine Buddhastatue oder die Visualisierung eines Buddha sind.

4) Hier handelt es sich um eine zeitweilige Abwesenheit von Gedanken mit Ausnahme eines ganz feinen Beobachters, der allerdings keine Kommentare abgibt. Dies ist eine Folge des Nicht-Denkens im Sinne von Nicht-Reagieren auf auftauchende Gedanken, ist aber in sich kein Ziel der Meditation.

Ayya Khema
Weg zur Ruhe – Die meditativen Vertiefungen

Ayya Khema kam 1923 in Berlin als Kind jüdischer Eltern zur Welt. Sie floh 1938 vor den Nationalsozialisten zunächst nach Schottland und kam dann nach Schanghai. Die spätere Nonne der Theravada-Tradition gründete ein Kloster in Australien und eine Nonneninsel in Sri Lanka. 1989 kehrte sie als spirituelle Leiterin des Buddha-Hauses nach Deutschland zurück. Die international bekannte Meditationslehrerin, die neben der Metta-Meditation besonders die meditativen Vertiefungen lehrte, veröffentlichte eine Vielzahl von Büchern in englischer und deutscher Sprache. Sie verließ ihren Körper am 2.11.1997.

Wie schon Geshe Thubten Ngawang aus der Sicht des tibetischen Buddhismus, befaßt sich Ayya Khema mit der Stille, die in der Meditation entsteht. Sie gibt uns einen Überblick über die acht Stufen der Sammlung (Pali: jhana; Sanskrit: dhyana), wie sie die Theravada-Tradition kennt. Die Autorin macht uns mit den verschiedenen Geistesfaktoren der jeweiligen Bewußtseinsebenen bekannt, die immer feiner werden und unser Normalbewußtsein schließlich völlig transzendieren.

Besonderes Augenmerk legt sie auf die Tatsache, daß wir alle Glück und Zufriedenheit in uns selbst finden und so von den flüchtigen Freuden der sinnlichen Welt unabhängiger werden können. Ein wacher und konzentrierter Geist ist ein glücklicher Geist. Wirklicher Friede entsteht durch die Läuterung des Gemütes. Die Praxis der Vertiefungen führt sehr weit, aber nicht völlig an das Ende des

Pfades zum Absoluten, Nicht-Bedingten, wie Ayya Khema betont. Denn die Vertiefungen sind wie alle Phänomene bedingt und deshalb vergänglich. Aber sie können unseren Geist sehr gut auf die letzte Wahrheit vorbereiten.

Es ist erstaunlich, wie viele Meditierende in der Lage sind, unter richtiger Anleitung die meditativen *Vertiefungen* (Pali: *jhana*) zu praktizieren. Und es ist auch erstaunlich, wie wenig diese Anleitung gegeben wird. Der Buddha hat die *jhana* immer wieder in seinen Lehrreden erwähnt, aber nur ganz minimale Anleitungen gegeben. Ich kann mir das nur so erklären, daß sie zu seiner Zeit in Indien eine übliche Meditationspraxis waren. Er hat aber entscheidende Punkte korrigiert und *Klarblick* als Neuerung in das spirituelle Leben gebracht. Der Weg zu Klarblick muß nicht über die meditativen Vertiefungen führen, sollte es aber. Erstens sind sie leichter zu erlangen, als es sich anhören mag. Zweitens sind sie interessant genug, um dabei zu bleiben. Drittens sind sie der Weg, den Geist so auf Einsicht vorzubereiten, daß er sie nicht nur akzeptieren kann, sondern sich durch sie befreit fühlt.

Gewöhnlich bewegen wir uns mit unserem Denken, dem Sprechen und Handeln folgen, auf einer Bewußtseinsebene, die uns nicht wirklich zufriedenstellt, ob wir es wahrhaben wollen oder nicht. Sie ist auf das beschränkt, was wir mit unseren Sinnen erfassen können. Aus – mehr oder weniger bewußter – Unzufriedenheit versucht man, sich abzulenken, und sucht nach Neuem. Diese Unzufriedenheit kann sich auch als Krankheit bemerkbar machen, häufig als Depression, und das sogar bei Menschen, die keine Ahnung haben, wie unerfüllt sie durch das bleiben, das sie gewöhnlich erleben.

Es gibt einen Augenblick, in dem jeder gezwungen ist, diese Ebene zu verlassen: den Tod. Wir können aber die gewöhnliche Bewußtseinsebene noch zu Lebzeiten verlassen und Zufriedenheit finden. Das geschieht, wenn wir mittels wirklicher Konzentration von der »Methode« (zum Beispiel Atembetrachtung, Gehen, Achtsamkeit auf Gefühle, Liebende-Güte-Meditation) zur »Meditation« kommen. Keiner wird sich je mit Methoden zufriedengeben. Sie sind ja nichts weiter als ein Schlüssel. Wenn sich die Achtsamkeit zur Konzentration verdichtet hat und die Konzentration stark genug ist, auf dem Meditationsobjekt zu bleiben, kommt der erste Schritt einer wirklichen Meditation. Die Bewußtseinsebene ist dann bereits verändert.

Die vier feinkörperlichen Vertiefungen

Die ersten vier der meditativen Vertiefungen, die sukzessive immer subtiler werden, heißen *feinkörperliche Vertiefungen*, weil sie etwas mit unserer materiellen Welt zu tun haben und uns aus unserem gewöhnlichen Bewußtsein in einer gröberen Weise schon bekannt sind. Der Mensch mit seinem Geist und seinem Körper ist in der Lage, Freude, Zufriedenheit und sogar Frieden zu erleben. Die Bewußtseinsebenen in der Meditation sind jedoch viel stärker und auch subtiler, weil sie nur auf Geisteskonzentration beruhen und nicht auf äußeren Anlässen, die ja immer nur mit den Sinneskontakten zu tun haben.

Vertiefung bedeutet, daß der Geist nicht mehr an der Oberfläche bleibt beziehungsweise nach außen geht. Alles, was mit geistiger Tätigkeit zu tun hat, ist ein Nachaußengehen. Erst wenn diese geistige Aktivität aufhört, können wir unsere Bewußtseinsebene ändern. Jede Stufe ist eine logische Folge der vorangehenden. Der Geist hat gar keine andere Möglichkeit, als sie in dieser Sequenz zu erleben.

1) Angenehmes Körpergefühl

Die erste meditative Vertiefung heißt auf Pali *piti*, was mit *Verzückung* übersetzt wird und auch *Interesse* bedeutet. Hat sich der Geist genügend gesammelt, so daß er das Meditationsobjekt, also die Methode, nicht mehr braucht, kommt ein Gefühl hoch, das auf dem Körper basiert. Es ist ein nicht nur angenehmes, sondern meistens überwältigend angenehmes Körpergefühl. Obwohl uns ein Gefühl außerordentlichen Wohlbefindens nicht ganz fremd ist, ist *piti* doch ein erstaunliches Erlebnis, wenn es erst einmal in seiner Fülle erscheint.

Es ist nötig, in dem angenehmen Körpergefühl länger zu verweilen. Der Geist hat aber die Tendenz abzuschweifen. Daran können wir erkennen, wie unzuverlässig er ist. Sogar dort, wo es so angenehm und schön ist, bei etwas, was wir uns schon lange gewünscht haben, kann er nicht verweilen. Man muß ihm also zu Hilfe kommen, ihm sozusagen einen kleinen Schubs versetzen und ihn dazu bringen, sich auf *piti* niederzulassen. Er muß in dieses Wohlgefühl hineinfallen und sich mit ihm durchtränken, so daß man von ihm nicht mehr getrennt ist und im Moment des Erlebens auch nicht benennt, welche Art Gefühl es ist. Das kann man nachträglich tun. Denn in dem Moment, in dem der Geist redet, ist das Gefühl weg. Dann kommt es erneut und verschwindet wieder – ein Hin und Her, dem die Tiefe fehlt, solange man sich noch nicht ganz und gar hineingibt.

Hineingeben stellt für viele aber eine gewisse Anfangsschwierigkeit dar, weil sie Angst haben, die Kontrolle zu verlieren. Als ob man vorher Kontrolle gehabt hätte! Angst, die Kontrolle zu verlieren, ist die Angst davor, daß dem Ego für eine kleine Weile keine Bestätigung mehr zuteil wird. Sobald die Vertiefung zu Ende ist, ist es ohnehin in voller Blüte wieder da, aber selbst für kurze Zeit möchte es nicht ausgeschaltet werden. Diese Urangst verliert sich jedoch durch die Praxis der Meditation von selbst.

Im *Visuddhi-Magga* sind siebzehn Beschreibungen von *piti* zu finden; ich bin ganz sicher, es gibt noch mehr. Das Gefühl selber ist jedoch erheblich stärker, als sich in Worte fassen läßt. Es kann sich auf viele verschiedene Weisen äußern und braucht nicht jedesmal gleich zu sein. Es kann so stark sein, daß einem buchstäblich die Haare zu Berge stehen, es kann Wärme oder Vibrieren sein, ein Gefühl der Leichtigkeit, des Schwebens oder der Transparenz.

Wenn das angenehme Körpergefühl aufkommt, benötigt man weder den Atem noch den Körper als Achtsamkeitsobjekt. Meditationsobjekt ist dann das ausgesprochen angenehme Gefühl, ganz unabhängig vom Körper, durch den es entstanden ist. Es verteilt sich über den ganzen Körper. Man muß nun ungefähr zehn Minuten bei ihm verweilen. Das ist nötig, um der Konzentration die Möglichkeit zu geben, sich zu festigen. Der Atem ist inzwischen so fein geworden, daß manche glauben, ihn suchen zu müssen. Das ist ein Fehler. Da gibt es nichts zu suchen. Der Atem wird so fein, weil der Geist sich verfeinert hat.

Am Ende, wenn sich das Gefühl außerordentlichen Wohlbefindens verflüchtigt hat, entweder weil die Konzentration aufgehört hat oder weil die Meditationszeit um ist, muß man unbedingt zweierlei tun, bevor man die Augen öffnet:

Erstens muß man die Vergänglichkeit betrachten. Das ist dann kein Nachdenken, sondern ein persönliches Erlebnis. Solange sich der Geist noch wohl fühlt, ist er in der Lage, die an sich selber erfahrene Vergänglichkeit nicht nur zu akzeptieren, sondern in größerer Tiefe als etwas ganz Einschneidendes in bezug auf sich selber zu verstehen. Zweitens muß man den Weg rekapitulieren, auf dem man zu *piti* gekommen ist. Es ist, als habe man sich durch Gestrüpp und Hindernisse zu einer Stätte durchgearbeitet und lege nun einen Pfad an, so daß man ihn jederzeit mühelos begehen kann.

Daß unser Körper ein komfortables Zuhause hat und vor den Unbilden der Witterung geschützt ist, erscheint uns selbstverständlich. Unser Geist ist aber weiter obdachlos. Der kann im warmen Zimmer sitzen und dennoch denken, hoffen, sich sorgen, erinnern, bekümmern und fürchten wie zuvor. Das einzige Heim, das der Geist bekommen kann, ist ein Heim im eigenen Herzen – durch Meditation. Mit der ersten Vertiefung hat er sein Heim betreten. Dieses Erlebnis, wenn es einige Male wiederholt wird, verändert den Geist: Er weiß nun, er kann sich vor allen Unbilden in sein Zuhause zurückziehen und sich wohl fühlen: Er braucht sich nur auf das Meditationskissen zu setzen.

2) *Freude*

Zur gleichen Zeit wie das angenehme Körpergefühl steigt ein freudiges Gefühl auf, das anfangs aber vom Körpergefühl überdeckt wird. Wenn man gelernt hat, ungefähr zehn Minuten in *piti* zu bleiben, folgt als nächster Schritt, daß das Körpergefühl entweder von allein oder beabsichtigt in den Hintergrund und die freudige emotionelle Empfindung in den Vordergrund der Achtsamkeit tritt. Diese Freude, die durchdringend oder nur milde sein kann, ist jetzt das Meditationsobjekt.

Als Emotion ist sie von Natur aus subtiler als ein Körpergefühl. Wer schon länger praktiziert, läßt letzteres ohne Zögern gern fallen, um einem feineren Objekt Platz zu machen; man kann ja nur ein Objekt der Konzentration zur selben Zeit benutzen. Das angenehme Körpergefühl bleibt aber im Hintergrund. Freude, hat der Buddha gesagt, sei ein unerläßlicher Bestandteil der Meditation. Sie braucht nicht in irgendeiner Weise interpretiert zu werden, sie braucht nur akzeptiert und erlebt zu werden.

Diese meditative innere Freude ist durch nichts anderes bedingt als durch Konzentration. Sie ist nicht nur unvergleichlich stärker und erfüllender als die übliche Freude durch Sinneskontakte – sie hat eine ganz andere Qualität. Sinneskontakte hat der Buddha verglichen mit einer Kuh, der man bei lebendigem Leibe das Fell abgezogen hat und auf deren rohes Fleisch sich ständig Fliegen setzen: ein pausenloses Berühren, das irritiert. Man muß das einmal an sich selber spüren. Die Vertiefungen verhelfen uns dazu. Wenn man nämlich schon so konzentriert ist, daß die Vertiefungen eintreten, kann man ja auch im Alltag konzentrierter, achtsamer sein; dann wird man bald merken, daß die Sinneskontakte uns ständig irritieren. Was sich pausenlos ändert, kann nie ganz zufriedenstellend sein.

Freude durch die Meditation dagegen ist *reine* Freude, weil das *Ich* sie in keiner Weise verfärbt und beschädigt. Sie gibt uns einen Vorgeschmack, was es bedeutet, das Substanzlose, Kernlose zu erleben, das *Nicht-Ich*. Die Vertiefung *Freude* hat eine sehr einschneidende Bedeutung, sie schenkt nämlich Selbstvertrauen. Man hat erlebt, daß man nicht auf andere angewiesen ist, hat inneres Glück gefunden und kann aufhören, draußen danach zu suchen. Man ist auch nicht mehr auf Lob und Anerkennung angewiesen, um Freude zu erleben. Man trägt sie im Inneren mit sich.

Auch für die zweite (und jede andere) Stufe der Vertiefung gilt, daß man am Ende der Meditation die Vergänglichkeit dieser Gefühle feststellen muß. Denn je mehr der Geist zur Ruhe gekommen ist, desto klarer erkennt er die Vergänglichkeit, sieht sie aber nicht in negativem Licht, denn er ist ja viel zu beglückt, um überhaupt etwas Negatives zu sehen. Er erkennt vielmehr Vergänglichkeit als ein Naturgesetz an, dem sich der Geist dann unterwirft. Außerdem sind die Schritte genau zu rekapitulieren, die zur zweiten Vertiefung geführt haben.

3) *Zufriedenheit*

Da auch die Freude, obwohl viel subtiler als *piti*, noch eine gewisse Erregtheit und innere Bewegung in sich hat, also nicht vollkommen friedlich ist, können wir sie loslassen und dabei erkennen, daß in diesem Augenblick keine Wünsche vorhanden sind, man also zufrieden ist. Wir kennen auch im gewöhnlichen Leben Zufriedenheit, aber nicht in dieser Stärke. Meistens beruht sie auf etwas, das wir von außen bekommen haben. Zufriedenheit in der Meditation beruht auf der Reinheit des Geistes; sie hat keinen äußeren Grund.

Obwohl Freude und Zufriedenheit am Ende der Meditation natürlich verschwinden, lassen sie doch einen Nachhall im Herzen zurück. Man geht erleichtert durch das Leben, weil das Innenleben ganz unabhängig von dem geworden ist, was um einen herum vorgeht. Es ist, als seien innen alle rauhen Stellen geglättet.

Diese dritte Stufe der *Ruhe*-Meditation zeigt – am Ende, nicht während – ganz klar, daß man nur dann wirklich glücklich sein kann, wenn man alle Wünsche fallenläßt. Jeder Wunsch bringt nicht nur Erregung, sondern entweder Nichterfüllung (Pali: *dukkha*) oder eine Erfüllung, die im nächsten Moment schon wieder vorbei ist. Bei den Vertiefungen sind wir zwar auf Konzentration angewiesen, und die ändert sich am Anfang ja auch dauernd, aber sie kann eines Tages so verläßlich und vollständig sein, daß die drei ersten Vertiefungsstufen in der Meditation von selber eintreten.

4) Frieden/Ruhe

Die ersten drei Stufen sind noch verhältnismäßig einfach zu erlangen. Sie sind sozusagen der »Kindergarten der Vertiefung«, besonders für Menschen, die viel liebende Güte in sich haben. Schwieriger ist der Schritt von der Zufriedenheit zum *Frieden*.

Man kann über diese Stufe nichts weiter aussagen, als daß sie ohne jede Bewegung ist. Es ist still; »still« bedeutet dabei sowohl »ruhig« wie »bewegungslos«. Alle Sinneskontakte sind völlig abgestellt, auch die Berührung des Sitzens wird nicht mehr gespürt. In den vorangegangenen drei Stadien ist das noch der Fall, wenn auch entfernt und teilweise nur ganz geringfügig. Es kommt darauf an, wie tief man in der Ruhe schon versunken ist. Solange man noch an der Oberfläche ist, hört man leise Geräusche nicht, in der Tiefe nimmt man sogar großen Lärm nicht mehr wahr. Wir wissen vom Buddha, daß er einmal am Ufer eines Flusses meditierte und in die Vertiefung gegangen war. Zu dieser Zeit durchquerten fünfhundert Ochsenkarren neben ihm den Fluß – ein ohrenbetäubender Krach. Der Buddha bemerkte nichts davon.

Weil der Beobachter so reduziert ist, daß man meint, er sei gar nicht mehr dabei, kann man erst im nachhinein wissen, daß man in der vierten Vertiefung war. Das ist am Anfang vielleicht nicht so einfach, aus den Auswirkungen aber leicht zu erschließen: Wenn sich eine Stunde Meditationszeit angefühlt hat wie ein paar Minuten, kann man sicher sein, daß tiefe Konzentration, tiefe Ruhe vorhanden war. Bei schlechter Konzentration kommt einem die gleiche Stunde wie eine Ewigkeit vor. Ferner fühlt man sich hinterher voll geistiger Energie und hellwach. Die Energiezufuhr ist gewaltig und auch absolut notwendig, um zu tiefen Einsichten kommen zu können.

Für die ersten vier Stufen der meditativen Vertiefung findet sich in den Schriften folgendes Gleichnis: Ein Mensch wandert durch die Wüste ohne einen Tropfen Wasservorrat und ist dem Verdursten nahe. Diese Durststrecke ist vergleichbar mit den ersten Versuchen in der Meditation. Man kann sich nicht konzentrieren, Knie und Rücken tun weh, es ist mühselig und langweilig, auf den Atem aufzupassen. Es dürstet einen nach Labung, nach einem angenehmen und wirklich gravierenden Erlebnis. Aber man muß den Durst weiterhin ertragen, wandert weiter durch die Wüste seiner Gedanken und unangenehmen Gefühle.

Plötzlich sieht dieser Wüstenwanderer in weiter Ferne einen Wassertümpel und wird von freudiger Erregung erfaßt. Das ist die Beschreibung der ersten Vertiefung. Das höchst angenehme Körpergefühl hat die Erregung in sich, etwas erreichen und ergreifen zu wollen. Und doch ist jedem unterschwellig von Anfang an klar, daß ein noch so angenehmes Körpergefühl nicht das Ziel der Meditation sein kann. Er weiß aber: »Jetzt bin ich auf dem Weg.«

Bald ist der Wanderer an dem Wassertümpel angelangt. Er empfindet tiefe Freude, der Labung so nahe zu sein. Die Erregung bleibt, denn noch hat er nicht getrunken. So allmächtig die Freude auch ist, man weiß genau, daß es mit ihr allein nicht getan ist, denn noch ist der Durst ja nicht gestillt.

Der Dürstende beugt sich zum Wassertümpel nieder und trinkt. Nun erfüllt ihn innere Zufriedenheit. Obwohl damit schon viel weniger Erregung verbunden ist, weil man in diesem Augenblick das bekommt, wonach es einen verlangte, ist immer noch kein vollkommener Frieden eingezogen, weil ja noch eine Handlung stattfindet. Im Gleichnis ist es das Trinken, in der Meditation das genaue Beobachten dieser drei Stufen durch den Beobachter, der erst das Angenehme erkennt, sich dann freut und schließlich zufrieden wird.

Solange ein Beobachter da ist, sind wir immer noch in der Welt der Dualität. Er wird aber noch gebraucht, weil unser ungezähmter Geist nur allzu leicht abschweift. Der Wanderer hat sich schließlich satt getrunken, begibt sich zu einem nahen Baum, legt sich unter ihn in den Schatten und kommt vollkommen zur

Ruhe. Obwohl mit dem Trinken sein Begehren gestillt ist, er sich wunschlos glücklich und daher zufrieden fühlt, muß er sich nun erst einmal hinlegen und diesen Frieden auskosten. Auf dieser Stufe gibt es also keine Handlung mehr. Der Beobachter ist nur noch so minimal vorhanden, daß man ihn nicht mehr wahrnimmt. Das ist der Grund dafür, daß dieser vierte Schritt der Vertiefung für viele sehr viel schwieriger ist als die ersten drei. Man muß bereit sein, in der Ruhe zu »ertrinken«, sich ihr vollkommen hinzugeben, nichts zurückzuhalten, sich ihr vorbehaltlos zu ergeben.

Unser Ego gibt sich aber überhaupt nicht gerne hin, und *vorbehaltlos* schon gar nicht. Die Schwierigkeit liegt also darin, daß in der Zeit der Vertiefung das *Ich* ganz und gar nicht ausgemerzt ist, sondern weiterhin seinen festen Stand bei uns hat und sich dagegen wehrt zu »ertrinken«. Es kommt, wie am Anfang, Angst auf. Es ist nicht mehr die Angst, die Kontrolle zu verlieren und so dem Ego die nötige Unterstützung zu entziehen. Inzwischen haben wir den Beobachter als unser Ego akzeptiert. Nur er ist noch übrig, und ihn jetzt auch nur momentan zu vermindern, erweckt Widerstand. Ihn kann man nur durch wiederholtes Praktizieren überwinden. Am Ende der Vertiefung ist das *Ich* ja ohnehin wieder da.

Traditionell wird die vierte Vertiefung als *Gleichmut* beschrieben. Da Gleichmut aber eine Emotion ist, die zu erkennen wir den Beobachter brauchen, bezeichnet man diese Stufe treffender als *tiefe Ruhe, vollkommenen Frieden*.

Wie liebende Güte, Mitgefühl und Mitfreude der Weg zum Gleichmut sind, der höchsten aller Emotionen, sind die ersten drei Vertiefungen: Wohlbefinden, Freude und Zufriedenheit immer noch der Weg zur vierten Stufe. Liebende Güte, Mitgefühl und Mitfreude sind wie die ersten drei meditativen Vertiefungen mit einer gewissen *Ich*-Bezogenheit behaftet. Mit Gleichmut ist es viel einfacher zu lieben, mitzufühlen, sich mitzufreuen, denn er ist nicht mehr *ich*-bezogen. Gleichmut sieht, daß nichts von solcher Wichtigkeit ist, daß man es haben oder loswerden müßte, denn es ändert sich ohnehin. Außerdem ist alles, was wir besitzen, nur eine Leihgabe; und das einzige, was wir loswerden müssen, sind die eigenen negativen Reaktionen.

Wir können also zwischen den vier reinen *Emotionen* und den feinkörperlichen meditativen Vertiefungen eine Parallele erkennen. Daher ist es von äußerster Wichtigkeit, im Alltag ständig liebende Güte, Mitgefühl, Mitfreude und Gleichmut zu üben, denn das hilft der Meditation. Wenn wir uns im Alltag schon in Gleichmut geübt haben, ist es viel einfacher, zur Vertiefungsstufe *Ruhe und Frieden* zu kommen. Wenn wir umgekehrt in der Meditation zu tiefer Ruhe gekommen sind, ist es natürlich auch leichter, im Alltag gleichmütig zu reagieren.

Die vier formlosen oder unkörperlichen Vertiefungen

Der tiefe Frieden auf der vierten Stufe ist der Auftakt zu den formlosen oder unkörperlichen Vertiefungen. Sie heißen so, weil sie in der körperlichen Sphäre nicht mehr zu finden sind. Da sie formlos sind, wir aber in einer Welt der Formen leben, kennen wir sie außerhalb der Meditation nicht. Unser Festhalten an Formen begrenzt uns, engt unseren Geist ein. Durch die meditative Erfahrung der formlosen Sphäre geht der Geist von selbst in die Weite und hängt sich nicht mehr an Formen. Wenn der Geist durch die vier ersten meditativen Vertiefungen darauf vorbereitet wurde, ist das eine natürliche Folge, denn die Gedanken halten ihn ja nicht mehr fest. Es wäre deshalb vielleicht treffender, zumindest die ersten drei formlosen Stufen nicht Vertiefung, sondern Erweiterung zu nennen. Weil sich die Bezeichnung Vertiefung eingebürgert hat, behalte ich sie aber auch für die folgenden drei Stadien bei.

1) *Unendlichkeit des Raumes*

Der unendliche Raum ist eines der Grundelemente, beruht jedoch nicht mehr auf Körperlichkeit, obwohl die erste formlose

Vertiefung vom Körper ausgeht. Aber nicht von einem Körper, wie wir ihn gewöhnlich empfinden: schwer, begrenzt und von einer ganz bestimmten Beschaffenheit. Wenn wir zu tiefer Ruhe gekommen sind, fühlt sich der Körper leicht, durchlässig an und hat auch nicht die gewöhnliche Begrenzung. Er scheint mehr zu fließen.

Wie sich die erste Vertiefung auf Körperempfindungen stützt, so auch die fünfte, nämlich auf das Körpererlebnis einer unendlichen Ausdehnung. Das heißt aber nicht, der Körper fühle sich so an, als dehne er sich tatsächlich aus. Vielmehr lösen sich alle Begrenzungen völlig auf. Erlebt wird nichts weiter als die Unendlichkeit des Raumes. Der eigene Körper ist in keiner Weise mehr wahrnehmbar. Man erkennt nun ganz klar, daß es eine Illusion ist zu meinen, man besitze einen separaten Körper.

Die vier formlosen Vertiefungen vermitteln uns eine ganz tiefe Einsicht in die absolute Wirklichkeit, die vollkommen anders aussieht als die relative, in der wir leben. Natürlich ist auch dieses Erlebnis der Universalität aller Existenz so unbeständig wie jedes andere, aber die daraus entstehende Einsicht bringt eine Sichtweise, die nicht wieder verlorengeht. Man wird sich nicht mehr von anderen Lebewesen getrennt und bedroht fühlen – man steht sich immer selber gegenüber; es gibt ja nichts anderes. Wenn man sich selber gegenübersteht, ist es unmöglich, Angst zu haben oder andere zu übervorteilen oder etwas für sich allein besitzen zu wollen.

2) Unendlichkeit des Bewußtseins

Das Erlebnis des unendlichen Raumes geht sofort und ganz selbstverständlich in die zweite Stufe der formlosen Vertiefungen über: die des *unendlichen Bewußtseins*.

Um den unendlichen Raum zu erleben, muß man ein unendliches Bewußtsein haben. Es kommt also darauf an, wohin man schaut. Zuerst schaut man auf den unendlichen Raum, weil der von der Körperlichkeit ausgeht und einfacher zu erleben ist. Dann aber ist das unendliche Bewußtsein ebenso ein Teil des unendlichen Raumes, wie die Freude schon ein Teil des angenehmen Körpergefühls ist.

Im Unterschied zu den feinkörperlichen Vertiefungen, die einen Beobachter haben, der »ich« bin, ist in den formlosen Vertiefungen der Beobachter nicht mehr ein Individuum. Der unendliche Raum wird ebenfalls beobachtet, aber nicht von »mir«. Und ein Bewußtsein, das unbegrenzt in die Weite gegangen ist, kann ja auch nicht »mir« gehören. Vielleicht kann man es so erklären, daß der Beobach*ter* nun die Beobach*tung* ist. Die Konsequenz daraus ist, daß man seinen Geist, mit dem man sich zuvor fraglos identifiziert hat, auch nicht mehr als sein eigen betrachten kann. Es ist nicht »mein« Geist, es ist Geist, ist Bewußtsein.

Das ist eine ganz einschneidende Einsicht. Erst jetzt, da man es erlebt hat, glaubt man es wirklich, daß ein separates Ich eine Illusion ist. Weil das *Ich* ins Wanken kommt, ist der nächste Schritt möglich: Die Unendlichkeit, die sich in Raum und Bewußtsein gezeigt hat, erscheint in der Meditation als ein Erkennen der:

3) *Grundlage des Nichts oder der Leere*

Nichts, Leere, wird oft falsch verstanden. Stellt euch vor, ihr kommt in ein Zimmer. Ihr seht Möbel, Teppiche, Bilder, alle möglichen Gegenstände; sie sind von einer gewissen Wichtigkeit und werden gebraucht. Das Zimmer ist also voll. Jetzt wird es ausgeräumt. Ihr kommt in denselben Raum und seht, daß nichts vorhanden ist. Das ist nicht dasselbe wie »nichts« sehen. Der Unterschied ist wichtig: Wir sehen Leere, aber wir sehen nicht »nichts«. In der siebten Vertiefung erscheint das ganze Universum wie ein leerer Raum. Leer wovon? Leer von Kernsubstanz. Alles ist in ständiger Bewegung. Das Universum als leer sehen heißt: Man sieht, daß weder Sonnen, Monde, Sternensysteme noch Lebewesen, Bauwerke, Landschaften noch alles vom Menschen Geschaffene eine Kernsubstanz haben.

Das ganze Universum ist ständig im Verfall begriffen. Es gibt absolut nichts, worauf man sich stützen, das man festhalten und woran man sich festhalten könnte. Aber wer bereits ein persönliches Körpergefühl und persönliches Bewußtsein verloren hat, will sich auch nicht mehr stützen. Wenn jemand, was allerdings selten vorkommt, in der Meditation Stufen überspringt und ohne Vorbereitung zu dieser Leere kommt, ist sie erschreckend. Deshalb ist es wichtig, alle Stadien nacheinander zu durchlaufen.

Das Erkennen der Leere hat zwei Aspekte. Der erste ist, daß es unsere Weltschau vollkommen ändert und unsere *Ich*-Schau verlorengeht. Da ist nur noch Leere. Ein Geist, der durch die Erfahrung der Unendlichkeit des Raumes und der Unendlichkeit des Bewußtseins darauf vorbereitet ist, erkennt nicht mit Entsetzen, sondern voller Freude, daß das Ich als separate Einheit tatsächlich nicht existiert. Zwar sind noch alle Teile des Körpers vorhanden, aber der »kleine Mann« oder die »kleine Frau«, die bis jetzt darin gesessen und durch die Augen herausgeschaut, durch die Ohren herausgehört und durch den Denkapparat gedacht hat, ist verschwunden. Das eigene Erleben bezeugt es. Im Unterschied zu den feinkörperlichen Vertiefungen erfolgen bei den formlosen Stufen Erleben und Erkennen beinahe gleichzeitig.

Als zweites ist mit dem Erleben der Leere für die meisten ein Gefühl der Trauer verbunden. Obwohl man sich befreit und erleichtert fühlt, mag man sogar in Tränen ausbrechen. Man empfindet für einen Moment Trauer darüber, sein Leben lang einer falschen Vorstellung aufgesessen und einem falschen Ideal nachgelaufen zu sein. Bei näherem Nachdenken sieht man aber, daß es sich nicht lohnt, dem nachzutrauern. Denn zum einen sind es karmische Resultate, die wir zunächst durchleben müssen, und zum anderen waren all die Jahre, die man auf andere Wege verwendet hat, eine notwendige Vorbereitung. Es wäre vielleicht schön, erleuchtet geboren zu werden, es ist aber nicht möglich. Wir müssen durch unsere Schwierigkeiten erst einmal hindurch, ehe wir zu den Erleichterungen kommen. Wie ein Kind haben wir die Schwierigkeiten des Wachsens und Reifens zu bewältigen. Unsere Reife ist, zu diesem Punkt zu kommen, an dem wir der absoluten Wahrheit ins Auge sehen können: »Ja, so ist es, es ist Befreiung – die Befreiung von den Illusionen, die wie Fesseln waren.« Das Erleben der formlosen Vertiefungen muß jedoch immer wiederholt werden, denn selbst die Erkenntnis macht es noch nicht möglich, ständig in ihr zu leben.

Durch die ersten drei formlosen Vertiefungen haben wir die Einsicht gewonnen, daß wir nicht so sind, wie wir es annahmen, sondern daß unsere Gedanken und Gefühle bedingt sind durch eine Begrenzung, die wir uns selber auferlegt haben. Da wir uns durch das Erleben der Leere befreiter fühlen, wird es uns klar, daß es etwas geben muß, das keinen Bedingungen untertan ist. Wir alle unterliegen Bedingungen und ihren Folgen, Ursachen und Wirkungen: Wir haben einen Körper, der die Sinne in sich trägt, durch die wir Sinneskontakte herstellen; mit ihnen kommen die Gefühle, und auf die reagieren wir; durch das Reagieren haften wir an, und Anhaften bringt uns immer wieder zum Werden. Wer durch das Erleben der Leere einen Vorgeschmack von Freiheit bekommen hat, wird daran interessiert sein, das Bedingungslose zu erkennen, und danach Ausschau halten. Sein Geist ist gewillt, sich hinzugeben; er hat die voreingenommenen Ideen, die wir alle mit uns herumtragen, schon größtenteils losgelassen.

4) Weder-Wahrnehmung-noch-Nichtwahrnehmung

Auf dieser Stufe gibt es nun weder den Beobach*ter* noch die Beobach*tung*. Sie ist ein Stadium ganz tiefer Ruhe, weil die Wahrnehmung zu der Zeit fast ausgeschaltet ist, einschließlich der Wahrnehmung von Frieden, Ruhe und Leere. Denn der Geist hält Ausschau nach dem, was überhaupt nichts mehr enthält.

Wir können das so ansehen: Sogar wenn wir die formlosen Vertiefungen erleben, brauchen wir noch eine klare Wahrnehmung. Was wir nicht wahrnehmen, erkennen wir ja nicht. In diesem Moment wissen wir dann auch, daß selbst Wahrnehmung noch ein gewisses *dukkha* ist; sie irritiert, weil sie Bewegung beinhaltet. Daher rühren der Wille und die Fähigkeit, die Wahrnehmung auf ein Minimum zu reduzieren. Fokus ist die Leere.

Die achte Vertiefung hat also nichts mehr mit Einsicht zu tun. Da so gut wie keine Wahrnehmung existiert, kann das Resultat dieser Stufe höchstens sein, daß sich ein starker Entschluß bildet, der den nötigen Antrieb gibt, das Bedingungslose (Pali: *nibbana*) zu erkennen. Dieser Entschluß kann aufkommen, weil sich die Einsichten schon so gefestigt haben, daß die Illusion des *Ich* vielleicht schon fallengelassen, auf jeden Fall viel kleiner geworden ist. Solange die Beobach*tung* und etwas zu Beobachtendes da sind, befinden wir uns immer noch im Bereich der Bedingungen. Hier ist die Bedingung Konzentration. Der Geist muß sich konzentrieren, muß beobachten, wenn auch ohne Beobach*ter*.

Weder-Wahrnehmung-noch-Nichtwahrnehmung ist die Vorbereitung auf die letzte Stufe, die auf Pali *nirodha* (Auslöschen, Verlöschen) heißt und eigentlich nicht mehr als meditative Vertiefung beschrieben werden kann, da sie nur dem Erleuchteten und dem Nichtwiederkehrer (fast Erleuchteten) offensteht. Die acht meditativen Vertiefungen kann jeder erlangen – oder soll ich sagen: könnte jeder erlangen? Sie bringen immer größere Läuterung und immer tiefere Erkenntnis mit sich; *nirodha* aber setzt vollständig vollzogene Läuterung voraus.

Auf dieser letzten Stufe gibt es verschiedene Arten des Erlebens. Eine wird in der Literatur zum Beispiel so beschrieben: Ein solcher Zustand kann sieben Tage gehalten werden, der Meditierende erscheint wie tot, obwohl er kerzengerade sitzt. Die vitalen Kräfte sind nicht ausgelöscht, aber weder Atem noch Herzschlag noch Körperwärme sind zu spüren; eine Bewußtseinsebene ist noch vorhanden. Ein anderer Aspekt dabei ist, daß einer, der durch die acht Vertiefungen gegangen ist und nach dem bedingungslosen Zustand sucht, seinen Geist auf etwas Erkennbares richtet, das weder Gedanke noch Wahrnehmung ist, also zu keiner der bisher beschriebenen Wirklichkeiten gehört. Der Geist erkennt etwas, was keinerlei Ursache hat. Man kann es als einen *Stillpunkt* bezeichnen. In diesem Erleben gibt es keinen Beobachter oder Wahrnehmer mehr, es gibt nur diesen Stillpunkt. Denn selbst im tiefen Frieden der vierten feinkörperlichen Vertiefung existiert immer noch, wenn auch in sehr subtiler Form, derjenige, der den Frieden erlebt. Das gleiche gilt für die fünfte, sechste und siebte Vertiefung – es ist ja das erkannte Erleben. Die achte, als Vorbereitung auf *nibbana*, ist eine Bewußtseinsänderung und keine Einsichtsstufe.

Auf der letzten Stufe *(nirodha)*, auf welcher der Drang nach dem Bedingungslosen entstanden ist, gibt es niemanden mehr, der irgend etwas erlebt. Unmittelbar danach kommt der Moment der endgültigen Erlösung *(nibbana)*. Nibbana wird manchmal als ein Aufgehen in einem Ozean beschrieben. Das stimmt nicht ganz. Denn es hieße, noch etwas zu behalten: Man wäre zumindest ein Teil des Ozeans. Es ist aber ein vollkommenes Aufgehen, auch der Ozean ist leer geworden.

Ich möchte zum Abschluß noch einmal in Erinnerung rufen, daß dieser Weg der meditativen Vertiefungen uns wohl leidfreie Zustände beschert, aber *dukkha* nicht entfernt. Sobald die Konzentration zu Ende ist, ist *dukkha* wieder da. Wir müssen uns also ganz klar darüber sein, daß diese Stadien der meditativen Vertiefungen ein notwendiges Mittel sind, aber nicht *dukkha* von uns nehmen; sie zeigen uns nur, wohin wir zu gehen haben, um es endgültig loszuwerden. Über die Vertiefungen ist der Weg zum Klarblick ein Weg der Freude und Zufriedenheit. Sie halten den Meditierenden auf dem Pfad, heben sein Bewußtsein, läutern automatisch und bereiten ihn auf tiefe Einsicht vor, so daß er sie akzeptieren kann. Unter einer Bedingung allerdings: wenn man immer wieder vor den Fallen gewarnt wird und man sie auch erkennt. Sie heißen »Korruption der Einsicht«. Natürlich stellt einem kein anderer diese Fallen als der eigene Geist. Ich nenne ihn einen Zauberkünstler. Er kann alles – sogar erleuchtet werden. Weil die Vertiefungen so angenehm sind, will man sie haben, behalten und wiederbekommen, haftet also und hindert sich dadurch am Weiterschreiten. Man kann sich in die Annehmlichkeiten der Vertiefungen zurückziehen und hat eine andere Welt. Deshalb ist es so ungeheuer wichtig, am Ende jeder Meditationssitzung die Vergänglichkeit der vorhergegangenen angenehmen Zustände zu betrachten. Zu der Zeit ist der Geist so weit geläutert, daß dieses *Erkennen* des Vergänglichkeits-*Erlebens* einen tiefen Eindruck macht. Lediglich intellektuelles Erwägen reicht nicht aus. Zu Beginn der Praxis ist es auch nötig, nach Beendigung der Meditation genau zu rekapitulieren, was man getan hat, um den Geist auf diese Bewußtseinsebenen zu erheben. Wenn man sich einen Pfad präpariert, bleiben die Vertiefungen nicht Glückssache, sondern ständiges meditatives Erleben.

Die zweite Gefahr ist, daß die Vertiefungen dem Geist wieder verlorengehen, wenn man sie nicht täglich praktiziert. Ich vergleiche das gerne mit Yoga. Übt man eine Weile täglich, dehnen sich die Muskeln und Sehnen; der Körper wird geschmeidiger. Hört man aber wieder auf, ziehen sich Muskeln und Sehnen wieder zusammen, der Körper wird wieder steif, und man muß von vorne anfangen. Genau das gleiche geschieht im Geist. Wenn wir ihn zu einer neuen Bewußtseinsstufe geweitet haben, müssen wir täglich weiterüben, damit er nicht wieder zusammenschrumpft. Einen »geschrumpften« Geist nannte Buddha den Geist, der nur sich selber sieht und mit sich selber beschäftigt ist, dem Haß, Ärger, Ablehnung und Wut selbstverständlich oder gar berechtigt erscheinen.

Die Vertiefungen sind eine Übung des Geistes, die ihn geschmeidig hält und in die Weite und Klarheit führt. Allmählich wird der Geist immer beweglicher, hat nicht mehr die Härte des Widerstandes in sich, sondern akzeptiert. Er wird zu einem klaren, leuchtenden Geist, der weich und schmiegsam ist, deswegen jedoch nicht die Durchbruchsfähigkeit verliert. Wir stehen mit der gewöhnlichen Bewußtseinsebene wie vor einer dicken Ziegelmauer und kommen nicht weiter. Ein in der Meditation gezähmter Geist, der sich sammelt und dadurch Kraft gewinnt, dem Einspitzigkeit zu Stärke verhilft, wird zu einem gewichtigen Werkzeug, das in die Tiefe zur Wahrheit durchzustoßen vermag. Die *jhana* sind der Weg, den der Buddha selber eingeschlagen hat: »Dies ist ein Vergnügen, dies ist eine Freude, die ich mir gönne«, sagt er.

Henepola Gunaratana

Die erste Vertiefung und ihre Faktoren

Bereits im Alter von 12 Jahren in Kandy (Sri Lanka) als buddhistischer Mönch ordiniert, setzte Henepola Gunaratana seine intensive Ausbildung in Colombo fort. Später ging er nach Indien, um fünf Jahre lang mit »Unberührbaren« zusammenzuarbeiten. Nach weiteren zehn Jahren Aufenthalt in Malaysia kam er 1968 in die USA. Zunächst wirkte er als Generalsekretär der Buddhist Vihara Society in Washington, deren Präsident er 1980 wurde. Heute ist er Direktor des Bhavana Meditation Centre (West Virginia). Mahathera Henepola Gunaratana genießt einen hervorragenden Ruf als buddhistischer Gelehrter und lehrt in vielen Ländern der Welt.

Zeigte der vorangegangene Text in gewisser Weise ein »Panorama«, so folgt nun eine »Nahaufnahme«. Der Beitrag wurde ausgewählt, weil er dokumentiert, über welch detaillierte Kenntnis die buddhistische Tradition in bezug auf die Funktionsweise unseres Geistes verfügt. Henepola Gunaratana analysiert die erste der insgesamt acht Stufen der Vertiefung eingehend und charakterisiert diejenigen Bedingungen, welche die Sammlung verhindern beziehungsweise ermöglichen. Die »fünf Hemmungen« (sinnliches Begehren, Übelwollen, Müdigkeit, innere Unruhe und Zweifel) einerseits und die »fünf Vertiefungsfaktoren« (aufmerkendes und prüfendes Denken, Verzückung, Glücksgefühl und Sammlung) andererseits werden thematisiert.

Die vielen zitierten Textstellen aus dem Palikanon belegen, daß dieses Wissen unmittelbar auf den Buddha selbst zurückgeht. Doch sollten wir nicht vergessen: Der Erwachte rückte stets die meditative Praxis in den Mittelpunkt und vermied unangemessenes Theoretisieren, während viele spätere buddhistische Scholastiker alles über die Meditation wußten, sie aber nicht mehr übten.

Eine jede Vertiefung (*jhana*) kommt durch einen zweifachen Entwicklungsprozeß zustande. Einerseits sind die Hindernisse, die seinem Zustandekommen entgegenwirken, zu überwinden. Diese Faktoren müssen ausgeschaltet werden. Andererseits sind die Bedingungen zu schaffen, die in ihrem Zusammenwirken zu einer Vertiefung hinführen; man nennt sie Gegebenheiten, die zu entfalten sind. Was die erste Vertiefung anbelangt, so sind die Faktoren, die ausgeschaltet werden müssen, die fünf Hemmungen, und die zu entfaltenden Gegebenheiten sind die fünf grundlegenden Vertiefungsfaktoren. Darauf spielt die Standardformulierung an, mit der die erste Vertiefung beschrieben wird, wobei sich der Anfang des folgenden Satzes auf die Überwindung der fünf Hemmungen bezieht und der nachfolgende Teil die Vertiefungsfaktoren aufzählt: »Gänzlich abgeschieden von Sinnenlust, abgeschieden von einer unheilsamen Geistesverfassung, tritt er ein in die erste Vertiefung und verweilt in ihr in dem freudvollen Entzücken, das in der Abgeschiedenheit aufsteigt, begleitet von aufmerkendem und betrachtendem Denken (*vitakka-vicara*)« (*Majjhima-Nikaya* i,181; *Vibhanga* 245).

In der folgenden Darstellung wollen wir zunächst die fünf Hemmungen und ihre Überwindung erörtern, um dann zu untersuchen, in welcher Weise die Vertiefungsfaktoren zur Erlangung der ersten Vertiefung beitragen, und zwar sowohl jeder einzelne Faktor für sich als auch alle in ihrem Zusammenwirken. Wir werden mit einigen Bemerkungen darüber abschließen, auf welche Weise die erste Vertiefung vervollkommnet werden kann, was für die Weiterentwicklung der Konzentration eine notwendige Vorbereitung ist.

Die Überwindung der Hemmungen

Die fünf Hemmungen *(pancanivarana)* sind Sinnenlust, Übelwollen, Stumpfheit und Mattheit, Aufgeregtheit und Gewissensunruhe sowie skeptischer Zweifel. Diese Gruppe bezeichnet der Buddha als die hauptsächlichen Meditationshindernisse, und zwar deshalb, weil sie den Geist beeinträchtigen und gefangennehmen und eine meditative Entwicklung in zwei Bereichen, der Geistesruhe und der Einsicht, verhindern. Daher nennt der Buddha sie »Blockaden, Hemmungen, Verderbnisse des Geistes, die die Weisheit schwächen« (*Samyutta-Nikaya* v,94).

Die als Hemmung geltende Sinnenlust *(kamachanda)* wird als Verlangen nach den »fünf Strängen sinnlichen Vergnügens« erklärt, also nach wohltuenden Formen, Klängen, Düften, Geschmäcken und wohltuendem Tastbaren. Diese Hemmung reicht von subtilen Neigungen bis hin zu einer stark ausgeprägten Gier. Übelwollen *(byapada)* zeigt sich in einer Abneigung, die sich gegen als unangenehm empfundene Personen und Dinge richtet. Es kann unterschiedlich von einem Anflug von Verärgerung bis hin zu übermächtigem Haß reichen. So entsprechen die ersten zwei Hemmungen den zwei Grundübeln Gier und Haß. Das dritte, Verblendung, wird innerhalb der Hemmungen nicht gesondert aufgezählt, kann aber als ein Grundübel angesehen werden, das den drei verbleibenden zugrunde liegt.

Schwerfälligkeit und Trägheit sind als Doppelaspekt einer Hemmung anzusehen: Schwerfälligkeit *(thina)* bedeutet Stumpfheit, Mattheit und geistige Unbeweglichkeit; und Trägheit *(middha)* bedeutet Gleichgültigkeit oder Schläfrigkeit. Eine weitere Hemmung, nämlich Aufgeregtheit und Gewissensunruhe, bedeutet zweierlei, wobei Aufgeregtheit *(uddhacca)* als Zertreutheit, Gereiztheit oder Angst erklärt wird und Gewissensunruhe *(kukkucca)* als ein durch moralisches Fehlverhalten erzeugtes Schuldgefühl. Skeptischer Zweifel *(vicikiccha)* ist schließlich die Hemmung, die als eine den Buddha, den Dhamma, den Sangha und den Übungsweg betreffende Ungewißheit verstanden wird.

Der Buddha nennt zwei Gruppen von Vergleichen, um die schädliche Wirkung der Hemmungen zu veranschaulichen. Im ersten werden die fünf Hemmungen mit fünf unterschiedlichen Notsituationen verglichen: Sinnenlust vergleicht er mit Schulden, Übelwollen mit einer Krankheit, Stumpfheit und Mattheit mit einer Gefängnishaft, Aufgeregtheit und Gewissensunruhe mit Sklaverei, und skeptischen Zweifel vergleicht er mit dem Sich-Verirren in einer Wüste. Sich von den Hemmungen befreit zu haben, bedeutet dementsprechend: Tilgung der Schulden, Wiederherstellung der Gesundheit, Entlassung aus dem Gefängnis, Befreiung aus Sklaverei und das Ankommen an einem sicheren Ort (*Digha-Nikaya* i,71–73). In der zweiten Vergleichsgruppe werden die Hemmungen mit einem Gefäß Wasser verglichen, das in fünf unterschiedlichen Weisen verunreinigt ist, so daß ein scharfsichtiger Mensch daran gehindert wird, sein Spiegelbild so zu sehen, wie es der Wirklichkeit entspricht. Sinnenlust ist ein mit leuchtenden Farben gemischtes Wasser, Übelwollen kochendes Wasser, Schwerfälligkeit und Trägheit ein von Moos bedecktes Wasser, Aufgeregtheit und Gewissensunruhe ein vom Wind aufgewühltes Wasser und skeptischer Zweifel schlammiges Wasser. Ebensowenig wie ein scharfsichtiger Mensch imstande ist, in dem so beschriebenen Wasser sein Spiegelbild zu sehen, sowenig vermag jemand, dessen Geist von den fünf Hemmungen gefesselt ist, zu erkennen oder zu wissen, was ihm selber, einem anderen oder beiden zum Wohl gereicht (*Samyutta-Nikaya* v,121–124).

Wenngleich es zahlreiche Unreinheiten gibt, die der ersten Vertiefung entgegenwirken, so werden doch die fünf Hemmungen allein als zu überwindende Faktoren bezeichnet. Dem *Visuddhimagga* zufolge gibt es einen Grund, weshalb für das Erlangen der ersten Vertiefung die Hemmungen in besonderer Weise hinderlich sind: denn je nach ihrer Ausprägung schränkt jede Hemmung das Konzentrationsvermögen des Geistes ein.

»Der durch Begierde beeinträchtigte Geist, der auf unterschiedliche Objektbereiche gerichtet ist, ist außerstande, sich auf ein Meditationsobjekt zu konzentrieren; von Begierde überwältigt, verfehlt der Geist den Weg, der das Element der Sinnenlust ausschaltet. Wird er durch Aversion im Hinblick auf ein Objekt irritiert, so erscheint ihm das Objekt nicht ununterbrochen. Er wird unflexibel, wenn Stumpfheit und Mattheit ihn in Besitz nehmen. Ergreifen ihn Aufgeregtheit und Gewissensunruhe, so ist er unruhig und hin- und hergerissen. Wenn er von skeptischem Zweifel heimgesucht wird, gelingt es ihm nicht, den Weg einzuschlagen, der zum Erlangen der Vertiefung führt. Aus diesem Grund werden die Hemmungen allein als Faktoren bezeichnet, die zu überwinden sind, denn besonders sie behindern den Zugang zur Vertiefung« (*Visuddhimagga* 146; *Path of Purification* 142).

Die zu überwindenden Faktoren der ersten Vertiefung auf die fünf Hemmungen zu beschränken ist ein zweiter Grund, der es gestattet, einen direkten Zusammenhang zwischen beiden, den fünf Hemmungen und den Vertiefungsfaktoren, herzustellen. Buddhaghosa weist darauf hin, daß die Überwindung der fünf Hemmungen allein im Zusammenhang mit den Vertiefungen erwähnt werden. Denn die fünf Vertiefungsfaktoren müssen die Hemmungen, ihre eigentlichen Feinde, ausschalten. Zur Stützung seines Arguments zitiert der Kommentator einen Passus, in dem die Verbindung der Vertiefungsfaktoren mit den Hemmungen Schritt für Schritt demonstriert wird: Einspitzigkeit steht dem sinnlichen Begehren entgegen, Verzücken (*piti*) dem Übelwollen, aufmerksames Denken der Schwerfälligkeit und Trägheit, Freude der Gewissens- und Geistesunruhe und betrachtendes Denken dem skeptischen Zweifel (*Visuddhimagga* 141; *Path of Purification* 147). Auf diese Weise kommt jedem Vertiefungsfaktor die spezifische Aufgabe zu, ein für eine Vertiefung spezielles Hindernis aus dem Weg zu räumen, und um diese Hindernisse zu den fünf Vertiefungsfaktoren in Bezug zu setzen, werden sie zu einem Schema von fünf Hemmungen zusammengefaßt.

In dem maßgeblichen Passus, der beschreibt, wie die erste Vertiefung zu erreichen ist, heißt es, daß jemand in eine Vertiefung eintritt, der »abgeschieden (ist) von sinnlichen Vergnügungen, abgeschieden von unheilsamen Geistesverfassungen.« Im *Visuddhimagga* wird erklärt, daß es drei Arten von Abgeschiedenheit gibt, die in diesem Zusammenhang relevant sind: nämlich körperliche Abgeschiedenheit (*kayaviveka*), geistige Abgeschiedenheit (*cittaviveka*) und Abgeschiedenheit durch Zurückdrängung (*vikkhambhanaviveka*) (*Visuddhimagga* 140; *Path of Purification* 145). Diese drei Termini spielen auf zwei verschiedene Gruppen von exegetischen klärenden Kategorien an. Die ersten beiden Termini sind einer dreiteiligen Gruppierung zugeordnet, zu der körperliche Abgeschiedenheit, geistige Abgeschiedenheit und »Abgeschiedenheit von Substanz« (*upadhiviveka*) gehören. Körperliche Abgeschiedenheit bedeutet, daß man einem aktiven, sozialen Engagement entsagt und sich in die Abgeschiedenheit zurückzieht, um Zeit und Energie einer spirituellen Entwicklung zu widmen. Geistige Abgeschiedenheit, die im allgemeinen körperliche Abgeschiedenheit zur Voraussetzung hat, bedeutet die Loslösung des Geistes aus seinen unreinen Verstrickungen; sie entspricht praktisch der Konzentration zumindest in der Phase des Zugangs.[1] »Abgeschiedenheit von Substanz« bedeutet Nibbana, das heißt Befreiung von den Elementen einer phänomenalen Existenz. Das Erreichen der ersten Vertiefung ist nicht abhängig von der Abgeschiedenheit von Substanz, die eher eine Folge ist als eine Vorbedingung, aber sie erfordert physische Abgeschiedenheit und die Loslösung des Geistes von Verunreinigungen, also körperliche und geistige Abgeschiedenheit. Die dritte Art der Abgeschiedenheit, die in diesen Zusammenhang gehört, Abgeschiedenheit durch Zurückdrängen, gehört in einen anderen Zusammenhang, der im allgemeinen eher im Rahmen des Themas »Überwindung« (*pahana*) als »Abgeschiedenheit« erörtert wird. Die Art von Überwindung, die für das Erreichen der Vertiefung erforderlich ist, ist Überwinden durch Zurückdrängen, was die Beseitigung der Hemmungen mittels Konzentration bedeutet, so wie man vergleichsweise in einem Teich Kraut mit einem porösen Gefäß hinunterdrückt.

Das Unterfangen, die fünf Hemmungen zu überwinden, besteht in einem graduellen Training (*anupubbasikkha*), das der Buddha oft in den Suttas wie zum Beispiel dem *Samannaphala Sutta* und dem *Culahatthipadopama Sutta* dargelegt hat. Das gra-

Die erste Vertiefung und ihre Faktoren

duelle Training ist ein schrittweiser Prozeß mit dem Ziel, den Übenden allmählich zur Befreiung zu führen. Die Übung beginnt mit moralischer Disziplin sowie der Beachtung und Befolgung spezifischer Verhaltensregeln. Sie ermöglichen dem Schüler, gröbere Formen körperlichen und verbalen Fehlverhaltens unter Kontrolle zu haben, durch die die Hemmungen einen Weg nach außen finden. Aufgrund moralischer Zucht lernt der Schüler, seine Sinne zu zügeln. Er läßt sich nicht von allgemeinen Erscheinungen oder dem verlockenden Anblick der Dinge gefangennehmen, sondern wacht über seine Sinne und meistert sie, so daß anziehende oder abstoßende Sinnesobjekte nicht länger ein Grund für Begierde oder Ablehnung sind. Im Besitz von Selbstbeherrschung entwickelt er Achtsamkeit und Wissensklarheit (*sati-sampajanna*) in all seinen Aktivitäten und in jeglicher Lebenslage, wobei er mit klarer Aufmerksamkeit sein ganzes Tun überprüft sowie dessen Zweck und Angemessenheit. Auch befleißigt er sich, mit einem Minimum an Roben, Essen, Behausung und anderen Dingen, die er zum Leben benötigt, zufrieden zu sein.

Sind diese Voraussetzungen erfüllt, so ist der Schüler darauf vorbereitet, in die Abgeschiedenheit zu gehen, um die Vertiefungen zu entwickeln, und hier ist es, wo er unmittelbar mit den fünf Hemmungen konfrontiert wird. Die Überwindung der Hemmungen erfordert, daß der Meditierende ehrlich die eigene Geistesverfassung einschätzt. Sind Sinnenlust, Übelwollen oder andere Hemmungen gegenwärtig, so muß er erkennen, daß sie gegenwärtig sind, und er muß die Bedingungen untersuchen, die zu ihrem Aufsteigen geführt haben; ihr Aufsteigen muß er gewissenhaft verhindern. Gleichermaßen muß der Meditierende verstehen, welche angemessenen Abhilfen es für jede der fünf Hemmungen gibt. Der Buddha sagt, daß alle Hemmungen durch unweises Erwägen (*ayoniso manasikara*) aufsteigen und daß sie durch weises Erwägen (*yoniso manasikara*) eliminiert werden können. Jede Hemmung hat jedoch ihr eigenes spezifisches Gegenmittel. Dementsprechend ist weises Erwägen der abstoßenden Merkmale von Dingen das Gegenmittel für sinnliches Begehren; weises Erwägen liebender Güte wirkt Übelwollen entgegen; weises Erwägen der wesentlichen Faktoren Bemühen, Eifer und Bestreben sind der Widerpart von Stumpfheit und Mattheit; weises Erwägen der Geistesruhe räumt Aufgeregtheit und Gewissensunruhe aus dem Weg; und weises Erwägen der Dinge, wie sie wirklich beschaffen sind, eliminiert Zweifel (*Samyutta-Nikaya* v,105–106).

»Indem er hinsichtlich der Welt Begehrlichkeit (Sinnenlust) aufgegeben hat, verweilt er mit einem Herzen, das frei ist von Begehrlichkeit; er reinigt seinen Geist von Begehrlichkeit. Indem er den Makel des Übelwollens aufgegeben hat, verweilt er frei von Übelwollen. Allen lebenden Wesen voller Freundlichkeit und Mitgefühl zugewandt, reinigt er seinen Geist vom Makel des Übelwollens. Indem er Stumpfheit und Mattheit aufgeben hat, verweilt er frei von Stumpfheit und Mattheit in der Erkenntnis des Lichts. Indem er achtsames und klarbewußtes Verständnis entwickelt, reinigt er seinen Geist von Stumpfheit und Mattheit. Indem er Aufgeregtheit und Gewissensunruhe aufgegeben hat, verweilt er ohne Aufgeregtheit. Indem sein Geist in ihm zur Ruhe gekommen ist, reinigt er ihn von Aufgeregtheit und Gewissensunruhe. Indem er skeptischen Zweifel aufgegeben hat, verweilt er wie jemand, der den skeptischen Zweifel hinter sich gelassen hat. Indem er frei ist von Ungewißheit hinsichtlich unheilsamer Dinge, reinigt er seinen Geist von skeptischem Zweifel …

Und wenn er sich frei sieht von diesen fünf Hemmungen, steigt Freude in ihm auf; in ihm, der von Freude erfüllt ist, steigt Verzücken auf; bei demjenigen, dessen Geist verzückt ist, kommt der Körper zur Ruhe; ist der Körper zur Ruhe gekommen, empfindet er Glück; und ein vom Glück erfüllter Geist gelangt zur Konzentration.

Gänzlich abgeschieden von Sinnenfreuden, abgeschieden von einer unheilsamen Geistesverfassung, tritt er, begleitet von aufmerkendem und betrachtendem Denken, in die erste Vertiefung ein und verweilt in ihr, erfüllt von Verzücken und Glück, die aus der Abgeschiedenheit geboren sind« *(Digha-Nikaya* i,73–74).

Die Faktoren der ersten Vertiefung

Fünf Faktoren gehören als Bestandteil zur ersten Vertiefung: aufmerkendes Denken, betrachtendes Denken, Verzückung, Glück und Einspitzigkeit des Geistes. Vier von ihnen werden in der gängigen Formulierung für die jhana ausdrücklich erwähnt. Der fünfte Faktor, Einspitzigkeit, wird an anderer Stelle in den Suttas angeführt, aber der Begriff *jhana* selbst weist schon auf diesen Begriff hin. Diese fünf Zustände erhalten ihre Namen, weil sie erstens den Geist von der Ebene des gewöhnlichen Bewußtseins auf die Vertiefungsebene führen und weil sie zweitens die erste Vertiefung konstituieren und ihr eine deutliche Definition geben.

Wachgerufen werden die Vertiefungsfaktoren zunächst durch die anfängliche Bemühung des Meditierenden, sich auf eines der vorgeschriebenen Objekte zu konzentrieren, um einen Zustand der Vertiefung zu entwickeln. Indem er seinen Geist auf das vorgegebene Objekt fixiert, zum Beispiel eine Kasina-Scheibe, erreicht er schließlich einen Punkt, wo er das Objekt mit geschlossenen Augen genauso deutlich wahrnimmt wie mit geöffneten. Das visualisierte Objekt nennt man ein Lernzeichen[2] (*uggahanimitta*). Während er sich auf das Lernzeichen konzentriert, werden durch seine Bemühungen Vertiefungsfaktoren zur Entfaltung gebracht, die infolge der meditativen Anstrengung an Stärke, Dauer und Gewichtigkeit zunehmen. Diese Faktoren, die mit den Hemmungen unvereinbar sind, mindern diese, schalten sie aus und halten sie unter Kontrolle. Im Verlaufe fortgesetzten Übens läßt das Lernzeichen ein geläutertes, helles Bild entstehen, das als Gegenbild[3] (*patibhaganimitta*) bezeichnet wird. Sein Erscheinen zeigt die vollkommene Unterdrückung der Hemmungen an und das Erreichen der Zugangskonzentration (*upacarasamadhi*). Alle drei Vorgänge – die Unterdrückung der Hemmungen, das Aufsteigen des Gegenbildes und die Zugangskonzentration ereignen sich zeitgleich, ohne Unterbrechung (*Visuddhimagga* 126; *Path of Purification* 131). Und wenn auch zuvor die Entwicklung des Geistes erfordert haben mag, unterschiedliche Hindernisse zu unterschiedlicher Zeit auszuschalten, so klingen sie doch alle zusammen ab, wenn der Einstieg erreicht worden ist. »Gleichzeitig mit dem Erlangen des Gegenbilds überwindet er seine Begierde, indem er sie zurückdrängt, denn er schenkt den sinnlichen Wünschen (als Objekt) keine nach außen gerichtete Aufmerksamkeit. Und da er der Billigung entsagt, entledigt er sich auch des Übelwollens, so wie man sich durch Aderlassen des Eiters entledigt. Dadurch daß er sich mit aller Energie bemüht, gibt er gleichermaßen Schwerfälligkeit und Dumpfheit auf. Friedvollen Dingen zugewandt, die keine Reue verursachen, gibt er Aufgeregtheit und Gewissensunruhe auf; und aufgrund der konkreten Erfahrung, Unterscheidungsvermögen erworben zu haben, wird die Ungewißheit aufgegeben gegenüber dem Meister, der den Weg lehrt, dem Weg selbst und den Früchten des Weges. Auf diese Weise werden die fünf Hemmungen aufgegeben« (*Visuddhimagga* 189; *Path of Purification* 196).

Wenngleich die für die erste Vertiefung entscheidenden geistigen Faktoren in der Zugangskonzentration gegenwärtig sind, besitzen sie noch nicht hinreichende Stärke, um die Vertiefung zu festigen, aber sie sind stark genug, allein die Hemmungen auszuschalten. Je länger der Meditierende übt, desto kraftvoller werden die wachsenden Vertiefungsfaktoren, bis schließlich der Eintritt in die Vertiefung gelingt. Wegen der instrumentalen Rolle, die diese Faktoren sowohl zur Erreichung wie zur Bildung der ersten Vertiefung spielen, verdienen sie im einzelnen eine genauere Untersuchung.

Aufmerkendes Denken *(vitakka)*

Das Wort *vitakka* erscheint in Texten häufig in Verbindung mit dem Wort *vicara*. Das Wortpaar beinhaltet zwei miteinander verbundene, aber unterschiedliche Aspekte des Denkprozesses. Um nun den Unterschied zwischen ihnen (wie auch ihre gemeinsame Bedeutung) hervorzuheben, übersetzen wir das eine als aufmerkendes Denken und das andere als betrachtendes Denken.

Die erste Vertiefung und ihre Faktoren

In beiden, den Suttas und dem *Abhidhamma*, wird aufmerkendes Denken damit definiert, daß der Geist auf sein Objekt gerichtet ist (*cetaso abhiniropana*). Diese Funktion wird im *Atthasalini* folgendermaßen veranschaulicht: »Ebenso wie jemand zum Palast des Königs hinaufsteigt und dabei auf einen vom König geschätzten Verwandten oder Freund angewiesen ist, so nähert sich der Geist einem Objekt, wobei er auf aufmerkendes Denken angewiesen ist« (*Dhammasangani Atthakatha = Atthasalini* 157). In der umfangreichen Vielfalt der Erscheinungsformen, wo der geistige Faktor des aufmerkenden Denkens in Erscheinung tritt, von sensuellen Unterscheidungen bis hin zu Vorstellungen, von logischem Folgern und behutsamem Erwägen bis hin zu Konzentrationsübungen, die in der ersten Vertiefung ihren Höhepunkt haben, ist diese Funktion des aufmerkenden Geistes üblich. Aufmerkendes Denken kann unheilsam sein wie zum Beispiel in Gedanken, die sinnliches Vergnügen, Übelwollen und Grausamkeit zum Inhalt haben, oder heilsam wie in Gedanken des Entsagens, der Güte und des Mitgefühls (*Majjhima-Nikaya* i,116).

Im Zustand der Vertiefung wirkt aufmerkendes Denken ausnahmslos heilsam, und seine Funktion, den Geist auf sein Objekt zu richten, tritt mit besonderer Deutlichkeit hervor. Um dies zum Ausdruck zu bringen, wird im *Visuddhimagga* folgende Erläuterung gegeben: In der Vertiefung hat aufmerkendes Denken die Funktion, »zuzuschlagen und zu dreschen – denn von dem Meditierenden sagt man, er lasse das Objekt vermöge des aufmerkenden Denkens schlagen und vermöge des betrachtenden Denkens dreschen« (*Visuddhimagga* 142; *Path of Purification* 148). Im *Milindapanha* wird es auf denselben Punkt gebracht, wenn dort aufmerkendes Denken als die durch Vertiefung erreichte ekstatische Sammlung oder »volle Versammlung« (*appana*) definiert wird. »Genauso wie ein Tischler ein gut zugeschnittenes Stück Holz in eine Fuge einpaßt, so ist volle Versammlung das Wesensmerkmal von aufmerkendem Denken« (*Milindapanha* 62).

Das Objekt der Vertiefung, in das *vitakka* den Geist und dessen Begleiterscheinungen hineintreibt, ist das Gegenzeichen[3], das aus dem Lernzeichen[2] hervorgeht, sobald die Hemmungen unterdrückt sind und der Geist in die Zugangskonzentration eintritt, das heißt in die noch der Sinnensphäre angehörende Sammlung. Im *Visuddhimagga* wird der Unterschied zwischen beiden wie folgt erklärt:

»Im Lernzeichen ist jedweder Mangel im Kasina offensichtlich. Aber das Gegenzeichen erscheint, als bräche es aus dem Lernzeichen hervor, und dies hundertmal, tausendmal mehr geläutert – wie ein runder Taschenspiegel, der aus seiner Hülle gezogen wird, wie eine sauber gewaschene Schale aus Perlmutt, wie die Mondscheibe, die hinter einer Wolke hervorkommt, wie Kraniche, die sich gegen eine Gewitterwand abheben. Aber es hat weder Farbe noch Form; wäre dies der Fall, so wäre es durch das Auge erkennbar, grob, (durch Einsicht) dem Begriffsvermögen zugänglich und trüge den Stempel der drei Daseinsmerkmale. Solcherart aber ist es nicht beschaffen. Denn es tritt nur in der Wahrnehmung dessen zutage, der Konzentration erlangt hat, und es ist bloß von scheinhafter Beschaffenheit« *(Visuddhimagga 125–126; Path of Purification 130).*

Das Gegenzeichen ist Gegenstand von beidem, Gegenstand der angrenzenden Versammlung und der Vertiefung, die sich weder hinsichtlich ihres Objekts unterscheiden noch darin, daß die Hemmungen aus dem Weg geräumt sind. Ein Unterschied besteht indessen in der Stärke ihrer jeweiligen Vertiefungsfaktoren. In ersterem sind die Faktoren noch schwach, noch nicht voll entwickelt, während sie im Zustand der Vertiefung stark genug sind, um den Geist gänzlich im Objekt aufgehen zu lassen. In diesem Vorgang ist aufmerkendes Denken derjenige Faktor, der in erster Linie dafür verantwortlich ist, daß der Geist auf das Gegenzeichen gerichtet ist und sich mit der Stoßkraft voller Versammlung zur Geltung bringt.

Betrachtendes Denken *(vicara)*

Vicara scheint eine Phase des Denkprozesses darzustellen, die weiter entwickelt ist als *vitakka*. Die Kommentare erklären, daß für das betrachtende Denken ein »fortgesetzter Druck« auf das Objekt charakteristisch ist (*Visuddhimagga* 142; *Path of Purification* 148). Aufmerkendes Denken wird als das erste Auftreffen des Geistes auf das Objekt beschrieben, als die grobe Anfangsphase des Denkens; betrachtendes Denken als der Akt, wo der Geist sich am Objekt festmacht, als die subtile Phase fortgesetzten geistigen Drucks. Buddhaghosa veranschaulicht den Unterschied zwischen beiden mit einer Reihe von Gleichnissen. Aufmerkendes Denken ist wie das Anschlagen einer Glocke, betrachtendes Denken wie deren Erklingen; aufmerkendes Denken ist wie das Fliegen einer Biene zu einer Blume, betrachtendes Denken wie ihr Herumsummen um die Blume; aufmerkendes Denken ist wie eine Kompaßnadel, die im Zentrum eines Kreises fixiert ist, betrachtendes Denken wie das Kreisen der Nadel (*Visuddhimagga* 142-143; *Path of Purification* 148-149).

Diese Gleichnisse verdeutlichen, daß aufmerkendes Denken und betrachtendes Denken unterschiedliche Aufgaben erfüllen, obwohl sie ihrer Funktion nach miteinander verknüpft sind. Aufmerkendes Denken lenkt den Geist auf das Objekt, betrachtendes Denken fixiert und verankert ihn dort. Aufmerkendes Denken bringt das Objekt in den Fokus des Geistes, betrachtendes Denken prüft es und schaut es genau an. Aufmerkendes Denken führt zu einer vertieften Konzentration, indem der Geist wieder und wieder zu dem gleichen Objekt zurückgeführt wird; betrachtendes Denken hält die erlangte Konzentration aufrecht, indem der Geist kontinuierlich in dem entsprechenden Objekt verankert bleibt.

Verzücken *(piti)*

Der dritte Faktor, der in der ersten Vertiefung gegenwärtig ist, ist *piti*, was im allgemeinen mit Freude oder Verzücken übersetzt wird. In den Suttas wird gelegentlich gesagt, daß *piti* aus einer anderen Qualität entsteht, die man *pamojja* nennt, was mit der Überwindung der fünf Hemmungen aufsteigt und mit Freude oder Frohsinn übersetzt wird. Sieht der Schüler, daß die fünf Hemmungen in ihm überwunden sind, »steigt Freude in ihm auf; und indem er Freude erfährt, steigt Verzücken in ihm auf; und ist er verzückt, kommt sein Körper zur Ruhe« (*Digha-Nikaya* i,73). Ruhe führt ihrerseits zu einem Zustand des Glücks, das die Grundlage dafür bildet, daß der Geist versammelt ist. Also geht Entzücken dem eigentlichen Eintritt in die erste Vertiefung voran, bleibt aber durch die verbleibenden Stufen hindurch bis hin zur dritten Vertiefung erhalten.

Als »Glück, Freude, Erfreutsein, Heiterkeit, Fröhlichkeit, Frohlocken, Fröhlich-gestimmt-sein, Zufriedenstellung des Geistes« wird *piti* im *Vibhanga* definiert (*Vibhanga* 257). Die Kommentare schreiben ihm etwas außerordentlich Wertvolles zu, nämlich die Funktion, Körper und Geist zu erfrischen oder sie mit Entzücken zu durchdringen, und man sagt, es manifestiere sich als freudige Erregung (*Visuddhimagga* 143; *Path of Purification* 149). Shwe Zan Aung drückt es so aus, daß »*piti*, aus einem Zusammenhang abstrahiert, Interesse von unterschiedlichen Intensitätsgraden an einem als begehrlich empfundenen Objekt bedeutet oder als geeignet, ein Gefühl des Glücks aufkommen zu lassen.«

Als *terminus agentis* definiert, ist *piti* das, was Interesse an einem Objekt *erweckt*; seinem Wesen nach definiert, ist es das Interesse, das durch das Objekt hervorgerufen wird. Weil es ein positives Interesse an einem Objekt hervorruft, ist der Vertiefungsfaktor oder Verzücken imstande, der Hemmung des Übelwollens entgegenzuwirken und sie zu überwinden, wohingegen Abneigung eine negative Bewertung des Objekts impliziert.

Man unterscheidet fünf Arten von Verzücken: geringfügiges Verzücken, momentanes Verzücken, durchströmendes Verzücken, erhebendes Verzücken und durchdringendes Verzücken. Geringfügiges Verzücken tritt bei fortschreitender Entwicklung der Meditation im allgemeinen zuerst in Erscheinung; es kann die Ursache dafür sein, daß einem die Körperhaare hochstehen. Ihm folgt momentanes Verzücken, das blitzartig erscheint, aber nicht lange aufrechterhalten werden kann. Durchströmendes Verzücken läuft in Wellen durch den Körper; es ruft ein prickelndes Gefühl hervor, ohne aber eine nachhaltige Wirkung zu hinterlassen. Erhebendes Verzücken, das Levitation verursachen kann, hält länger an, tendiert jedoch dazu, die Konzentration zu stören. Die Form des Verzückens, die für das Erreichen der Vertiefung am förderlichsten ist, ist alldurchdringendes Entzücken, von dem man sagt, es durchflute den ganzen Körper, einer gefüllten Blase vergleichbar oder einer Gebirgshöhle, die von gewaltigen Wassermassen überschwemmt worden ist. Im *Visuddhimagga* wird festgestellt, daß das, worauf der Vertiefungsfaktor des Verzückens abziele, dieses alldurchdringende Verzücken sei, das »die Wurzel der Sammlung ist und durch allmähliches Anwachsen eins wird mit Sammlung« (*Visuddhimagga* 144; *Path of Purification* 151).

Glück *(sukha)*

Als ein Faktor der ersten Vertiefung bedeutet *sukha* ein wohltuendes Gefühl. In der im *Vibhanga* gegebenen Analyse der ersten Vertiefung wird das Wort ausführlich in diesem Sinn definiert: »Was ist diesbezüglich Glück? Geistige Freude, geistiges Glück, aus geistigem Kontakt geborenes Gefühl von Freude und Glück – das nennt man ›Glück‹.« (*Vibhanga* 257). Dem *Visuddhimagga* zufolge hat das für die erste Vertiefung charakteristische Glück als Wesensmerkmal eine befriedigende Wirkung; es erfüllt die Funktion, mit ihm verbundene (Geistes-) Zustände zu intensivieren, und als Manifestation ist es den mit ihm verbundenen (Geistes-) Zuständen von Hilfe.

Verzücken und Glück sind in einer sehr engen Beziehung miteinander verknüpft, sind aber nicht identisch, obwohl beide schwer voneinander zu unterscheiden sind. Glück ist ein Gefühl (*vedana*), Verzücken eine Geistesformation (*sankhara*). Glück erscheint immer im Gefolge von Verzücken, das heißt wenn Verzücken gegenwärtig ist, muß immer Glück gegenwärtig sein; Verzücken aber erscheint nicht immer im Gefolge von Glück, denn, wie man sehen kann, stellt sich in der dritten Vertiefung Glück ein, nicht aber Verzücken. Im *Atthasalini*, das *piti* als »ein Verzücken« darüber bezeichnet, »daß ein begehrtes Objekt erlangt worden ist«, und Glück »als Genießen des Geschmacks von dem, was erlangt wurde«, wird der Unterschied anhand eines Gleichnisses veranschaulicht:

»Verzücken ist vergleichbar mit jemandem, der im Sommer ermattet durch eine Wüste wandert und der mit dem Ohr oder Auge Wasser wahrnimmt oder einen schattigen Wald sieht. Wohlbehagen (Glück) ist wie das Genießen des Wassers oder wie das Eintreten in den Wald. Denn jemand, der durch eine große Wüste wandert und, überwältigt von der Hitze, durstig ist, verlangt nach etwas zu trinken. Wenn dieser Mensch auf dem Weg einen anderen träfe, würde er fragen: ›Wo finde ich Wasser?‹, und dieser würde antworten: ›Jenseits des Gehölzes liegt ein dichter Wald mit einem natürlichen See. Geh dort hin, und du wirst Wasser bekommen.‹ Über diese Worte würde der Mensch froh und entzückt sein, und auf dem Weg dorthin sähe er auf dem Boden Lotosblätter; und er würde um so froher und entzückter sein. Und nach einer Strecke Wegs würde er Männer mit nasser Kleidung und nassen Haaren sehen, den Flügelschlag von Vögeln und Pfauen hören, würde den dichten grünen Wald wie ein Netz von Juwelen am Ufer des natürlichen Sees wachsen sehen, würde Seerose und Lotos und die weiße Lilie im See wachsen sehen, würde das glasklare Wasser sehen, und er würde noch glücklicher und verzückter sein, würde in den natürlichen See hineinsteigen, baden und mit Vergnügen trinken. Und nachdem er in seiner Not Linderung gefunden hätte, würde er das Grün der Seerosen essen, sich mit dem blauen Lotos schmücken, die Wurzeln der Mandalaka auf den Schultern tragen, aus dem Wasser steigen, seine Kleidung anlegen, sein Badezeug in der Sonne trocknen, sich im kühlen Schatten niederlegen, wo eine unendlich sanfte Brise wehen würde, und er würde ausrufen: ›O Segen! O Segen!‹

So sollte man das Gleichnis verstehen: Die Zeit der Freude und der Wonne von dem Augenblick an, da der Wanderer von dem natürlichen See und dem dichten Wald hört, bis zum Erblicken des Wassers, ist die Zeit eines Entzückens, das man empfindet, wenn einem das Objekt ins Auge fällt. Nach dem Bad und dem Trunk, wenn er sich im kühlen Schatten niederlegt und ›O Segen! O Segen!‹ und so weiter sagt, ist die Zeit des stark gewordenen Gefühls der Ruhe (des Glücks), so wie man es erfährt, wenn man sich am Geschmack des Objekts erfreut« (*Dhammasangani Atthakatha = Atthasalini* 160–161).

Verzücken und Glück sind beide Teil der ersten Vertiefung. Das Gleichnis sollte also nicht so aufgefaßt werden, daß beide sich gegenseitig ausschlössen. Sinn des Gleichnisses ist der, darauf hinzuweisen, daß Verzücken vor dem Glück in Erscheinung tritt, dem es als kausale Basis dient. In der Beschreibung der ersten Vertiefung wird von Verzücken und Glück gesagt, daß sie aus der »Abgeschiedenheit geboren« seien und den ganzen Körper des Meditierenden dergestalt durchdringen, daß kein Teil von ihm unberührt bleibt.

»Mönche, abgeschieden von Sinnesfreuden, ... tritt der Mönch ein in die erste Vertiefung und verweilt in ihr. Er taucht seinen Körper ein in Verzücken und Glück, die aus der Abgeschiedenheit geboren sind, durchtränkt ihn, füllt ihn an und durchflutet ihn damit, so daß es nirgendwo in seinem Körper einen Teil gibt, der nicht durchflutet wäre von diesem Verzücken und Glück. Ebenso wie ein geübter Bademeister oder sein Lehrling Badesalz in ein kupfernes Becken streuen mag, es wieder und wieder mit Wasser besprengt und es zusammenknetet, so daß die Seifenmasse innen und außen von Feuchtigkeit durchdrungen, angefüllt und angereichert ist und doch keine Feuchtigkeit heraussickert, so taucht ein Mönch seinen Körper ein, durchtränkt ihn, füllt ihn an und durchflutet ihn mit Verzücken und Glück, die aus der Abgeschiedenheit geboren sind, so daß es nirgendwo in seinem Körper einen Teil gibt, der nicht durchflutet wäre von diesem aus der Abgeschiedenheit geborenen Verzücken und Glück« *(Digha-Nikaya* i,74*).*

Einspitzigkeit *(ekaggata)*

Ungleich den vorangegangenen vier Vertiefungsfaktoren wird Einspitzigkeit nicht speziell in der gängigen Formulierung der ersten Vertiefung erwähnt; im *Mahavedalla Sutta* wird es jedoch zu den Vertiefungsfaktoren gerechnet *(Majjhima-Nikaya* i,294), ebenso wie im *Abhidhamma* und in den Kommentaren. Einspitzigkeit ist eine allgemeine geistige Begleiterscheinung, das heißt der Faktor, aufgrund dessen der Geist auf sein Objekt gerichtet ist. Einspitzigkeit bringt den Geist auf einen einzigen Punkt, den Punkt, der durch das Objekt besetzt ist.

In den Texten wird Einspitzigkeit als Synonym für Konzentration *(samadhi)* gebraucht, deren charakteristisches Merkmal das Gegenteil von Zerstreuung ist; sie hat die Funktion, Zerstreuung auszuschalten; sie manifestiert sich in Entschlossenheit und hat im Glück ihre unmittelbare Ursache (*Visuddhimagga* 85; *Path of Purification* 85). Als Vertiefungsfaktor ist Einspitzigkeit immer auf ein heilsames Objekt gerichtet, und es wehrt unheilsame Einflüsse ab, besonders die als Sinnenlust bezeichnete Hemmung. Da Hemmungen in der Vertiefung abwesend sind, gewinnt Einspitzigkeit besondere Kraft, die in der vorangehenden anhaltenden Bemühung um Konzentration begründet ist.

Außer den fünf Vertiefungsfaktoren ist eine große Anzahl anderer geistiger Faktoren Teil der ersten Vertiefung, die alle gemeinsam in Harmonie als Funktion eines Bewußtseinszustands zum Tragen kommen. Bereits das *Anupada Sutta* zählt solche zusätzlichen Komponenten der ersten Vertiefung auf, wie Kontakt, Gefühl, Wahrnehmung, Willen, Bewußtsein, Wünschen, Entschlußkraft, Ausdauer, Achtsamkeit, Gleichmut und Aufmerksamkeit (*Majjhima-Nikaya* iii,25). In der *Abhidhamma* Literatur wird diese Liste noch weiter ausgedehnt, und zwar auf 33 unerläßliche Komponenten. Nichtsdestoweniger werden nur fünf von ihnen als Faktoren der ersten Vertiefung bezeichnet, denn nur diese haben die Funktion, den fünf Hemmungen entgegenzuwirken und den Geist in einem Zustand der Sammlung zu fixieren. Damit Vertiefung erreicht wird, müssen alle diese fünf Faktoren gleichzeitig präsent sein, um ihre spezifische Wirkung zu haben. (…)

Jeder Vertiefungsfaktor dient als Unterstützung des auf ihn folgenden. Aufmerkendes Denken muß den Geist auf sein Objekt richten, damit betrachtendes Denken ihn dort verankere. Erst dann, wenn der Geist verankert ist, kann sich das Interesse entwickeln, das in der Verzückung kulminiert. Während Verzücken sich entwickelt, bringt es Glück zur Reife, und dieses spirituelle Glück unterstützt das Anwachsen der Einpitzigkeit, indem es eine Alternative zu den unbeständigen Sinnesgenüssen bereitstellt. In gleicher Weise führen, wie Nagasena darlegt, alle anderen heilsamen Zustände zur Konzentration, die über ihnen steht wie der First über einem Haus (*Milindapanha* 38–39).

Vervollkommnung der Ersten Vertiefung

Wie wir gesagt haben, liegt der Unterschied zwischen der Zugangs- und der Sammlungskonzentration[4] nicht in der Abwesenheit der Hemmungen, die beiden gemein ist, sondern in der relativen Stärke der Vertiefungsfaktoren. Im Zugang sind die Faktoren schwach, so daß die Konzentration fragil ist, vergleichbar mit einem kleinen Kind, das einige Schritte tut und dann hinfällt. In der vollen Sammlung jedoch sind die Vertiefungsfaktoren stark und gut entwickelt, so daß der Geist ständig voll konzentriert ist, genau so, wie ein gesunder Mensch für einen ganzen Tag und eine ganze Nacht auf den Füßen stehenbleiben kann (*Visuddhimagga* 126; *Path of Purification* 131).

Da volle Sammlung vermehrte Konzentration zum Gewinn hat, wird ein Meditierender, der den Zugang erreicht, dazu ermutigt, sich um Vertiefung zu bemühen. Um seine Übung weiterzuentwickeln, werden einige wichtige Maßnahmen empfohlen. Der Meditierende sollte eine geeignete Behausung haben, sich auf eine für Almosengänge geeignete Umgebung verlassen können, nutzlose Gespräche vermeiden, nur mit spirituell ausgerichteten Gefährten Umgang pflegen, ausschließlich geeignete Speise zu sich nehmen, nur in einem förderlichen Klima leben und bei seinen Übungen eine zweckdienliche Haltung einnehmen. Auch sollte er die zehn Arten der Sammlung pflegen. Wohnstätte und Körper sollte er sauberhalten, so daß sie einer klarbewußten Meditation dienlich sind, und er sollte seine spirituellen Fähigkeiten in der Weise im Gleichgewicht halten, daß Vertrauen mit Wissen und Energie mit Konzentration in Balance sind. Er muß Geschick darin zeigen, das Meditationsobjekt (1–3) hervorzubringen und zu entwickeln. Er sollte den Geist anstrengen, wenn er müde ist, und ihn zügeln, wenn er aufgeregt ist, ihn ermuntern, wenn er ruhelos oder niedergeschlagen ist, und ihn mit Gleichmut betrachten (4–7), wenn alles gut verläuft. Der Meditierende sollte Menschen aus dem Weg gehen, die ihn ablenken, und sich denjenigen zuwenden, die in Konzentrationsübungen erfahren sind; und er sollte fest zu seinem Entschluß stehen, Vertiefung zu erlangen (8–10).

Hat der Meditierende die erste Vertiefung einige Male erlangt, so ist er gut beraten, nicht sofort damit zu beginnen, die zweite Vertiefung anzustreben. Dies käme einem törichten und unnützen spirituellen Ehrgeiz gleich. Ehe er bereit ist, sich die zweite Vertiefung zum Ziel seiner Bemühung zu setzen, muß er zunächst die erste Vertiefung zur Vollkommenheit bringen. Ist er zu eifrig bemüht, die zweite Vertiefung zu erreichen, ehe er die erste vervollkommnet hat, wird er wahrscheinlich die zweite nicht erreichen und sich außerstande sehen, die erste wiederzuerlangen. Solch einen Meditierenden vergleicht der Buddha mit einer dummen Kuh, die, noch nicht vertraut mit ihrer eigenen Weide, sich nach neuen Weiden auf den Weg macht und sich im

Gebirge verirrt: Umsonst sucht sie nach Futter oder Wasser und ist nicht in der Lage, ihren Weg nach Hause zu finden (*Anguttara-Nikaya* iv, 418–19).

Die Vervollkommnung der ersten Vertiefung umfaßt zwei Schritte: die Ausdehnung des Meditationsobjekts und die Beherrschung der fünf Meisterungen. Die Ausdehnung des Meditationsobjekts bedeutet, den Umfang des Gegenzeichens, das heißt des verinnerlichten Meditationsobjekts, zu erweitern. Indem er mit einem kleinen Bereich beginnt, den Umfang von einem oder zwei Fingern etwa, lernt der Meditierende allmählich, das Zeichen zu erweitern, bis das geistige Bild zu einem Umfang gebracht wird, wo es sich über die Weltsphäre oder sogar über diese hinaus erstreckt (*Visuddhimagga* 152–53; *Path of Purification* 158–59).

Indem der Meditierende diese Übung verfolgt, sollte er versuchen, die Vertiefung auf fünffache Weise zu beherrschen: die Beherrschung der Hinwendung (zum Objekt), des Erreichens, des Verweilens, des Herauskommens und des weisen Kontemplierens. Die Beherrschung des Aufmerkens ist die Fähigkeit, sich schrittweise den Vertiefungsfaktoren zuzuwenden, wo immer und wann immer man es wünscht und so lange, wie man möchte. Beherrschung des Erreichens ist die Fähigkeit, schnell in die Vertiefung zu gelangen, Beherrschung des Verweilens die Fähigkeit, genau für die zuvor bestimmte Zeitlänge in der Vertiefung zu bleiben, Beherrschung des Herauskommens die Fähigkeit, ohne Schwierigkeit schnell aus der Vertiefung herauszugelangen, und die Beherrschung des Rückblickens ist die Fähigkeit, aus einem retrospektiven Wissen heraus, sofort nachdem man sich ihnen zugewandt hat, auf die Vertiefung und ihre Faktoren zurückzublicken. Hat der Meditierende diese fünffältige Beherrschung gewonnen, so ist er soweit, die zweite Vertiefung anzustreben.

Anmerkungen (des Übersetzers)

1) Unter einer Phase des Zugangs versteht man die Meditationsphase, in der man noch nicht in die erste Vertiefungsstufe eingetreten ist, sich dieser aber annähert.
2) Lernzeichen: das Meditationsobjekt in der Vorbereitungsphase.
3) Gegenzeichen/Gegenbild: das verinnerlichte Meditationsobjekt.
4) Nach der Vorbereitungsphase werden Subjekt und Objekt eins.

Samdhong Rinpoche
Buddhistische Meditation

Samdhong Rinpoche gehört zu den Vertretern des tibetischen Buddhismus, die politisches und spirituelles Engagement miteinander verbinden. Er fungiert nicht nur als Präsident der Abgeordnetenkammer der tibetischen Exilregierung, sondern auch als Rektor der Tibetischen Hochschule im indischen Sarnath (Central Institute of Higher Studies). Dort gibt er die »Bibliotheca Indi-Tibetica« heraus. Sein hoher Rang drückt sich auch in dem Titel Rinpoche aus, der ihn als eine religiös sehr verehrte Persönlichkeit ausweist. Samdhong Rinpoche gehört der Gelug-Tradition an und arbeitet eng mit dem Dalai Lama zusammen.

Wer die Belehrung Rinpoches liest, wird wieder mehr das Ganze in den Blick bekommen und das Zusammenspiel von Ruhe und Einsicht deutlich sehen. Aus einem weiteren Blickwinkel wird verständlich, was »stiller Geist – klarer Geist« bedeutet. Zunächst veranschaulicht Rinpoche die Veränderungen in körperlicher wie geistiger Hinsicht, wenn die Konzentrationsfähigkeit zunimmt. Auch er bezeichnet die unterschiedlichen Stufen der Sammlung, wobei Begrifflichkeit und Reihenfolge von anderen Darstellungen (wie zum Beispiel bei Henepola Gunaratana oder Ayya Khema) etwas abweichen.

Im zweiten Teil werden wir erneut daran erinnert: Geistesruhe ist kein Selbstzweck. Sie ist eines der Mittel (upaya), um Weisheit (prajna) zu erlangen: das Wissen, daß alle Erscheinungen nicht aus sich selbst heraus existieren, sondern bedingt entstanden, substanzlos und leer sind. Das gilt auch für das, was wir Ich nennen.

Wenn ein Mensch mit der Ausübung seiner Konzentration fortfährt, finden in seinem Körper und später auch in seinem Geist bestimmte Veränderungen statt. Diese Veränderungen kommen bei einigen Meditierenden schnell und leicht zustande, bei anderen dagegen stellen sie sich erst nach viel Anstrengung und Übung ein. Das ist deswegen so, weil diese Veränderungen von vielen Faktoren abhängen, wie etwa vom persönlichen Hintergrund des Meditierenden, seinem Karma, der Qualität seiner Praxis und so weiter. Aber jeder Mensch, der beständig Konzentration praktiziert und keine grundlegenden Fehler macht, sollte früher oder später gute Ergebnisse erzielen.

Dieser Wandel wird zuerst im Körper spürbar, da der vom gewöhnlichen Menschen genutzte, oberflächliche Geist, der zu Grobheit (Sanskrit: *sthula*[1]) neigt, in seiner Funktion vom Körper abhängt. Der subtile Geist hingegen hängt nicht vom Körper ab. Anfänger meditieren mit dem groben Geist, und auf den frühen Stufen der Meditation ist der subtile Geist noch inaktiv. Wenn jedoch der Aspirant Kontrolle über seinen groben Geist erlangt und ihn durch stetige Praxis in einsgerichteter Konzentration auf ein besonderes Objekt zum Stillstand bringt, schafft er eine Verwandlung in seinem Körper. Das kommt daher, daß durch einen einsgerichteten Geist der Fluß der Lebenswinde im Körper unter Kontrolle gebracht wird. Im gewöhnlichen Zustand eines zerstreuten Geistes sind die Lebenswinde, die Träger der feinstofflichen Kräfte, in Unordnung, und diese Unordnung beeinflußt nicht nur den Körper, sondern auch den Geist. Daher wird durch die Kontrolle des Geistes auch der Körper in einen Zustand der Harmonie gebracht. Wenn der Meditierende diese Stufe erreicht, hat er ein durchgehend angenehmes Körpergefühl. Dieses angenehme Gefühl, diese Leichtigkeit, die den Meditierenden befähigt, seinen Körper mit größerer Leichtigkeit zu gebrauchen, wird fälschlicherweise oft für Verwirklichung gehalten, und manche Menschen bleiben hier stehen und schwelgen in diesem angenehmen Gefühl. Das kann dazu führen, daß der Meditierende alles verliert, was er mit so viel Mühe gewonnen hat. Das Gefühl der Leichtigkeit im Körper ist ein Zeichen, daß ein gewisser Fortschritt stattgefunden hat und daß man der Vollendung wirklicher Meditation nähergekommen ist; es ist kein Ergebnis an sich. Deshalb sollte der Meditierende, wenn er seinen Körper leichter werden fühlt, es seinem Geist nicht gestatten, sich ablenken zu lassen. Er sollte im Gegenteil seine einsgerichtete Konzentration, Meditation und Sammlung noch intensivieren. Dann wird sich, nach ungefähr einer Woche, das angenehme Gefühl im Körper wieder legen. Der Übende mag das Empfinden haben, daß das Gefühl abnimmt, aber tatsächlich ist das nicht der Fall. Er gewinnt allmählich Kontrolle über die Situation, und deshalb läßt sich sein Geist von den Empfindungen nicht mehr stören.

Im unmittelbaren Anschluß an das angenehme Körpergefühl folgt ein unbeschreibliches Gefühl der Zufriedenheit und des Glücks im Geist, das nicht während, sondern nach der Meditation erfahren wird. Diese Empfindung schafft ein weiteres Problem, weil der Meditierende wiederum geneigt ist, daran festzuhalten. Jetzt muß er standhaft sein und seine Meditation zum richtigen Zeitpunkt abbrechen und sich ein wenig Zeit nehmen, während der er für einen Spaziergang nach draußen gehen, mit Leuten sprechen, Musik hören oder etwas ähnliches tun kann. Auf diese Weise wird er sich davor bewahren, in Meditation zu »ertrinken«, um als Nachwirkung diese Zufriedenheit zu erfahren. Wenn er diszipliniert mit sich selbst ist, wird sich auch dieses Glücksgefühl des Geistes wieder legen.

Es ist deutlich erkennbar, daß die angenehme Empfindung des Körpers in Vereinigung mit dem Glücksgefühl des Geistes gemeinsam ein Paar bilden. *Yoga* bedeutet in Sanskrit eine harmonische Verbindung zweier Dinge, in diesem Fall Körper und Geist. Konzentration unter diesen Bedingungen wird *shamatha* genannt, da alle ungeordneten Funktionen und alle Zerstreutheit des Geistes jetzt befriedet und ausgelöscht sind. Wenn Körper und Geist sich auf diese Weise in Harmonie befinden und der Meditierende seinen Geist zur Konzentration auf einen materiellen Gegenstand richtet, wird er eine Art *samadhi* erfahren. Weil unser oberflächlicher Geist immer aktiv ist und deshalb die Dinge ständig verzerrt, besitzen wir zur Zeit nicht die Ausgeglichenheit des Geistes, die nötig ist, um sich auf die Dinge zu konzentrieren, so, wie sie wirklich sind. Wahrscheinlich gibt es ohne die Verwirklichung von *samadhi* keine Möglichkeit, irgend etwas so wahrzunehmen, wie es tatsächlich ist.

Der erste Teil des Wortes *samadhi*, *sama*, bedeutet Gleichheit. »Gleichheit« meint in diesem Fall, daß der Gehalt des Objekts und der des Geistes gleich sein sollten. »Gleichheit« und »Harmonie« können auch bei einem Topf und seinem Deckel am Ort ihres Zusammentreffens bestehen, doch wenn der Deckel nicht auf den Topf paßt, herrscht weder Gleichheit noch Harmonie zwischen ihnen. Ebenso sollte Gleichheit zwischen dem Erkannten und dem Erkennenden, dem Geist, bestehen. Gegenwärtig herrscht jedoch, aufgrund der Arbeitsweise unseres Geistes, in diesem Bereich Unordnung. Der Geist wirkt zum Beispiel über die Augen. Vom Sehen nehmen wir an, daß es den Gegenstand unmittelbar wahrnimmt und ihn unverfälscht dem Geist übermittelt. Aber ist das wirklich so? Ist zum Beispiel die Farbe, die wir sehen, immer korrekt? Und wenn wir eine runde Form in etwa hundert Meter Entfernung sehen, nehmen wir sie dann in ihrer wirklichen Größe wahr? Entfernung vermindert die Deutlichkeit von Farbe und Form, und so verändert sich das Objekt gemäß der Entfernung und der Schärfe unserer Augen. Bis das Bild unseren Wahrnehmungsbereich berührt, sehen wir also schon etwas anderes. Dasselbe würde gelten, wenn ein Gegenstand so nahe vor eine Person gehalten würde, daß sie ihn gar nicht richtig wahrnehmen könnte. Weil der Geist also verzerrt, besteht eine Ungleichheit zwischen dem Geist und dem wahrgenommenen Objekt.

Wenn der Geist über die Ohren wirkt, gilt dasselbe. Spricht jemand aus großer Entfernung, hören wir in Beziehung zum Abstand und unserem Hörvermögen entweder verzerrte Worte oder undeutliche Geräusche. Natürlich hören verschiedene Menschen unterschiedliche Verzerrungen. Kommt der entfernte Sprecher näher, wird der Empfang klarer, und wenn er nahe genug ist, sollte es überhaupt keine Verzerrung mehr geben. Taucht allerdings im Verlauf des Zuhörens oder des Betrachtens eines entfernten Gegenstandes ein Gedanke auf, so gibt es eine ziemlich starke Verzerrung, und eine falsche Auffassung des gesprochenen Wortes oder des wahrgenommenen Gegenstandes ist die Folge.

Wenn wir den Zustand von *shamatha* erlangt haben, ist unser Geist imstande, sich mit großer Ausgeglichenheit auf sein Objekt zu konzentrieren und es, ohne die geringste Verzerrung, genau so wahrzunehmen, wie es ist. Diese Errungenschaft bedeutet allerdings noch nicht, daß wir die absolute Wirklichkeit erreicht, die letztendliche Wahrheit der Phänomene verwirklicht hätten. Um an diesen Punkt zu gelangen, müssen wir noch sehr viel weiter gehen. Was jedoch erreicht wurde, ist eine Kraft des Geistes, die sich mit großer Ausgeglichenheit auf ein Objekt konzentrieren kann. Wenn *shamatha* erlangt wurde, kann der Meditierende seine Anstrengungen in der Konzentration erheblich nachlassen, da die Gefahr der Zerstreuung oder des langsamen Absinkens des Geistes überwunden ist. Auch muß der Meditierende, wenn er einmal den Vorgang der Harmonisierung von Körper und Geist durchlaufen hat, die Kräfte seiner Erinnerung und seines Erkennens nicht länger einsatzbereit halten. All das kann fallengelassen werden, weil die Störungen nicht wieder auftreten werden. Darüber hinaus wird der Übende bemerken, daß Unannehmlichkeiten wie körperliche Müdigkeit oder Steifheit in den Beinen während der Meditation nicht mehr auftreten, weil der Körper gelernt hat, sich anzupassen und keine Forderungen mehr stellt, zu einer bestimmten Zeit gefüttert oder bewegt werden zu wollen. Er ist nun fähig, jede Aufgabe für beliebige Dauer auszuführen.

Das Erlangen von *shamatha* ist wahrlich ein Meilenstein in der Meditation. Wir dürfen jedoch nicht vergessen, daß es nicht das letztendliche Ziel ist, sondern der Punkt, an dem wahre Meditation überhaupt erst beginnt. Bis hierhin üben wir unseren Geist nur, sich zu konzentrieren, ohne vom Denken gestört zu werden oder in den Zustand des Absinkens zu geraten. Schließlich wird der ernsthafte Mensch allein um der Meditation willen mit seiner Meditation fortfahren und die acht Stufen von *sama-*

dhi durchlaufen, das heißt die vier Stufen von *rupa samadhi* und die vier Stufen von *nirupadhi samadhi*.

Die Erforschung dieser verschiedenen *samadhi*-Stufen ist für den Meditierenden ein wahrer Luxus. Doch wollen wir nicht zu weit vorgreifen; lassen Sie uns beim Meditierenden bleiben, der *shamatha* erreicht hat und nun dabei ist, die erste Stufe von *rupa samadhi* zu erforschen.

Der Meditierende hat eine harmonische Beziehung zwischen Körper und Geist erlangt. Wenn er beginnt, seinen Geist zu konzentrieren, kooperiert sein Körper nun sofort. Wenn jemand versucht, *samadhi* zu erlangen, so sind zu Anfang Denken und Unterscheidungsfähigkeit nötig, um zum Beispiel bestimmte Aspekte der Kontemplation auszuloten. Der Übende braucht das Denken, um vom Objekt, auf das er sich zu konzentrieren wünscht, ein geistiges Bild zu erschaffen, und er braucht Unterscheidungsvermögen, um einschätzen zu können, ob die Meditation richtig oder falsch läuft und ob das vorgestellte Bild deutlich ist oder nicht. Der Einsatz von Denken und Unterscheidungsvermögen ist folglich für den Anfänger unerläßlich, und zwar vor seinem Eintritt in *samadhi* sowie unmittelbar nachdem er wieder herauskommt. Aber wenn er sich spirituell weiterentwickelt und um der Freude an der Meditation willen meditiert, kann der Übende bestimmte höhere Zustände erlangen, die alle in den *shastras* beschrieben werden.

Die *shastras* erwähnen drei unterschiedliche Bereiche. Der erste Bereich ist *kama*, der gewöhnliche Zustand, in dem die meisten Menschen leben. Der zweite ist *rupa*, der Bereich der Form. Der dritte ist *nirupadhi*, der Bereich der Formlosigkeit oder der Bereich jenseits von Form.

Der Geist im Zustand von *kama* ist der gewöhnliche, unkontrollierte Geist. Wenn *samadhi* erreicht worden ist (das bedeutet, die erste Stufe des *rupa samadhi* ist erlangt), ist der Geist feiner geworden, und der Meditierende befindet sich in einem Zustand des Friedens. Wenn er eine Weile auf dieser Stufe praktiziert hat, stellt er fest, daß eigentlich keinerlei Notwendigkeit besteht, zu denken oder zu unterscheiden. Daher kann er diese Funktionen jetzt auslöschen und *samadhi* ohne sie entwickeln. Hat er diese zweite Stufe des *rupa samadhi* erreicht, braucht er das Denken weder, um in *samadhi* zu gelangen, noch, um wieder herauszukommen. Vor dem Eintritt in *samadhi*, während des Verweilens darin und wenn er wieder herauskommt, bleibt der Meditierende völlig frei von Gedanken.

Nach dem Aufhören des Denkens wird das Gefühl des Glücks, das im Geist des Meditierenden zurückbleibt, zu einem Störfaktor, da der Zustand des *samadhi* ohne dieses zusätzliche Gefühl der Glückseligkeit friedvoller empfunden wird. Deshalb wird sich der Meditierende daran machen, es zu tilgen. Das Aufhören dieser Glückseligkeit kann entweder durch die Praxis von *shamatha* oder *samadhi* erreicht werden, und wenn der Meditierende es vollendet hat, wird er sich in einem neutralen Zustand befinden, der weder glücklich noch unglücklich ist. Dies ist die dritte Stufe des *rupa samadhi*; es ist ein viel höherer und friedvollerer Zustand als *shamatha*.

Wenn der vorher erwähnte geistige Glückszustand aufgehört hat, wird der Meditierende bemerken, daß noch ein weiterer Störfaktor zurückbleibt. Dieser wird von einer angenehmen Empfindung im Körper (*sukha vedana*) verursacht, die seine Ruhe stört. So nimmt sich schließlich der Meditierende auch diese Störung vor und befreit sich von ihr. Wenn sich auch diese Empfindung in einen neutralen Zustand beruhigt hat, in dem es weder Wohlsein noch Unwohlsein gibt, so hat der Meditierende die vierte und höchste Stufe des *rupa samadhi* erlangt.

Danach wird er feststellen, daß die Beziehung zwischen Körper und Geist für die Meditation nicht wirklich hilfreich ist, und er wird deshalb versuchen, den Geist völlig unabhängig vom Körper zu machen. Damit er dies erlangt, muß er den *samadhi* der Körperlosigkeit (*nirupadhi samadhi*) praktizieren. Der Bereich des *nirupadhi samadhi* wird ebenfalls in vier Stufen unterteilt. Zu Beginn muß der Meditierende jede Konzentration auf irgendeinen Gegenstand, der sich durch Form oder irgendeine andere Verkörperlichung auszeichnet, aufgeben und nur auf grenzenlose Leerheit meditieren. Hier geht es nicht um die Leerheit von *shunyata,* gemeint ist die grenzenlose Leerheit des Raumes (*akasha)*, die der Meditierende als Objekt für seinen *samadhi* nimmt.

Nachdem er eine Weile in dieser Weise meditiert hat, merkt der Übende, daß er sich nicht länger auf ein außerhalb von ihm liegendes Objekt konzentrieren muß, und er lenkt seine Meditation auf die Unermeßlichkeit des Bewußtseins. Dies bedeutet, daß er in die zweite Stufe des *nirupadhi samadhi* eintritt.

Nach wieder einer Weile beginnt der Meditierende zu fühlen, daß selbst das Bewußtsein zu einem Objekt oder einer Art von Verkörperung wird, und er weiß, daß er die Notwendigkeit, ein Objekt zur Konzentration haben zu müssen, eliminieren muß. Also beginnt er über nichts zu meditieren, er konzentriert sich einfach auf nichts. Das ist die dritte Stufe des *nirupadhi samadhi.*

Alles, was jetzt von der Praxis der Meditation noch übrig bleibt, ist reine Konzentration. Aber genau diese Konzentration wird nun selbst zu einer Quelle der Störung, und der Übende muß auch sie noch beseitigen. An diesem Punkt tritt der Meditierende in die vierte und höchste Stufe des *nirupadhi samadhi* ein.

Es ist interessant festzustellen, daß der Meditierende, um in seiner Meditation immer höher steigen zu können, allmählich eine subtile Empfindung nach der anderen und eine Übung nach der anderen auslöschen muß. Wenn er sich schließlich völlig »entleert« hat, hat er die vierte Stufe des *nirupadhi samadhi* erlangt. Ab diesem Punkt ist das System des *samadhi* für den Meditierenden nicht mehr wirksam, da er mit der Vernichtung der Konzentration die letzte aktive Tendenz seines Geistes ausgelöscht hat, und deshalb muß er in eine andere Art von Meditation eintreten.

Die buddhistischen und hinduistischen Lehren über die verschiedenen Stufen von *samadhi* sind sich ähnlich. Die technischen Begriffe mögen sich unterscheiden, aber die Einteilung der Schritte und die Systeme der Auflösung sind, mit gelegentlichen leichten Variationen, allen alten indischen Meditationstraditionen eigen. Wenn die Meditationssysteme sich auch am Anfang noch unterscheiden, so stimmen sie auf den höheren Stufen, insbesondere in den Bereichen des *rupa* und *nirupadhi samadhi*, doch alle miteinander überein.

Ich habe jetzt in Kürze, ohne auf komplizierte technische Gesichtspunkte einzugehen, für Sie den Fortschritt in der Meditation klar und geordnet dargelegt und aufgezeigt, welche Störungen zu erwarten sind, bevor höhere Zustände erreicht werden. Es handelt sich hierbei um das allgemeine Muster bis einschließlich der Stufen von *shamatha* und *samadhi*. Im buddhistischen System jedoch wird ein Meditierender, der die Stufe von *shamatha* erreicht hat, gewöhnlich nicht ermutigt, weiterzugehen und in den acht Stufen der beiden Bereiche von *samadhi* zu schwelgen. Die geistigen Qualifikationen des Meditierenden werden, sobald er *shamatha* erreicht hat, für ausreichend gehalten, um eine spirituellere Art der Meditation zu entwickeln, und es wird daher empfohlen, daß der Meditierende sich, vom Erlangen von *shamatha* an, einige Jahre auf die Ergründung der Wirklichkeit der Dinge konzentrieren soll. Buddhisten arbeiten immer mit dem Zwei-Ebenen-System der weltlichen oder relativen Wahrheit und der letztendlichen oder absoluten Wahrheit. Die Wirklichkeit der Dinge wird ebenfalls in diese beiden Ebenen unterteilt, nämlich in die der relativen Welt und in die der absoluten Welt. Zur Entdeckung der letzten Wirklichkeit der Dinge, zur Annäherung an die absolute Wahrheit also, wird die Meditation über die Vier Edlen Wahrheiten empfohlen. Für Buddhisten ist *nirvana*, der Zustand, in dem alle Mängel des Geistes aufgehört haben, das letztendliche Ziel. Die Methode zum Erlangen von *nirvana* ist eine zweifache:

1. *prajna*, das Zustandebringen korrekter Einsicht, richtiger Erkenntnis oder Weisheit.

2. *upaya*, die Mittel oder die Methoden, durch die *prajna* erreicht wird.

Wenn *shamatha* erlangt wurde, wird die Meditation über die Vier Edlen Wahrheiten und später die Meditation über *shunyata* oder So-sein empfohlen. Diese Meditationen sind als Hilfen zur Beseitigung von *avidya* gedacht, dem Zustand innerer Fehlauffassung oder Unwissenheit. Aufgrund von Unwissenheit leben wir in *samsara*, erleben die sich ständig wandelnden Szenen des Lebens. Und durch Ausdauer in der Übung der vorgeschriebenen Arten der Meditation findet der Meditierende in *shamatha* die Methode (*upaya*), durch die er *prajna* entwickeln kann. *Prajna* ist die Erkenntnis, die die Ist-heit, das So-sein sieht. *Prajna* ist die Weisheit, die die Wahrheit kennt.

Jedes Phänomen, das in einer spezifischen Form existiert, wird vom Ich, von der individuellen Person, mißverstanden. Das Ich existiert, das läßt sich nicht leugnen. Aber wir können die Existenz des Individuums »auf die von uns gegenwärtig verstandene Weise« verneinen. Die Auffassung eines Ich kommt durch *avidya* oder Unwissenheit zustande, durch die wir eine Wesenheit mit eigenständiger, unabhängiger Natur (*svabhava*) wahrnehmen. Der Buddha jedoch sagte, daß nichts auf diese Art existiert; alles existiert in einem Feld der Relativität. Würde ein Ding – so wie wir es uns denken – als unabhängige Wesenheit existieren, so müßte dieses Wesen in der Analyse deutlich erkennbar werden. Aber nichts läßt sich auf diese Weise erkennen. Wir denken zum Beispiel gewöhnlich in folgender Weise: »Ich bin« und »Ich bin hier«. Wir denken beiläufig an ein Ich, aber wir wissen nicht, in welcher Wirklichkeit dieses Ich-Bild existiert. Wir halten das Ich für selbstverständlich und glauben, daß es existiert und von nichts anderem abhängig ist. Was aber finden wir, wenn wir beginnen, die Angelegenheit näher zu untersuchen? Wir sagen: »Ich bin hier, und dies ist mein Geist«, aber der Geist ist nicht das Ich. »Dies ist mein Name«, aber der Name ist nicht das Ich. Indem wir immer tiefer nachforschen, erkennen wir, daß es nichts Spezielles gibt, das wir als das Ich identifizieren könnten. Das ist möglich, weil das Ich nur scheinbar mit anderen Phänomenen wie dem Körper, dem Geist, dem eigenen Namen, den eigenen Handlungen, Gedanken und so weiter übereinstimmt. In Wirklichkeit steht das Ich in Beziehung zu und ist abhängig von all diesen Phänomenen. Also existiert das Ich nur in wechselseitig abhängiger Weise in Zeit, Raum, Denken und so weiter. Durch Analyse findet man heraus, daß, obwohl äußerlich kein Ich festgemacht werden kann, im Bereich wechselseitiger Abhängigkeit doch etwas in dieser Art existiert. Und diese Sachlage wird vom gegenwärtigen, gewöhnlichen Geist nicht verstanden oder erkannt. Hat aber ein Meditierender die Kraft der Konzentration (*shamatha*) erlangt, so kann er jedes beliebige Objekt oder Phänomen mit so machtvoller Einsgerichtetheit des Geistes untersuchen, daß es ihm möglich wird, zur absoluten Wirklichkeit vorzudringen.

Absolute Wirklichkeit, Leerheit oder Sosein heißt auf Sanskrit *shunyata*. In früheren Zeiten – ebenso wie heute – haben selbst angesehene Gelehrte nicht richtig verstanden, was Nagarjuna mit seiner Darlegung der Doktrin von der Leerheit (*shunyata*) gemeint hat, und haben *shunyata* fälschlicherweise als Vernichtung interpretiert. Seine Begründung der Wahrheit – sogar einer relativen Wahrheit – durch Negation ist jedoch etwas völlig anderes. Dieses System ist ein Äquivalent für das Erreichen des Positiven durch das Negative. Nehmen wir zum Beispiel einen Topf. Wir schauen ihn an und nehmen ihn wie gewöhnlich auf verzerrte Art und Weise wahr. Also müssen wir unsere verdrehte Interpretation – all unsere Konzepte über ihn – negieren, und wenn wir uns von all unseren aufgesetzten Verfälschungen gereinigt haben, nehmen wir die Wirklichkeit des Topfes rein wahr, so, wie sie ist. In vergleichbarer Weise nehmen wir die Wirklichkeit wahr, wenn wir Einsicht und Weisheit entwickelt haben.

Wir sind immerzu voll von Gedanken und Worten, weil wir ständig durch sie operieren und ohne ihre Hilfe überhaupt nicht imstande wären, irgend etwas zu tun. Bei allem, was wir reden und denken, machen wir Gebrauch von Bildern. Diese Bilder sind gewöhnlich negativ und haben eine verzerrende Wirkung sowohl auf unser Handeln als auch auf unser Verständnis und unsere Wahrnehmung. Weil wir auf diese Weise konditioniert sind, sehen wir nichts so, wie es in Wirklichkeit ist. Ein ungeübter Mensch ist nicht in der Lage, die Einzelheiten eines äußeren Objekts genau und präzise wahrzunehmen. Entsprechend schwierig wird es, irgendein Phänomen klar und ohne Verzerrung zu sehen, wenn man in die inneren Bereiche schaut. Wie wir aber bereits besprochen haben, kann ein ernsthafter und fortgeschrittener Meditierender durch *prajna*, durch Weisheit, die alle verzerrenden Kräfte negiert, die der Einbildung eines »Ich« und »Mein« angehören, gültige Einsicht in die Wirklichkeit der Dinge gewinnen. Auf diese Weise ist dem Übenden in seiner Untersuchung der wahren Beschaffenheit der Phänomene schließlich Erfolg beschieden.

Der Meditierende teilt im Zustand der Meditation also auch die Phänomene in zwei Teile; ein Teil enthält alles, was zum »Ich« und »Mein« gehört, der andere enthält alles weitere. So wird eine Teilung vorgenommen zwischen *pudgala* (dem Individuum) und *dharma* (allem anderen, dem nicht zum Individuum Gehörigen), und dann werden beide von *prajna* erforscht. *Prajna* untersucht auf der einen Seite den *pudgala-nairatmya*, die Essenz des Ohne-Mitte-Seins des Ich oder die Ichlosigkeit und auf der anderen Seite den *dharma-nairatmya*, das Ohne-Mitte-Sein oder die Nicht-Substantialität aller anderen Dinge. Wenn der Meditierende diese beiden Wahrheiten erkannt hat, wird er fortgesetzt alle Phänomene untersuchen und so die Wahrheit an sich kennenlernen. Dies geschieht anfangs nicht durch unmittelbares, direktes Erkennen, sondern durch Schlußfolgerung (*anumana*). Der Übende entdeckt, daß die Dinge nicht so fest, so unabhängig oder so unwandelbar sind, wie sie zu sein scheinen. Auf diese Weise erlangt der Meditierende Wissen oder Einsicht in die Leere (*shunyata*) der Phänomene. Und indem er mit dieser Art der Meditation fortfährt, gelangt er schließlich in einen Zustand, wo er die Wirklichkeit ohne Denken oder Verzerrung direkt wahrnehmen kann, in unmittelbarer Sicht von *nairatmya*, der Atmanlosigkeit (Nicht-Wesenhaftigkeit). Das ist *prajna*, die Weisheit der Einsicht, die die Wahrheit kennt, oder *vipashyana*, der besondere Einblick in die Wirklichkeit.

Betrachten wir die Geschichte der Menschheit, so sehen wir, daß es seit undenklichen Zeiten Individuen oder Gruppen von Individuen gegeben hat, die sich der Notwendigkeit bewußt waren, die tieferen Aspekte des Lebens zu erforschen. Als Ergebnis dieser

Forschungen haben wir viele Religionen, philosophische und ethische Traditionen geerbt, die sich in Auffassung und Lehre so stark unterscheiden, daß sie unmöglich ordentlich zusammengestellt und in Übereinstimmung miteinander gebracht werden können. Wenn wir diese vielfältigen Weisheitstraditionen jedoch näher untersuchen, stellen wir fest, daß sie in zwei Punkten übereinstimmen – am Anfang und am Ende –, und zwischen diesen beiden Punkten entfaltet sich die große Vielfalt religiöser Traditionen. Alle Religionen befassen sich zum Beispiel mit der Befreiung vom Elend; ihre ganze Zielrichtung und Aktivität geht dahin, einen Weg für die Befreiung aller Lebewesen, nicht nur der Individuen, aufzuzeigen.

Die gesamte philosophische Tradition Indiens kann in zwei Kategorien unterteilt werden, nämlich in die der *atmavadins* und die der *anatmavadins*. Die erste Gruppe nimmt ein *atman* (Selbst) an, die zweite Gruppe akzeptiert diese Vorgabe nicht. Alle nicht-buddhistischen philosophischen Traditionen können den *atmavadins* zugerechnet werden. Buddhisten sind *anatmavadins*, weil sie nicht von der Vorstellung eines *atman* ausgehen, sondern statt dessen das »Nicht-Selbst« oder die »Nicht-Essenz eines Selbst« lehren. Die *atmavadins* sagen, daß wir leiden, weil wir das Wesen des *atman* nicht erkennen. Die Buddhisten sagen, daß es so etwas wie einen unabhängigen, unwandelbaren und dauerhaften *atman* nicht gibt, und weil die Menschen diese Tatsache nicht erkennen, gibt es soviel Leiden in der Welt. Doch ich persönlich habe das Gefühl, daß das Reden über die Existenz oder Nicht-Existenz des Selbst auf unserer Stufe einfach eine Art ist, sich hervorzutun. Bevor ein Mensch nicht Verwirklichung oder Einsicht in diese Tatsache erlangt hat, macht es nicht den geringsten Unterschied, ob man die Existenz eines *atman* akzeptiert oder ablehnt. Wenn wir versuchen, eine Wahrheit auszudrücken, die jenseits von Denken oder Ausdruck liegt, kommt nur eine Art Symbol dabei heraus, das die Richtung oder den Weg weist, durch den die Wirklichkeit erkannt werden kann.

Der Buddhismus besteht darauf, daß *avidya* (Unwissenheit) nicht die Abwesenheit von *vidya* (Wissen) ist, sondern daß es tatsächlich das Gegenteil von Wissen ist – eine Fehlauffassung, ein Mißverständnis. Wir gewöhnlichen Menschen glauben an ein Selbst. Von Anfang an befindet sich unser Bewußtsein in der Illusion, es existiere ein unabhängiges Selbst, das man isolieren und als individuell nachweisen könne. Aufgrund dieser Fehlauffassung errichten wir die Begrenzung von »Ich« und »Mein«. Wann immer die Vorstellung von »Ich« und »Mein« herrscht, gibt es auch das Verlangen, zu schützen, zu besitzen, zu erreichen, zu wissen und so weiter. All dies ergibt sich aus dem Konzept eines unabhängigen und dauerhaften individuellen Selbst. Ist dieses Verlangen erst vorhanden, so sucht es sich zwangsläufig in vielerlei Handlungen, die sowohl gutes wie schlechtes Karma schaffen, ein Ventil. Aktionen wiederum ziehen Reaktionen an, und so entsteht ein unablässiger, endloser Teufelskreis.

Auf diese Weise und infolge derartiger Handlungen nehmen wir Geburt, und durch die Geburt verwickeln wir uns in die Abläufe von Krankheit, Verfall und Tod. Nach dem Tode nehmen wir wieder Geburt und müssen wieder demselben Ablauf folgen; wieder erzeugen wir die Vorstellung von einem eigenständigen Ich, das wieder Verlangen erzeugt, und so bleiben wir, gebunden und begrenzt, an einen endlosen Kreislauf gefesselt, der uns unaufhörlich und sinnlos umhertreibt – nicht nur von Geburt zu Geburt, sondern auch von Tag zu Tag. Diese falsche Auffassung, der Gedanke des Selbst, ist in jedem Augenblick des Lebens unser ständiger Begleiter, ob im Schlafen oder Wachen. Vom Morgen bis zum Abend bekräftigen wir tausende Male die Illusion des Ich. Jemand lobt uns wegen gut getaner Arbeit, und augenblicklich sind wir stolz. Jemand beschimpft uns, und wir werden zornig und fühlen uns verdammt. In beiden Fällen können wir das Selbst sehr stark fühlen – oder besser die falsche Auffassung von einem Selbst.

Das Verlangen nach Vergnügen und das Verlangen, Leid zu vermeiden, sind immer in uns, und aus diesen zwei Aspekten ein und derselben treibenden Kraft werden alle Handlungen geboren. Wenn wir zum Beispiel am Morgen mit Kopfschmerzen aufwachen, kommt augenblicklich der Gedanke: »Mein Kopf schmerzt.« Es herrscht also die falsche Auffassung eines Selbst, die in den Worten »mein« Kopf ausgedrückt wird, gefolgt von einer Beziehung zwischen dem Schmerz und dem Selbst. Dann entsteht der Wunsch, dem Schmerz ein Ende zu machen, und drängt uns, eine Pille zu nehmen oder einen Arzt aufzusuchen. Diese eine Handlung gebiert etliche weitere Handlungen, in denen die Fehlauffassung eines Selbst weitere Wünsche und Gedanken erschafft – wie etwa, das Selbst zu schützen und es zu bewahren –, und diese wiederum erzeugen Furcht, die Verwirrung und Konflikte weiter vermehrt.

Wie läßt sich dieser endlose Kreislauf durchbrechen? Es ist nicht möglich, die Bewegung eines ganzen Rades anzuhalten, indem man eine Speiche entfernt. Die Nabe des Rades ist es, die zerbrochen werden muß. Die Grundursache muß beseitigt werden, und solange das nicht geschieht, kann das Rad nicht angehalten, seine Bewegung bestenfalls für eine Weile ausgesetzt werden. Das Zentrum, der Same oder die Grundursache, ist immer noch vorhanden, und dies bedeutet, daß die zweite und dritte Ursache jederzeit auch erscheinen können. Aus diesem Grund ist die Beseitigung der falschen Auffassung, der Unwissenheit, unerläßlich, wenn wir aus dem Kreislauf herauskommen wollen. Und die Art und Weise der Bewegung des Rades – Kreise innerhalb von Kreisen – umfaßt nicht nur jedes individuelle Lebewesen, sondern auch die gesamte Gemeinschaft aller Lebewesen in *samsara*. Jeder von uns bewegt sich in seinem eigenen Kreislauf, und dieser verbindet sich mit vielen anderen Kreisläufen vieler anderer Lebewesen. Auf diese Weise sind wir durch kollektive Handlungen und kollektive Unwissenheit gebunden, die zu einem Teil unseres eigenen individuellen Karmas werden. Die karmischen Kräfte und Handlungen der Menschen mischen sich miteinander, und die Menschheit ist als Ganzes in der zwingenden Gewalt des Kreislaufs von *samsara* gefangen.

Jeder Mensch schafft sich also seinen eigenen Kreislauf, worin er sich – Zwängen gehorchend – bewegt. Dieser Kreislauf verbindet sich mit von anderen geschaffenen Kraftzentren oder Kreisläufen. All diese miteinander verwobenen Kreisläufe erzeugen eine derart gewaltige Kraft, daß es scheint, als bliebe uns nichts anderes übrig, als ihr hilflos zu folgen – solange wir nicht die Wurzel-Ursache von alledem vernichten: die falsche Auffassung von einem Selbst. Der Buddha hat gesagt: »Die Grundursache des Leidens muß vernichtet werden.« Haben wir das Leiden erst einmal erkannt, können wir nach seiner Ursache suchen und ihm schließlich ein Ende machen.

Die Ursache des Leidens ist unsere Fehlauffassung oder Unwissenheit (*avidya*), und das unmittelbare Heilmittel für diese Unwissenheit ist *prajna*, Wissen oder Weisheit: die Erkenntnis der letztendlichen Wahrheit. Nur wenn diese Einsicht verwirklicht ist, kann die Unwissenheit dauerhaft beseitigt werden. Aber *prajna* kann erst verwirklicht werden, wenn man einen stabilen und eingerichteten Geist entwickelt hat, der zur Ruhe gekommen ist und den Befehlen gehorcht. Diese Stabilität des Geistes (*samadhi*) wird durch die kontinuierliche Meditation über nur ein Objekt herbeigeführt.

Gleichzeitig ist für wirkungsvolle Übung ein geordneter Geist notwendig. Um einen qualifizierten *samadhi* erlangen zu können, müssen wir jedoch schon vor und während unserer Meditationspraxis gutes Verhalten und hohe sittliche Normen erworben haben. Diese ethische Vervollkommnung ist *shila*. Diese drei – *shila*, *samadhi* und *prajna* (Ethik, Versenkung und Weisheit) – sind nach den Lehren des Buddha wechselseitig voneinander abhängig. *Samadhi* ist mit *shila* verbunden, weil so die Tätigkeiten des Körpers und der Sprache in Harmonie gebracht werden. Nur wenn wir *samadhi* erreicht haben, können wir tief in die Wirklichkeit der Phänomene eindringen und *prajna*, Weisheit, verwirklichen.

Wenn wir einen Baum fällen wollen, brauchen wir eine scharfe Axt. Aber wir brauchen auch einen gesunden Körper mit einer starken Hand, sonst wären wir nicht imstande, die Axt zu führen. *Shila* kann mit einem gesunden Körper verglichen werden, *samadhi* ist die starke Hand, und *prajna* ist die scharfe Axt. Wenn alle drei zusammenwirken, kann der Baum der Unwissenheit gefällt werden.

Wir sollten unsere Energie überlegt einsetzen, damit jedes Quentchen etwas Nützliches bewirkt. Wir sollten immer versuchen unsere Energie zu bewahren, denn dann können wir allmählich ein gewisses Maß an Meditation entwickeln. Selbst wenn wir nicht meditieren, indem wir uns in einer bestimmten Haltung hinsetzen oder in einer festgelegten Weise üben, gibt es diesen anderen Weg, in jedem Augenblick unseres Lebens zu üben. Wenn wir dieser Methode folgen, können wir eine Entwicklung an Einsicht und Weisheit erwarten, die uns verwandeln und erleuchten wird. Und wenn wir diesen Zustand der Erleuchtung, in dem wir die Wahrheit von der Selbstlosigkeit erkennen, einmal erlangt haben, werden wir frei von Verlangen sein, denn wenn das Selbst sich erst aufgelöst hat, verschwindet Verlangen von selbst. Verlangen ist immer mit einem »Selbst« verbunden, wenn es also kein Selbst gibt, gibt es auch kein Verlangen. Verlangen ist stets eine Aktivität, die dem Selbst dient, die Dinge für das Selbst zu erlangen sucht. Wenn Verlangen also vernichtet ist, kann es keine selbstsüchtigen Aktivitäten mehr geben. Hört selbstsüchtige Aktivität auf, gibt es auch keine Reaktion mehr. An diesem Punkt setzt die dem Teufelskreis entgegengesetzte Bewegungsrichtung ein. Allerdings muß die Kraft der bereits begonnenen Handlungen sich noch auswirken. Doch wenn ihre Bewegung sich verlangsamt und keine neuen falschen Handlungen mehr begangen werden, weil die Wahrheit der Selbstlosigkeit erkannt ist, dann kommt der ganze Kreislauf des Leidens zum Ende.

Ich möchte Sie bitten, an das Leiden im Universum im allgemeinen und an das Leid aller Lebewesen im besonderen zu denken. Seien Sie sich allen Leidens bewußt, fühlen Sie es! Wenn Sie es fühlen können, werden Sie liebevolle Güte und Mitgefühl für alle fühlenden Wesen entwickeln, und in dem Maße, wie das Mitgefühl sich in Ihnen entfaltet, wird Ihre Täuschung bezüglich eines Selbst abnehmen. Auf diese Weise wird Ihre Beziehung zu allen anderen Lebewesen reiner und Ihre Weisheit tiefer und stärker. Die Eigenschaften von Mitgefühl und liebevoller Güte zeigen an, daß ein Mensch beginnt, sich spirituell zu entwickeln.

Anfangs wird er sie vielleicht erst begrenzt aufweisen, aber später wird er das gesamte Universum umarmen.

Ich glaube, der einfachste und leichteste Weg, unseren Geist der Meditation zuzuwenden, liegt darin, den Geist zuerst zu sammeln, ihn so zu sammeln, daß alle Gedanken ferngehalten werden. Ihn dann zu konzentrieren und eingerichtet auf das Verstehen des Leidens zu lenken, das von allen Lebewesen im Universum erfahren wird, indem wir uns daran erinnern, daß alle Lebewesen – genau wie wir – nicht leiden möchten. Deshalb ist es unsere Verantwortung, zur Beseitigung des Leidens aktiv zu werden.

Wenn wir gegenwärtig auch nur wenig tun können, so haben wir doch die Möglichkeit, die Kraft unseres Geistes zu entwickeln. Die Geisteskraft ist die mächtigste Kraft im Universum, denn alles wurde und wird durch sie geschaffen. Diese Energie kann von materiellen Kräften nicht gestört oder herausgefordert werden, die selbst nichts anderes sind als ein Nebenprodukt der Macht des Geistes. Die Kräfte des Mitgefühls und der Weisheit sind daher viel stärker als die Kräfte der Unwissenheit und des Hasses. Aus diesem Grunde sollten wir unseren Geist mit Mitgefühl, liebevoller Güte und Weisheit erfüllen und sie, verbunden mit dem starken Wunsch für ihr Glück, auf alle Wesen ausstrahlen. Vergessen Sie niemals, allen fühlenden Wesen die Kraft der liebevollen Güte zu senden.

Anmerkung (des Herausgebers)
1) Der Autor verwendet hier wie im folgenden Sanskritausdrücke.

Genro Koudela

Selbst und Nicht-Selbst im Zen

Geboren wurde Genro (Herbert) Koudela 1924 in Wien. Nach seiner Ausbildung und seinem Militärdienst (1942–1945) war er als Lithograph tätig. 1972 begann er mit dem Rinzai-Zen Training im Mt. Baldy Zen Center in Kalifornien unter der Leitung von Kyozan Joshu Sasaki Roshi und erhielt 1973 die Mönchs- und 1976 die Osho-Ordination. 1977–1979 war er Abt des Zen Center Bodhi Manda in New Mexico. Nach seiner Rückkehr nach Europa 1980 gründete er das Bodhidharma Zendo in Wien, und seit 1987 ist Genro Präsident der Buddhistischen Religionsgemeinschaft Österreich.

Es heißt, der Buddha sei aus dem Daseinstraum erwacht und habe restlos alle Illusionen abgeschüttelt. Die folgenreichste und hartnäckigste dieser Illusionen ist der Glaube an ein absolutes und beständiges Ich. Jeder Augenblick scheint dessen Existenz ja zu beweisen, und an eben diesem Selbst hängen wir, mit ihm identifizieren wir uns und von ihm scheint unser Wohl und Wehe abhängig zu sein. Meditation lehrt indessen, daß diese Ich-Vorstellung einem begrenzten und begrenzenden dualistischen Denken entspringt, welches die ursprüngliche Einheit des Bewußtseins zerstört. Diese Spaltung in Ich und Du beziehungsweise in Ich und Umwelt ist es auch, die Unzufriedenheit und Unglück erzeugt.

Genro Koudela plädiert dafür, die ursprüngliche Vollkommenheit wiederherzustellen. Dazu bedarf es aber eines intuitiven Bewußtseins, das weder differenziert noch objektiviert. Für Genro

Koudela ist Zen-Praxis die Praxis von Nicht-Selbst. Dieser Satz läßt sich auf alle buddhistischen Traditionen beziehen: Buddhistische Praxis ist stets die Praxis von Nicht-Selbst!

Zenpraxis ist die Praxis von *Nicht-Selbst*. Es ist anzunehmen, daß die Begriffe von Selbst und Nicht-Selbst für manche schwer zu verstehen sind, weil wir uns normalerweise über das Selbst keine Gedanken machen. Darüber hinaus können wir uns sicher nicht vorstellen, ohne das Selbst leben und funktionieren zu können. Ich möchte darum den Unterschied zwischen Selbst und Nicht-Selbst gemäß dem zen-buddhistischen Verständnis erklären.

Sprache ist das einzige Mittel, das wir für detaillierte Kommunikation zur Verfügung haben; sie bringt aber auch die Gefahr der Fehlinterpretation mit sich, da Sprache begrenzt ist und Begriffe unterschiedlich verstanden werden. Worüber wir im Buddhismus und insbesondere im Zen sprechen, ist etwas, das wir in unserem Bewußtsein erfahren, und nicht etwas, das wir berühren können, das Form hat, das wir messen können und so weiter. Wir dürfen also nicht vergessen: Ganz gleich, was wir über den Dharma hören oder lesen, er kann niemals wirklich zur Gänze mit Worten ausgedrückt oder beschrieben werden.

Außerdem gibt es einen qualitativen Unterschied zwischen *intellektuellem Verstehen* und Verstehen, das auf *direkter Erfahrung* beziehungsweise Einsicht beruht. Erst direkte Erfahrung macht es möglich, der Wirklichkeit näherzukommen und dadurch auch unsere Weisheit reifen zu lassen. Nun stellt sich aber die Frage, wie man zu einer direkten Erfahrung kommt, und die Antwort müßte lauten: Wenn wir in einem meditativen Zustand sind.

Was aber heißt »meditativ«? In einem meditativen Zustand zu sein bedeutet, daß das rationale, dualistische Denken auf ein Minimum reduziert ist und die *Intuition* in erhöhtem Maße vorherrscht. Und diesen Zustand erreichen wir, wenn wir uns im Zazen auf unsere Atmung konzentrieren und nach Möglichkeit nicht denken.

Wenn wir also glauben, etwas zu verstehen, dann müssen wir darauf achten, woher dieses Verstehen kommt – kommt es vom

Selbst und Nicht-Selbst im Zen

Kopf oder vom Bauch? Auch im Alltag sagen wir manchmal: »Ich habe ein Gefühl im Bauch«, und meinen damit, daß wir etwas intuitiv wahrnehmen – was sich auch meistens als richtig erweist. Aber noch zutreffender wäre es, wenn wir sagen würden: »Mit dem Herzen hören und verstehen«, da ein offenes Herz wie eine Brücke verbindet.

Also, in einem meditativen Zustand zu sein heißt, daß unsere Intuition und nicht der begrenzte rationale Verstand vorherrscht. Wenn wir auf diese Weise den Dharma studieren, dringen wir tiefer in ihn ein. Bleiben wir in unserem gewohnten dualistischen Denken, dann verbleiben wir auch in der konventionellen Sicht der Dinge und sehen nur das Oberflächliche. Durch das Nicht-Denken in der Meditation durchdringen wir die oberflächliche Erscheinung, wobei sich eine neue Sichtweise eröffnet, und neue Erfahrungen beziehungsweise Einsichten sind das Resultat.

Wann immer wir ein neues Verständnis gewinnen, dann sollten wir überprüfen, woher es gekommen ist: Kommt es vom Verstand oder von intuitiver Einsicht? Und selbst dann, wenn es überzeugend »richtig« erscheint, müssen wir uns davor hüten, daran *anzuhaften*. Leute, die Zen-Buddhismus ausschließlich anhand von Texten studieren und viele Bücher lesen, *glauben*, daß sie verstehen, doch ohne authentische Erfahrung erweist sich das stets als Irrglaube. Darum ist es für uns von großer Wichtigkeit, »mit dem Herzen«, also mittels Intuition, zuzuhören oder so auch Texte zu studieren.

Wir können es damit vergleichen, alles über das Kochen aus einem Kochbuch zu wissen, alle Rezepte zu kennen, aber noch nie wirklich eine Mahlzeit gekocht und geschmeckt zu haben. Es ist offensichtlich, daß das fertige Essen das Wichtige ist und daß ein enormer Unterschied besteht zwischen tatsächlichem *Schmecken* und *Wissen*, wie man kocht. Das gleiche gilt auch hier. Direkte Erfahrung ist vollkommen verschieden von intellektuellem Verstehen.

Ohne Weisheit, ohne direkte Erfahrung, ist es am besten, gar nicht über irgend etwas zu reden. Und wenn man tiefe Erfahrung gemacht hat, wo uns die »Sprache wegbleibt«, gibt es wirklich auch kein Bedürfnis, darüber zu reden. Nicht anders verhält es sich mit der Liebe. Wenn wir so weit gereift sind, daß wir wirklich tief lieben, erübrigen sich alle Worte, und wir werden diese tiefe Liebe einfach leben und keine großen Worte darüber verlieren. Wahre Liebe erfordert unsere Bereitschaft, unser Ich mit dem Du verschmelzen zu lassen, was eine Form von *dana* (Pali für »geben«) ist.

Bei unserer Geburt hatten wir noch keine Vorstellung von einem »Ich bin«. Ein neugeborenes Baby ist vollkommen und kennt keinen Unterschied zwischen sich selbst und anderem. Es lebt noch in der ursprünglichen Einheit mit dem ganzen Universum. Allerdings findet dieser »paradiesische« Zustand ein jähes Ende, wenn das Baby zum ersten Mal die räumliche Trennung von sich und der Mutter wahrnimmt. Mit dieser traumatischen Erfahrung beginnt der Prozeß der Individualisierung, die *Trennung* beziehungsweise Loslösung aus der ursprünglichen Einheit.

Ursprünglich gibt es keine Trennung zwischen Selbst und dem sogenannten anderen. Alles, was das Baby wahrnimmt, nimmt es als seinen Inhalt wahr. Dies ist unser *ursprünglicher Zustand* und ist gleichzusetzen mit *Nicht-Selbst,* das in Wirklichkeit unser *wahres Selbst* ist. Indem sich unser Bewußtsein allmählich entwickelt, lernen wir zwischen den zehntausend Dingen zu unterscheiden. Das Erlernen von »ich«, »mir« und »mein« wird eifrigst eingeübt, und wir beginnen, uns mehr und mehr zu behaupten. Wir haben gelernt, zwischen Vater und Mutter und den Dingen, die uns umgeben, zu unterscheiden und alles als von uns getrennte Objekte im wahrsten Sinne des Wortes zu begreifen.

Obwohl dieser Prozeß der Individualisierung oder Selbstbejahung einerseits die Loslösung aus der Ganzheit bedeutet, also Trennung von der ursprünglichen Einheit, lernen wir uns andererseits als *eigenständiges* Wesen zu verstehen, was für unser Menschsein wesentlich ist. Diese Eigenständigkeit fordert nämlich auch den Preis der Selbstverantwortung – wie es ganz deutlich in der Lehre vom *Karma* zum Ausdruck gebracht wird. Selbst und Nicht-Selbst, Selbstbejahung und Selbstverneinung sind eigentlich wie Einatmung und Ausatmung, wobei wir sagen könnten, daß Einatmung wie Selbstbehauptung und Ausatmung wie Selbstverneinung ist. Trotz der Aufspaltung in Ein und Aus, ist die Atmung *ein* Prozeß. Das eine bedingt das andere, und unter diesem Aspekt sollten wir auch Selbst und Nicht-Selbst betrachten.

Bei unserer Geburt befanden wir uns in einem Zustand der *Vollkommenheit,* in dem aber unser Bewußtsein noch nicht entwickelt war. Im Prozeß unserer Entwicklung lösten wir uns von der Ganzheit, lernten zu unterscheiden zwischen Ich und Du, Subjekt und Objekt, was nicht der ursprüngliche und wirkliche Seinszustand ist. Daher ist der Zustand der Trennung aus der Ganzheit ein unvollkommener Bewußtseinszustand.

Vollkommenes Bewußtsein dagegen ist der Zustand der Nicht-Differenzierung beziehungsweise des Nicht-Objektivierens, in dem es kein Ich und kein Du gibt, keine Trennung vom Rest der Welt. Um das vollkommene Bewußtsein zu realisieren, müssen wir unser persönliches Selbst, unsere scheinbare Individualität transzendieren beziehungsweise uns hingeben – vergessen, was wir uns angewöhnt haben, als unser Selbst zu bezeichnen, nämlich »ich«, »mir« und »mein.« Das Auflösen unserer scheinbaren Individualität ist nichts anderes als Reintegration in die Einheit des ganzen Universums, aus der wir ursprünglich gekommen sind – und in der wir uns in Wirklichkeit noch immer befinden.

Wenn wir das begrenzte unvollkommene Bewußtsein transzendieren, also Nicht-Selbst manifestieren, kehren wir *nicht* mehr zu dem frühen unreifen Bewußtseinszustand unserer Kindheit zurück oder müssen zu geistlosen Wesen werden (wie so oft befürchtet), sondern löschen nur die scheinbare Trennung zwischen uns und den zehntausend Dingen aus. Wir löschen jede Unterscheidung von Subjekt und Objekt und auch jede dualistische Unterscheidung und die damit verbundene Bewertung von »gut« und »schlecht«, »schön« und »häßlich«, und so weiter. Erst dann können wir die *So-heit* erkennen. Wenn wir so weit gekommen sind, daß wir das Nicht-Selbst wahrhaftig realisieren, erfahren wir vielleicht zum ersten Mal wirklichen Frieden und Freiheit.

Wir haben gelernt, alles um uns herum als eigenständige Objekte zu sehen, als ob sie unabhängig und getrennt von allem anderen für sich allein existierten – genau so, wie wir unsere eigene Existenz sehen. Aber ein Baum zum Beispiel ist in Wirklichkeit nicht begrenzt, wie er oberflächlich betrachtet für uns erscheint, sondern geht weit über seine physische Erscheinung hinaus. Er ist in Kontakt mit der Luft, der Sonne, dem Regen, der Erde, oder anders herum, all dies ist sein *Inhalt*. Das gleiche gilt natürlich für alle Lebewesen. In Wahrheit ist alles, uns mit eingeschlossen, Teil von allem anderen. Der vietnamesische Zen-Meister Thich Nhat Hanh beschreibt diesen Sachverhalt auf sehr poetische Weise und nennt es *Inter-sein*.

Es gibt nichts im Universum, das für sich allein, durch sich selbst, getrennt von allem anderen existiert. In der Tat ist alles, das mit uns existiert, unser eigener Inhalt. Deswegen wird im Zen die Wichtigkeit, mit allem in eine *echte Beziehung* zu treten, besonders stark hervorgehoben, weil wir erst dann die Wirklichkeit erfahren können.

Auch ohne an der Vorstellung von »ich«, »mir« und »mein« festzuhalten, können wir sitzen, stehen, gehen und jede Art von Aktivität ausüben. Das ist, was wir unter *Nicht-Selbst* verstehen. Der Grund, warum wir im Zen dieser Sache soviel Aufmerksamkeit widmen, ist der, daß dieser Zustand von Nicht-Selbst unser ursprünglicher wahrer Seins-Zustand, der Zustand der *Vollkommenheit* ist, der uns aber abhanden gekommen ist.

Gedanken und Gefühle, die aus dem Zustand der Trennung entstehen, verursachen Verwirrung und führen letztlich zu manchmal auch folgenschweren leidhaften Erfahrungen (Pali: *dukkha*). Sie führen zu einem *falschen* Bild von uns selbst und folglich auch von der Welt, in der wir leben (Pali: *samsara*). Die vorherrschenden Gefühle oder Emotionen sind *Verlangen* und *Festhalten* einerseits und *Ablehnung* beziehungsweise *Widerstand* andererseits. Wir sehen alles dualistisch und verhalten uns dementsprechend parteiisch, greifen nach dem, was uns ein angenehmes Gefühl vermittelt, unser Selbst bestätigt, und lehnen alles ab, was uns als unangenehm erscheint.

Die meiste Zeit sind wir damit beschäftigt, unser Verlangen zu befriedigen. Oft erleben wir eine Befriedigung, doch fühlen wir uns bald darauf wieder unzufrieden. Befriedigung ist niemals wirkliche Erfüllung. Wenn wir unser persönliches Selbst (»Ich bin«) manifestieren, spüren wir unsere Unvollkommenheit, bewußt oder unbewußt, die eine innere Spannung und Unruhe mit sich bringt. Aber diese innere Spannung ist es, die auch den Wunsch oder die Sehnsucht nach Vollkommenheit in uns hervorbringt: denn niemand will unvollständig sein. Es fühlt sich nicht angenehm an. Es fühlt sich nicht richtig an. Wir spüren, daß etwas fehlt – und das Verlangen, diesem Zustand zu entkommen, kann uns auf den *Weg* bringen.

Vollständigkeit zu erfahren ist durch Meditation im Sitzen oder durch meditative Aktivität möglich. Doch mit der einmaligen oder auch wiederholten Erfahrung allein ist es noch nicht getan – wir müssen sie erst einmal richtig integrieren.

Daher üben wir das in unserer Praxis, und zwar nicht nur im Zazen, sondern auch im *samu* (Japanisch für »Arbeit«). Im *samu* können wir uns üben, aktiv zu sein, ohne das unvollkommene Selbst aufsteigen zu lassen, indem wir »Mögen und Nichtmögen« außer acht lassen. Wir üben, uns der betreffenden Aktivität, mit der wir gerade beschäftigt sind, vollkommen hinzugeben. Dieses »Sich-selbst-Vergessen« sollte an sich nichts Neues oder Fremdartiges für die meisten von uns sein, denn wir alle haben wiederholt Situationen erlebt, in denen wir uns in einer Aktivität verlieren konnten: beim Lesen, beim Musikhören oder Musizieren, bei einer kreativen Aktivität, beim Spazierengehen, im Sport oder was auch immer. Im Zen kultivieren wir diesen Zustand des Eins-seins ganz gezielt. Wir machen diese Fähigkeit, unser *unvollkommenes Selbst* bei jeglicher Aktivität aufzulösen, zum Prinzip, genau so, wie wir es im Zazen üben.

Warum legen wir im Zen so viel Wert darauf? Wenn wir die Begrenzungen unseres persönlichen, also unvollkommenen Selbst transzendieren, das heißt über die dualistische Sichtweise hinausgehen, erreichen wir eine andere Ebene des Bewußtseins. Wenn wir im Zazen *nur sitzen*, schaffen wir Raum für das Aufsteigen der Intuition, und Intuition ermöglicht uns den Einblick in andere Dimensionen unserer Existenz, zu denen der Intellekt keinen Zugang hat. Aber das ist nur möglich, wenn wir uns selbst vergessen können. Solange wir die Begrenztheit (unseres Selbst) aufrechterhalten, bauen wir sozusagen eine Mauer um uns auf, die uns nicht erlaubt, die unendliche und unbegrenzte Weite der universalen Realität zu erfahren. Gewöhnlich erleben wir nur die subjektive, begrenzte Realität unserer persönlichen Begrenzung und nicht die Totalität unseres wahren Seins.

Wir müssen die Weisheit entwickeln, durch die wir erkennen, daß wir nichts als Bewußtsein beziehungsweise Geist sind. Wohl ist unser Körper räumlich begrenzt, aber unser *Wesen* ist es nicht. Wir haben einen Geist, der ursprünglich grenzenlos ist. Und zu diesem grenzenlosen, universalen Geist müssen wir Zugang finden und willentlich in ihn zu jeder gegebenen Zeit, an jedem beliebigen Ort eintreten können. Nur in der Weite des grenzenlosen Geistes können wir die Wahrheit unserer Existenz realisieren und die Wahrheit des Universums manifestieren.

Das persönliche und unvollkommene Selbst ist eine natürliche Sache. Es gehört zum menschlichen Dasein und ist im Alltag notwendig. Aber es ist bei weitem nicht so wichtig, wie wir für gewöhnlich annehmen. Es gibt viele, viele Gelegenheiten, bei denen absolut kein Bedarf für dieses unvollkommene Selbst besteht. Es besteht nicht nur kein Bedarf, sondern wir wären ohne es die meiste Zeit weitaus besser dran. Aber wir haben es zu unserer Gewohnheit gemacht – wir sind an dieser begrenzten Art zu sein hängengeblieben und haben es, zu unserem Leidwesen, niemals hinterfragt und als die *einzige Art zu sein* akzeptiert. Worauf wir unsere Praxis ausrichten müssen, ist, so flexibel zu werden, daß Selbst und Nicht-Selbst, je nach Situation, sich geschmeidig wie Ein- und Ausatmen abwechseln können.

Wie bereits erwähnt, entsteht aus unserer »Ich-bin«-Fixierung das Gefühl des Getrenntseins, aber auch das Verlangen und die Sehnsucht, diesem Getrenntsein zu entkommen. Solange wir aber innerhalb dieser »Ich-bin«-Begrenzung bleiben, oder nennen wir es genauer Fixierung, werden alle unsere Bemühungen, etwas daran zu verändern, mit Frustration und Enttäuschung enden. Darunter leiden besonders unsere zwischenmenschlichen Beziehungen, da sie fast immer nur von unserem *begrenzten* Standpunkt (Subjekt – Objekt) aus gesehen werden. Wir Menschen neigen dazu, auf unsere Ansichten und Meinungen zu bestehen und sie zu fixieren. Unter solchen Bedingungen kann natürlich auch keine wirklich harmonische zwischenmenschliche Beziehung gedeihen. Außerdem versperren wir uns dabei selbst den Weg, neue Erfahrungen und Einsichten zu gewinnen.

Wir müssen zunächst durch Übung und Meditation verstehen lernen, wie wir als *menschliches Wesen* funktionieren, was es bedeutet, ein menschliches Wesen zu sein, woher wir kommen und wohin wir gehen. Zeitweilig sollten wir uns von der üblichen Art des Denkens lösen und uns auf höhere geistige Aspekte des Lebens konzentrieren, das Universelle in den Vordergrund unserer Betrachtung stellen und die Gewohnheit, nur Teilaspekte zu betrachten, ablegen. Auf diese Weise können wir durch neu gewonnene Einsicht eine *neue Art des Seins* entwickeln – einen Zustand der Vollkommenheit erreichen, der außerhalb unseres konzeptuellen Denkens liegt.

Im Zazen können wir uns trainieren, die Dinge anzuschauen, die in unserem Geist aufsteigen; wir können lernen, sie unparteiisch als das zu sehen, was sie *wirklich* sind, und nicht länger, wie sie uns auf konventionelle Weise *erscheinen*. Allmählich werden wir eine Haltung der Freiheit entwickeln und lernen, auf eine Art zu denken und zu handeln, die nicht länger nur zu kurzfristiger Befriedigung und zu neuer Frustration führt. Wir werden lernen, aus dem Nicht-Selbst zu handeln, das immer in Harmonie mit dem kosmischen Prinzip ist.

Darum erleben wir auch immer, wenn wir im Zustand von Nicht-Selbst sind, unmittelbar ein Gefühl von Frieden und Freiheit. Es fehlt an nichts, es mangelt an nichts. Da gibt es keine Notwendigkeit, nach irgend etwas zu suchen – weder nach Gott noch nach Erleuchtung. Dieser Zustand kann *bewußt* erlebt, aber nicht *objektiviert* werden. Erst dann, wenn dieser Zustand der Einheit wieder aufbricht und sozusagen ein *neues* Selbst in Erscheinung tritt, können wir das im nachhinein objektivieren und sagen: Das Selbst sieht sich selbst.

Wir können natürlich auch im Alltag – und nicht nur in der Meditation – den Zustand des Eins-seins erfahren, indem wir eine *echte Beziehung* zu allem und jedem herstellen: zu einer Blume, dem Mond, einer Fliege und so weiter. Dieses Eins-sein wird im Zen mit dem klassischen Beispiel des Teetrinkens veranschaulicht: Wenn wir Tee trinken, dann *nur* Tee trinken! Eine schaffende Künstlerin muß mit ihrem Werkzeug eins werden, eine Geigerin mit Geige und Bogen, eine Mutter mit ihrem Baby und Liebende miteinander.

Nichts existiert getrennt oder außerhalb von uns, sondern alles durchdringt alles, und alles bedingt wiederum alles (Intersein!). Das ist wahrscheinlich für viele schwer zu verstehen, solange die direkte Einsicht fehlt. In Wahrheit gibt es nirgendwo eine Trennung, kein Innen und kein Außen. Selbst wenn es einen Gott oder Teufel gäbe, dann müßten auch Gott und der Teufel, so wie jeder einzelne von uns, gemeinsam mit den Gräsern, Insekten und Tieren, Teil des Ganzen sein. Nichts existiert getrennt oder außerhalb dieses *einen* Universums.

Im Umgang mit anderen Menschen ist dieses Wissen oder Erfahren der Einheit schwieriger, weil wir besonders bei Menschen, die uns nicht *nahe*stehen, sehr schnell differenzieren und oft vorschnell beurteilen. Wir unterscheiden zwischen angenehmen und unangenehmen Leuten, bedrohlichen Leuten, freundlichen, dummen, gescheiten Leuten und so fort. Es ist leichter, die ganze Menschheit zu lieben und zu umarmen als unter Umständen unseren Nachbarn. Wir wissen das aus Erfahrung. Hier müssen wir uns aber bemühen, von der oberflächlichen, dualistischen Sichtweise frei zu werden, und sehen lernen, daß der Mensch neben uns ebenso Teil von uns selbst ist, wie wir Teil dieses Menschen sind – ganz gleich, wie wir ihn beurteilen.

Draußen, in der freien Natur, ist es relativ einfach, eins mit der Schöpfung zu werden, uns als Teil des Kosmos zu erleben.

Selbst wenn wir dort gewissen Gefahren ausgesetzt sind, würden wir das nie persönlich nehmen. Dagegen ist es viel schwieriger, wenn wir wieder zurück in der Stadt sind und dort mit all der chaotischen Energie und den unterschiedlichsten Menschen konfrontiert sind, eins mit diesem Chaos zu werden. Aber auch das Chaos ist *Teil* des Ganzen! (Eigentlich ist es falsch von einem Teil zu sprechen, da die Ganzheit nicht *teil*bar ist.) In Asien gibt es Mönche, die mitten im Großstadtgewirr ruhig am Gehsteig in meditativer Versenkung sitzen.

Diesen Zustand der Einheit können wir in jeder beliebigen Situation praktizieren, doch wird es seine Zeit dauern, bis wir wirklich frei und flexibel genug geworden sind, um Nicht-Selbst spontan manifestieren zu können. Wir sollten uns jedoch stets daran erinnern, daß nur der Zustand von Nicht-Selbst das *vollkommene* und *wahre Selbst* ist. Aber nur dann, wenn unser Festhalten an »ich«, »mir« und »mein« verschwindet, sind wir vollkommen und vollständig.

Wenn das Bewußtsein vollkommen ist, dann sind wir es selbst ebenfalls. Wir *sind* unser Bewußtsein – nicht mehr und nicht weniger. Das ganze Universum ist unser Bewußtsein und umgekehrt. Wir erschaffen das Universum durch unser Bewußtsein. Im Augenblick, wo das Bewußtsein aufsteigt, entsteht das ganze Universum. Im Zen sagen wir: *Wenn wir sterben, stirbt das ganze Universum mit uns,* oder: *Wenn wir schlafen gehen, geht das ganze Universum schlafen, und wenn wir morgens aufstehen, steht auch das ganze Universum neu mit uns auf.* Sterben und Wiedergeborenwerden ist nichts anderes als das Verschwinden und Wiedererscheinen des Bewußtseins. So gesehen sterben wir abendlich, wenn wir schlafen gehen, und werden wieder geboren, wenn wir erwachen. Bei genauerer Betrachtung können wir sehen, daß dieser Prozeß immerwährend stattfindet – selbst von Augenblick zu Augenblick.

Das Bewußtsein kann auch im Zazen verschwinden, wenn wir den Zustand des tiefen *samadhi* erreichen. Tiefes Samadhi ist der Zustand, in dem wir nicht mehr *wissen,* daß wir Zazen sitzen. Unser Selbst ist vollständig absorbiert im Nicht-Selbst. Dieser

Zustand ist jedoch nicht von Dauer und ist *vergänglich* wie alles andere. Nach der Erfahrung von Nicht-Selbst entsteht wieder ein neues Selbst und damit neue Möglichkeiten. Es geschieht nur aus Gewohnheit, daß wir das alte (und tote) Selbst über das neue stülpen. In Wirklichkeit entsteht jeden Moment ein neues Universum, nur sehen wir es nicht so.

Wie ist es zum Beispiel, an einen Ort zu kommen, ohne schon jemals vorher dort gewesen zu sein? Es dauert eine gewisse Zeit, einen solchen Ort kennenzulernen und uns an ihn zu gewöhnen. Die Neuheit und Frische dieser Situation wird jedoch schnell überlagert von dem, was wir vom vorigen Tag, der vorigen Woche, dem vorigen Monat oder dem vorigen Jahr mitgebracht haben. Wir sind zu dem neuen Ort mit einem emotionalen Paket gekommen, haben Probleme mitgebracht, die wirklich in keinerlei Bezug zu diesem Ort stehen – und so verblaßt allzu schnell die Frische der Neuheit!

Wer von uns ist aber wirklich frei von allem? Wegen unserer vielfältigen Verhaftungen kaum jemand. Unser ganzes Leben lang tragen wir so viel nutzloses und belastendes Zeug mit uns herum, das die jeweils aktuelle Situation nur verzerrt und verwirrt. Das ist ein weiterer Aspekt, auf den wir aufmerksam sein sollten und weshalb wir uns üben sollten, nicht aus *Gewohnheit* beziehungsweise nach *Mustern* zu handeln. Hier ist es auch nützlich, zuvorderst unsere sich wiederholenden Gedankengänge und die daraus resultierenden Gefühle kennenzulernen. Und dazu kann uns die Stille der Meditation von großer Hilfe sein.

Solange wir nicht gelernt haben, uns aus der Begrenzung unseres Selbst zu befreien, das heißt, aus dem *Gefängnis des Ich* herauszutreten, werden wir immer nur von einer Seite der Wand zur anderen rennen und dabei immer gegen eine Mauer stoßen. Nicht-Selbst zu praktizieren heißt unter anderem: All die Dinge aus der Vergangenheit loszulassen, die uns in der Gegenwart belasten oder beschäftigen, zu lernen, zu jedem beliebigen Zeitpunkt *wirklich* vollkommen für die gegenwärtige Situation dazusein – die sich obendrein ständig ändert.

Unsere herkömmliche Sichtweise hindert uns daran, den

Wandel zu sehen, der sich in jedem Augenblick vollzieht. Daher müssen wir Achtsamkeit üben, *Gewahrsein!*, um zu erkennen, was in unserem Geist vor sich geht. Für dieses Üben bietet sich natürlich Zazen am besten an: zu sehen, wenn Gedanken und Gefühle aufsteigen, wie wir sie zurückweisen oder nach ihnen greifen und an ihnen festhalten. Es ist kaum möglich, willentlich mit dem Denken aufzuhören. Je mehr wir es wollen, desto eher werden Gedanken aufsteigen. Was hier zu tun ist: sich mit *Willen* auf die Atmung zu konzentrieren. Gedanken kommen und gehen – aber wir müssen uns nicht auf sie einlassen, sie nicht mit zusätzlicher Energie füttern, sondern sie einfach kommen und gehen lassen.

Gefühle steigen auf als Resultat von Gedanken. Gefühle sind jedoch ein sehr wichtiger Teil unseres Lebens und auch der Zen-Praxis. Aber wenn wir ihnen im Zazen zuviel Aufmerksamkeit schenken, bleiben wir an ihnen hängen. Es ist also ratsam, mit offenem Herz nur Beobachter zu sein und jeglichen Gedanken als »Gedanken« und jegliches Gefühl als »Gefühl« zu benennen. Dann werden sie uns nicht länger bedrängen, unser Geist wird ruhig und klar, und unsere Intuition erwacht.

Sangharakshita

Ein System der Meditation

1925 in London geboren, fand Sangharakshita schon als Jugendlicher zum Buddhismus. Als Soldat kam er nach Indien und setzte sich bei Kriegsende von der Armee ab, um bei Lehrern verschiedener buddhistischer Traditionen zu lernen und zu üben. Als Autor, Redner und Lehrer betont er besonders die grundlegenden Gemeinsamkeiten der buddhistischen Schulen. Aus seiner Arbeit in Indien sowie im Westen entstanden zeitgemäße Ausdrucksformen der buddhistischen Einsichten, die ihn 1967 zur Gründung der »Freunde des Westlichen Buddhistischen Ordens« (FWBO) führten, die heute weltweit tätig sind.

Die Vielfalt buddhistischer Meditationstechniken mag gelegentlich verwirrend wirken, und der Wunsch nach einer Systematisierung der Einzelaspekte ist berechtigt. Hier setzt Sangharakshita an. Er stellt zunächst eine Reihe unterschiedlicher Praktiken vor, die zum Teil in diesem Buch schon behandelt wurden. So zum Beispiel die Atembetrachtung oder die Vertiefungen. Einige weitere wie etwa die Entfaltung liebender Güte, die Betrachtung der Sechs Elemente, Rezitationen und Visualisierungen kommen hinzu.

All das fügt sich für Sangharakshita zu einem sinnvollen Ganzen: den vier großen Stadien der Meditation. Die erste ist die Phase der »Integration der Persönlichkeit«, der die Phase »emotionaler Positivität folgt«. Ihr schließt sich die Erfahrung des »spirituellen Todes« an, und die der »spirituellen Wiedergeburt« bildet den Abschluß. Der Autor fügt noch ergänzende Betrachtungen über die Zu-

fluchtnahme an sowie über die Motivation, die uns zur Meditation führt.

Beginnen wir mit einer Frage: Worin hat der Buddhismus eigentlich seinen Ursprung? Oder, ein wenig genauer: Woraus ist der Dharma – die Wahrheit, wie sie vom Buddha verkündet wurde – hervorgegangen?

Die Antwort hierauf ist kurz und sehr einfach. Der Buddhismus oder der Dharma ist aus Meditation erwachsen, und zwar aus der konkreten Meditationserfahrung des Buddha vor 2500 Jahren unter dem Bodhibaum. Das heißt zugleich: Der Buddhismus ging aus Meditation im höchsten Sinn hervor. Damit ist mehr gemeint als bloß eine besonders starke Konzentration oder auch die Erfahrung höherer Bewußtseinszustände; es war Meditation im Sinne von Kontemplation – eine direkte, umfassende und alles begreifende Schauung und Erkenntnis der höchsten Wirklichkeit. In einer solchen Schauung und Erkenntnis hat der Buddhismus seinen Ursprung, und daraus hat er sich im Lauf der Jahrhunderte auch immer wieder erneuert.

An der Geschichte des Buddhismus können wir ablesen, wie Meditation zur Entstehung einzelner Schulen und Zweige des Buddhismus geführt hat. Das gilt auch für die Anfänge unserer eigenen Bewegung – selbst wenn es damals wohl nicht gerade Meditation in jenem höchsten Sinne der Kontemplation und direkten Schauung der Wirklichkeit gewesen sein wird, wie sie der Buddha unter dem Bodhibaum erfahren hatte.[1]

Neben der praktischen Übung haben wir uns auch theoretisch mit Meditation befaßt. Dabei sind wir ebenso auf die verschiedenen Meditationsmethoden eingegangen wie auf die Stufen der meditativen Erfahrung.[2] Wir haben zum Beispiel besonderes Gewicht darauf gelegt, das Wesen der *dhyanas* oder überbewußten Seinszustände zu klären. Deshalb untersuchten wir eingehend die vier niederen *dhyanas* und bemühten uns dabei, den Wirrwarr mancher überlieferter Erklärungen und Begriffsbildungen aufzulösen, um zu erkennen – und wenigstens ansatzweise in Worten auszudrücken –, was sie eigentlich bedeuten und was man genau erlebt, wenn man in diese vier »niederen *dhyanas*« eintritt, die jeder Mensch erreichen kann, der systematisch und regelmäßig meditiert.

In diesem Zusammenhang haben wir den einzelnen Dhyanastufen auch neue Namen gegeben, die vielleicht treffender, sinn- und gehaltvoller sind als die ursprünglichen Begriffe aus dem Pali und Sanskrit. Das erste *dhyana* – für das die buddhistischen Schriften das Gleichnis von Wasser und Seifenpulver, die vollständig und restlos miteinander vermischt sind, gebrauchen – haben wir als eine Phase der Integration bezeichnet. Üblicherweise ist alles in uns zerstreut, in Stücke gerissen, bruchstückhaft und gespalten. In diesem Abschnitt der Integration finden nun alle diese Teile langsam zueinander; alles in uns beginnt auf eine glatte, harmonische und sehr schöne Weise zusammenzufließen. Die vielen zerstreuten Splitter und Bruchstücke unserer selbst, die nur zu oft überall und nirgends zugleich zu sein scheinen, werden zusammengefügt, miteinander verknüpft und zu etwas viel Schönerem und Harmonischerem verwoben. Unsere Energien – bewußte und unbewußte und vielleicht auch einige überbewußte Energien – fließen zusammen wie ein großer, von vielen Nebenflüssen gespeister Strom, der zum Meer fließt. So erfährt man sich selbst mit der Zeit als viel harmonischer, mehr als eine »Einheit«, und diese Integration erlebt man in jeder Hinsicht und auf nahezu jeder Ebene. Wenn wir vom ersten *dhyana* als Abschnitt oder als Stufe der Integration sprechen, meinen wir diese Erfahrung, die zugleich die Grundlage oder der Anfang von Meditation in ihrer eigentlichen Bedeutung ist.

Die buddhistischen Texte veranschaulichen das zweite *dhyana* oft mit einem Teich oder See, der keinen äußeren Zufluß hat. Nur aus einer unterirdischen Quelle in seiner Tiefe sprudelt beständig klares und kühles Wasser hoch und verteilt sich in den ganzen See hinein. Es liegt nahe, diese Phase der meditativen Erfahrung als ein Stadium der Inspiration zu verstehen. Inmitten des integrierten Zustands sprudelt eine frische Quelle hervor, die einer höheren oder, wenn man will, einer tieferen Ebene entspringt. Ein neues Element tritt hier in Erscheinung; es strömt einfach hervor und nährt uns. Es bereichert den integrierten Zustand und führt etwas Höheres, etwas noch Besseres und Reineres, etwas noch Edleres in ihn ein. Manchmal bricht das Wasser aus dieser Quelle sehr kraftvoll und gewaltig hervor, vielleicht wie eine mächtige Fontäne. Eine solche Erfahrung nennen wir Inspiration oder Begeisterung: Man wird davon mitgerissen und fühlt sich in einem sehr positiven Sinn erbaut und hochgestimmt. Man ist dann äußerst angeregt und spürt das, was Dichter früher manchmal den »göttlichen Odem« nannten. Begeistert oder inspiriert zu sein ist zweifellos etwas Großes und Edles. Für unsere spirituelle Übung ist es überdies äußerst wichtig. In Anlehnung an ein bekanntes Wort Beethovens können wir sogar behaupten, daß drei Dinge unverzichtbar sind, wenn man den Dharma wirklich üben will: erstens Inspiration, zweitens Inspiration und drittens Inspiration! Wenn es Ihnen an Inspiration mangelt, wenn Sie nicht mit Begeisterung meditieren, dann mögen Sie zwar den ganzen Abhidharma auswendig aufsagen und alle Pali-, Sanskrit- oder tibetischen Begriffe vor- und rückwärts herunterbeten können und außerdem auch ein durch und durch guter Mensch sein – grundsolide und ehrenwert –, solange Ihnen aber jener Funke der Inspiration fehlt, werden Sie es im spirituellen Leben nicht besonders weit bringen. Es ist unbedingt nötig, wenigstens manchmal einen solchen Zustand von Begeisterung und Hochstimmung zu erleben. Das geschieht auf der zweiten Dhyanastufe: Etwas, das jenseits unserer alltäglichen bewußten Erfahrung liegt, regt uns an, erbaut und beflügelt uns.

Die dritte Vertiefungsstufe der Meditation, das dritte *dhyana*, reicht noch weiter. Die buddhistischen Schriften vergleichen dieses Erlebnis mit Lotosblumen, die in einem See wachsen und so vollständig ins Wasser getaucht sind, daß keiner ihrer Teile vom Wasser unberührt bleibt. Diese Dhyanastufe stellt eine Erfahrung des Durchdrungenseins dar. Die Inspiration hat gewissermaßen völlig von Ihnen Besitz ergriffen: Sie sind selbst zum Werkzeug oder Diener der Inspiration geworden. Die Inspiration ist Sie, und Sie sind die Inspiration. Sie verkörpern diese Inspiration leibhaftig. Sie sind vollständig von ihr durchdrungen. Weil

Sie selbst ganz und gar von Inspiration erfüllt sind, scheint es Ihnen, wenn Sie umherschauen, als sei auch die ganze Welt von Inspiration erfüllt. Sie nehmen diesen höheren Zustand sowohl innen als auch außen wahr. Sie sind in ihm, und er ist in Ihnen. Man kann eine solche Erfahrung kaum mit Worten beschreiben: Sie ist so ähnlich, als wäre man eine hohle, ballonartige, mit Wasser gefüllte Gestalt, die im Wasser treibt. Es ist dabei wirklich so, als befände man sich nicht nur auf, sondern ganz und gar im Wasser und sei zugleich mit Wasser gefüllt. Das einzige, was das Wasser drinnen vom Wasser draußen trennt, ist eine hauchdünne gummiartige Haut. In dieser Phase des Durchdrungenseins entspricht das Wasser dem eben besprochenen höheren Zustand der Inspiration. Nunmehr ist diese Inspiration in uns, und wir sind in ihr.

Schließlich, und damit geht man auch noch über diese Stufe hinaus, kommt jene Phase des meditativen Erlebens, die wir als Stufe des Strahlens bezeichnen. Die Überlieferung vergleicht diese Erfahrung mit dem Bild eines Menschen, der an einem heißen, staubigen Tag in einem Teich badet und sich nun, nachdem er dem Bad entstiegen ist, in ein reines Tuch von strahlend weißer Farbe hüllt. Auf der Stufe des vierten *dhyanas* sind Sie inzwischen so positiv geworden, daß Sie selbst auszustrahlen beginnen. Jeder hat es schon einmal erlebt, wie ein Lächeln wirken kann; wir sagen sogar, es gehe ein Strahlen von jemandem aus. Genauso kann auch Ihre ganze Persönlichkeit gewissermaßen lächeln; auch sie kann strahlen. Das ist manchmal bei Menschen zu sehen, die dem Dharma – der buddhistischen Lehre – erst kürzlich begegnet sind. Sie sind vielleicht so sehr davon ergriffen und so hochgestimmt, daß sie von innen heraus zu leuchten beginnen. Stellen Sie sich dieses Phänomen nun auf einem noch viel höheren Niveau vor! Man strahlt von dieser höheren Bewußtseinsstufe oder aus diesem Dhyanazustand heraus in die Umgebung hinein. Man durchströmt sozusagen sein gesamtes Umfeld mit emotionaler Positivität. In diesem Sinne ist das vierte *dhyana* ein weitaus höherer Zustand.

Auf solche Weise versuchen wir, den Buddhismus bei uns

»heimisch« zu machen. Wir sprechen nicht in einer vorwiegend abstrakten, analytisch psychologisierenden Sprache über die *dhyanas* und veranschaulichen sie auch nicht so sehr mit poetischen Bildern, sondern erklären sie auf einfache und direkte Art: als Stufen der Integration, der Inspiration, des Durchdrungenseins und des Strahlens.

Im folgenden werde ich nun nicht weiter auf die einzelnen Stufen der meditativen Sammlung oder der Erfahrung höherer Bewußtheitszustände eingehen, sondern verschiedene Meditationsmethoden erörtern. Dies sind Meditationsmethoden der buddhistischen Überlieferung, die ich für meine Schüler ausgewählt habe, weil zwischen ihnen eine bestimmte Verbindung besteht. Ich möchte sogar so weit gehen und – vielleicht ein klein wenig anmaßend – behaupten, daß sie ein System bilden: ein organisches, lebendiges System und kein totes oder mechanisches Kunstprodukt. Diesen Zusammenhang will ich hier näher darlegen.

Diese wichtigeren und in der buddhistischen Überlieferung auch weit verbreiteten Meditationsmethoden sind die Achtsamkeit beim Atmen, die *metta-bhavana* oder Entwicklung allumfassender liebender Güte, die Übung des Bloß-Sitzens, die Visualisierung eines Buddhas oder Bodhisattvas (die jeweils mit der Rezitation des Mantras des jeweiligen Buddhas oder Bodhisattvas einhergeht), die Betrachtung der Sechs Elemente und die Kontemplation der *nidana*-Kette.

Neben dieser Zusammenstellung gibt es natürlich auch ganz andere Gruppierungen wie beispielsweise jene, die C. M. Chen in seinem Buch *Meditation, Systematic and Practical*[3] dargelegt hat. Er stellt dort fünf grundlegende Meditationsmethoden jeweils als »Medizin« gegen ein ganz spezielles Geistesgift vor. Die Meditation über Unreinheit (oder auch Kontemplation über die Verfallsstadien eines Leichnams) ist dabei ein Mittel gegen Begierde. Die *metta-bhavana* wirkt gegen Haß und Abneigung. Achtsamkeit in jeder Form – ob als Achtsamkeit auf das Atemgeschehen oder auf beliebige andere körperliche und geistige Vorgänge – heilt skeptischen Zweifel und geistige Zerstreutheit. Die

Kontemplation der *nidana*-Kette kuriert uns von Verblendung, während die Betrachtung der sechs Elemente ein probates Mittel gegen Stolz und Einbildung ist. Wenn Sie diese »Fünf Geistesgifte« ausgetrieben haben, sind Sie in der Tat ein gutes Stück vorangekommen. Sie sind dann nicht mehr allzuweit von Erleuchtung entfernt.

Bei einer solchen Zusammenstellung stehen die einzelnen Praktiken allerdings in einer eher räumlichen Beziehung zueinander; sie sind gewissermaßen wie ein Pentaeder – ein Fünfflächner – angeordnet. Sie bilden keine weiterführende Folge; man geht nicht von einer Methode zur nächsten weiter. Wir benötigen aber eine fortschreitende Anordnung der Meditationsmethoden, eine eindeutig aufeinander aufbauende Folge, die uns Stufe um Stufe voranführt.

Die Achtsamkeit beim Atmen

Die erste Übung in einer solchen Folge ist die Achtsamkeit beim Atmen. Für viele Menschen ist dies die erste Meditationsmethode, die sie kennenlernen. Zahlreiche Gründe sprechen dafür, diese Meditation an den Anfang zu stellen.[4] Wer zu meditieren beginnt, kann diese Übung zunächst einmal als eine bloß »psychologische« Methode verstehen: Um sie üben zu können, muß man nichts über Buddhismus im engeren Sinn wissen.

Die Achtsamkeit beim Atmen ist eine außerordentlich wichtige Meditationspraktik, denn sie bildet auch den Ausgangspunkt für die Entwicklung von Achtsamkeit schlechthin, das heißt: Achtsamkeit im Hinblick auf alle verschiedenen Lebensregungen und -aktivitäten. Man beginnt damit, des Atems gewahr zu werden, was aber erst der Anfang ist. Denn wir müssen unser Gewahrsein so weit ausdehnen, bis wir uns schließlich aller Körperbewegungen und unseres gesamten Tuns genauestens bewußt geworden sind. Darüber hinaus müssen wir versuchen, für die Dinge um uns herum sowie für andere Menschen achtsam zu werden. Letztlich aber geht es darum, die Wirklichkeit im höchsten Sinn wahrzunehmen. Und um dazu fähig zu werden, beginnt man mit der Achtsamkeit beim Atmen.

Die Entwicklung von Achtsamkeit ist auch deshalb äußerst wichtig, weil sie der Schlüssel zur psychischen Integration ist. Das ist der entscheidende Grund, weshalb in unseren Meditationszentren die Vergegenwärtigung des Atems meistens als erste Meditationspraktik unterrichtet wird. Viele Menschen haben, wenn sie in die Meditation eingeführt werden, eigentlich noch gar keine echte Individualität entwickelt. Sie sind oft kaum mehr als ein Bündel widerstreitender Sehnsüchte, wenn nicht gar konkurrierender Persönlichkeiten, die nur ganz locker vom Faden ihres Namens und ihrer Anschrift zusammengehalten werden. Manche dieser Sehnsüchte und Persönlichkeiten sind bewußt, andere sind unbewußt. Doch schon die recht begrenzte Achtsamkeit, die Sie üben, indem Sie Ihre Aufmerksamkeit zum Atem bringen, trägt dazu bei, diese Teile zusammenzufügen. Sie strafft den Faden ein wenig, so daß sich eine etwas festere Mitte bildet. Ganz allmählich entsteht auf diese Weise ein deutlicher erkennbares oder klarer faßbares Bündel Ihrer verschiedenen Sehnsüchte und Persönlichkeiten.

Wenn wir die Übung der Achtsamkeit noch weiterführen, trägt sie dazu bei, eine echte Einheit und Harmonie zwischen den verschiedenen Aspekten unserer *selbst* – wozu die bisher aufgesplitterten Teile nun geworden sind – hervorzubringen. Anders ausgedrückt: Mit Hilfe von Achtsamkeit beginnen wir, echte Individualität zu entwickeln. Individualität ist ihrem Wesen nach immer etwas Integriertes; eine unintegrierte Individualität ist ein Widerspruch in sich. Solange man nicht alle seine Teile integriert hat, und das heißt auch, solange man noch kein wahres Individuum ist, kann man auch nicht wirklich fortschreiten. Ein Fortschritt ist deshalb unmöglich, weil man sich noch nicht ungeteilt entscheiden kann. Man kann sich erst dann verbindlich entscheiden und verpflichten, wenn man zu einer einzigen Individualität gereift ist, die sich von ganzem Herzen entschließt. Nur als integrierter Mensch können Sie sich voll und ganz auf etwas einlassen, denn erst dann fließen alle Ihre Energien in dieselbe Richtung; Ihre verschiedenen Kräfte, Interessen und Wünsche liegen nicht mehr im Widerstreit miteinander. Deshalb sind Achtsamkeit und Gewahrsein – in je unterschiedlichem Grad – nicht nur von ausschlaggebender Bedeutung, sondern sogar der Schlüssel für alles weitere.

Es gibt in diesem Zusammenhang allerdings eine Gefahr. Zwar ist kein Schritt wirklich gefahrlos, doch geht es hier um eine besonders große Gefahr. Im Verlauf der Übung von Achtsamkeit kann es passieren, daß man eine falsche Art von Gewahrsein entwickelt, die ich »entfremdetes Gewahrsein« nenne. Dieses entfremdete Gewahrsein entsteht, wenn man sich selbst wahrnimmt, ohne sich tatsächlich auch zu erleben. Deshalb ist es wichtig, daß Sie nicht nur Achtsamkeit oder Gewahrsein üben, sondern dabei auch zugleich in Verbindung mit Ihren Gefühlen und Emotionen bleiben, ganz gleich, wie diese gerade sein mögen. Im Idealfall werden Sie mit Ihren positiven Emotionen in Berührung kommen – sofern Sie solche Emotionen schon haben beziehungsweise entwickeln können. Am Anfang kann es aber erforderlich sein, erst einmal ein Gespür für die negativen Emotionen zu entwickeln. Es ist besser, in einer echten, lebendigen Verbindung mit seinen negativen Emotionen zu sein – was zugleich auch bedeutet, diese Gefühle anzuerkennen und sie zu erleben, ohne deshalb aber in ihnen zu schwelgen oder sie auszuagieren –, statt in jenem entfremdeten Zustand zu verharren und die eigenen Gefühle und Emotionen gar nicht zu spüren.

Die *metta-bhavana*

An dieser Stelle kommen nun die *metta-bhavana* und verschiedene mit ihr verwandte Meditationspraktiken ins Spiel. Wir müssen einerseits *maitri* (Pali: *metta*), das heißt liebende Güte oder echte Freundlichkeit, entwickeln und darüber hinaus auch die übrigen sogenannten *brahma-viharas: karuna, mudita* und *upeksha* (Pali: *upekkha*) – tatkräftiges Mitgefühl, Mitfreude und

Gleichmut. Außerdem benötigen wir *shraddha* (Pali: *saddha*), das gläubige Vertrauen in den Buddha als erleuchteten Menschen sowie in unsere eigene Fähigkeit, ebenfalls Erleuchtung zu erlangen. Alle diese Emotionen gründen in *metta*. Metta – liebende Güte oder aufrichtige, von Herzen kommende Freundlichkeit – ist die grundlegende positive Emotion. Je mehr Menschen ich im Laufe der Jahre getroffen habe, desto klarer wurde mir, wie wichtig positive Emotionen für unser Leben sind. Dabei ist es völlig gleichgültig, ob man an ein eher spirituelles oder ein eher weltliches Leben denkt. Ich möchte sogar behaupten, daß die Entwicklung positiver Emotionen – die Kultivierung von Freundlichkeit, Freude, Frieden, Vertrauen, Gelassenheit und so weiter – für unsere Entwicklung als Individuen unbedingt ausschlaggebend ist. Letztlich sind es Gefühle und Emotionen, und nicht etwa abstrakte Ideen, die uns zum Handeln bewegen. Die positiven Emotionen bringen uns auf dem spirituellen Pfad voran. Sie wecken Begeisterung in uns und stärken unser Vertrauen, bis wir schließlich jene Vollkommene Schauung[5] entwickelt haben, die uns dann weiter motivieren wird.

Auf Ihrem spirituellen Weg benötigen Sie ebensosehr starke Gefühle von *metta* für sich selbst – sie bilden die Grundlage alles folgenden – wie auch ein starkes Gefühl von spiritueller Gemeinschaft und Verbundenheit. Wenn ich »starke Gefühle« sage, meine ich wirklich starke Gefühle, nichts Laues, Schwächliches oder Halbherziges. Aber Sie benötigen nicht nur Freundlichkeit sich selbst und anderen gegenüber, sondern auch echtes Mitgefühl und aufrichtige Anteilnahme für diejenigen, die gerade eine schwierige Zeit durchleben. Jeder geht durch leidvolle Phasen im Leben, und jeder kann zumindest Anteil nehmen und Verständnis entwickeln. Selbst wenn man vielleicht nicht helfen kann, ist es doch immer möglich, auf ehrliche Weise freundlich zu sein. Darüber hinaus ist *mudita* wichtig, die Fähigkeit, sich mit jenen Menschen zu freuen, denen es gerade gut geht, verbunden mit der Bereitschaft, ihre Verdienste und ihr Glück zu preisen und sie zu unterstützen. *Upeksha* schließlich – Geistesruhe, Gleichmut und Stille – ist eine ganz besonders positive Emotion. Das Wort

»Gleichmut« klingt eigentlich viel zu trocken und nicht besonders verheißungsvoll. Dabei ist Gleichmut in Wirklichkeit etwas sehr Positives: Er gründet auf dem Gefühl oder der Erfahrung gleich starker *metta* für alle Lebewesen. Wenn Sie für alle Wesen auf gleichermaßen kraftvolle Weise *metta* oder liebende Freundlichkeit entwickelt haben – und darüber hinaus auch tätiges Mitgefühl und eine von Herzen kommende Mitfreude –, dann können Sie auf dieser soliden Grundlage Gleichmut entstehen lassen. Dadurch werden Sie ein noch tieferes Verständnis entwickeln. Sie werden allmählich das Auf und Ab, das auch im spirituellen Leben unvermeidlich eintreten wird, besser meistern können. Und was noch wichtiger ist: Durch diese Haltung des Gleichmuts im eigentlichen Sinn werden sie mit dem »Größeren Mandala«[6] verbunden bleiben, das gewissermaßen den kleineren Kreis Ihrer persönlichen Neigungen und Beschäftigungen umgibt, so gut und löblich diese auch alle sein mögen. Schließlich benötigen Sie noch eine weitere positive Emotion: *shraddha*, gläubiges Vertrauen oder Hingabe zum Buddha, zum Dharma und zum Sangha. Dieses Vertrauen zeigt sich ganz besonders in Ihrer klaren, von Herzen kommenden Überzeugung – eine Überzeugung, die Sie durch stets neue Erfahrung und rationale Überlegung prüfen –, daß der Buddha Erleuchtung erlangt und damit das vorgelebt hat, was jeder Mensch in seiner Nachfolge nun selbst tun kann und auch tun sollte.

Nur wenn unsere Emotionen positiv sind, wenn wir also wirklich erfüllt sind von *metta, karuna, mudita, upeksha* und *shraddha*, dann kann auch der Sangha, die buddhistische Gemeinschaft, zur lebendigen Wirklichkeit werden. Schon in einem ganz alltäglichen Sinn bilden positive Emotionen den Lebensnerv der buddhistischen Gemeinschaft. Wenn die Menschen, die sich für den Pfad des Buddha entschieden haben, keine positiven Emotionen empfinden, sind sie nicht wirklich lebendig, und das zeigt sich dann auch in ihren jeweligen Gruppen oder Gemeinschaften. Somit ist die Entwicklung positiver Emotionen für jeden einzelnen Menschen wie auch für uns alle miteinander von entscheidender Bedeutung. In diesem Sinne ist die *metta-bhava-*

na die zentrale Meditationsübung, mit deren Hilfe man die grundlegende positive Emotion von *metta* oder liebender Güte entwickelt.

Die Betrachtung der sechs Elemente

Angenommen, Sie hätten Achtsamkeit und alle soeben genannten positiven Emotionen kultiviert und seien nunmehr ein seiner selbst gewahrer, emotional positiver und eigenverantwortlicher Mensch, was auch heißt, daß Sie zumindest in psychologischer Hinsicht ein wahres Individuum sind. Welcher Schritt muß nun kommen? Nun – der nächste Schritt ist Ihr Tod! Das glückliche, gesunde Individuum, das Sie nunmehr sind (oder waren), muß sterben. Anders gesagt: Sie müssen die Subjekt-Objekt-Spaltung transzendieren. So geläutert und vollkommen Ihre weltliche Persönlichkeit mittlerweile auch ist, sie muß wieder aufgelöst werden. Der Schlüssel hierzu ist die Betrachtung der sechs Elemente.

Auch andere Meditationspraktiken können Ihnen helfen, Ihr gegenwärtiges, seiner selbst bewußtes und emotional positives, weltliches Ich aufzulösen, zum Beispiel die Betrachtung der Vergänglichkeit, die Kontemplation über Tod sowie die Meditationen über *shunyata*[7], einschließlich der Meditation über die *nidana*-Kette.[8] Doch die *shunyata*-Meditationen können ziemlich abstrakt, wenn nicht sogar »kopfig« werden. Die Betrachtung der sechs Elemente ist für diesen Abschnitt des spirituellen Weges die konkreteste und zugleich praktischste Übungsmethode.

Die sechs »Elemente« sind Erde, Wasser, Feuer, Luft, Raum und Bewußtsein. In der Meditation vergegenwärtigen Sie sich, daß jedes dieser Elemente auf seine besondere Weise im Universum vorhanden ist und daß Sie von diesen Elementen all das geborgt haben, was Sie zum Aufbau und zur Erhaltung Ihres Körpers und Ihrer Persönlichkeit benötigen.[9] In der Meditation geben Sie zuerst das Erdelement in Ihrem Körper wieder an das Erdelement im Universum zurück, dann das Wasserelement in Ihnen an das Wasserelement im Universum und in gleicher Weise Feuer, Luft, Raum und schließlich sogar Ihr sogenanntes individualisiertes Bewußtsein. Die Betrachtung der sechs Elemente ist die Schlüsselpraktik, mit der Sie das irreführende Gefühl aufbrechen können, Ihre relative Persönlichkeit zu *besitzen* beziehungsweise sie zu *sein*.

Man kann sogar sagen, daß die Betrachtung der sechs Elemente eine *shunyata*-Meditation ist, denn sie hilft, die Leerheit der weltlichen Individualität zu erkennen. Sie hilft dem weltlichen Ich zu sterben. Man findet die unterschiedlichsten Übersetzungen für das Wort *shunyata*, so zum Beispiel »Leerheit«, »Relativität« oder sogar »Nichts«. Wir können das Wort aber auch als »Tod« wiedergeben, denn es bedeutet den Tod alles Bedingten. Erst wenn die bedingte Persönlichkeit stirbt, kann das, was wir »unbedingte Individualität« nennen können, allmählich in Erscheinung treten.

Wenn man in der Meditation tiefer und tiefer geht, spürt man gelegentlich eine große Furcht. Oft schrecken Meditierende angesichts dieser Erfahrung zurück. Doch ist es gut, die Furcht zuzulassen und zu erleben. Sie tritt auf, wenn Sie gewahr werden, daß *shunyata* oder Wirklichkeit im höchsten Sinn Ihr bedingtes Selbst sozusagen anpackt. Von *shunyata* berührt zu werden fühlt sich an wie der Tod. Für Ihr bedingtes Selbst ist es der Tod, und deshalb hat das bedingte Selbst – deshalb haben Sie – Angst.

Die Betrachtung der sechs Elemente und die anderen *shunyata*-Meditationen sind *vipashyana*- (Pali: *vipassana*-) oder Einsichtspraktiken. Im Vergleich dazu sind die Achtsamkeit beim Atmen und die *metta-bhavana shamatha*- (Pali: *samatha*-) oder Beruhigungsmethoden. Durch *shamatha* entwickelt und verfeinert man die bedingte Persönlichkeit, während man durch *vipashyana* diese Persönlichkeit auflöst oder – eher noch – fähig wird, sie vollkommen zu durchschauen.

Visualisierung und Mantrarezitation

Was geschieht nun, wenn das weltliche Ich gestorben ist? Mit Worten, die man in dieser Form in der Überlieferung nicht antrifft, können wir sagen: Die Todeserfahrung der weltlichen Persönlichkeit läßt das transzendente Selbst hervortreten. Die transzendente Individualität erscheint mitten am Himmel – mitten in der Leerheit: Zunächst sehen Sie dort eine Lotosblüte. Auf ihrem Kelch befindet sich ein Same in der Form eines Buchstabens. Dies ist ein sogenanntes *bija*-Mantra. Und dieses *bija*-Mantra verwandelt sich nun in einen Buddha oder einen Bodhisattva.

So erhaben und herrlich diese visualisierte Gestalt des Buddhas oder Bodhisattvas, die Sie vor dem inneren Auge sehen, auch sein mag – diese Gestalt sind Sie selbst: Dies ist der neue Mensch, der Sie sein werden, wenn Sie es nur zulassen zu sterben. Man kann aber nicht wiedergeboren werden, ohne zunächst die Pforte des Todes zu durchschreiten. Wenn man eine vollständige Visualisierungspraktik übt, rezitiert und kontempliert man deshalb (zumindest bei manchen Methoden) zunächst einmal das *shunyata*-Mantra: *om svabhavashuddhah sarvadharmah svabhavashuddh'ham*. Das bedeutet: »Om, alle Dinge sind wesensmäßig rein; auch ich bin wesensmäßig rein.« »Rein« deutet hier auf Leerheit hin, es bedeutet jenseits oder bar aller Konzepte und Begriffe und frei von jeder Bedingtheit des Seins. In diesem Zusammenhang können wir das nicht weiter ausführen, sondern nur andeuten: Es gibt kein Vajrayana ohne Mahayana, und das Mahayana ist das *yana* oder Fahrzeug von *shunyata*. Aus diesem Grund sagte der Ch'an-Einsiedler Mr. Chen, mein Freund und Lehrer in Kalimpong, wiederholt: »Ohne die Erkenntnis von *shunyata* sind die Visualisierungen des Vajrayana bloß vulgäre Magie.«

Es gibt viele verschiedene Arten von Visualisierungsmethoden, und sie alle kann man natürlich auf ganz unterschiedlichen Niveaus üben. Außerdem gibt es zahlreiche Buddhas, Bodhisattvas, Dakas, Dakinis oder Dharmapalas, die man visualisieren – das heißt sich in der Meditation bildlich vergegenwärtigen –

kann. Alle diese Meditationsgestalten verkörpern die vollkommene Freiheit, Weisheit und das tätige Mitgefühl erleuchteter Wesen. Die Worte *dakini* (weiblich) und *daka* (männlich) deuten das schon an; sie sind von einer Sanskritwurzel mit der Bedeutung »Richtung«, »Raum« und »Himmel« abgeleitet. Dakas und Dakinis sind »Himmelstänzer« oder »Im-Raum-Wandelnde«. Der leere Raum steht hier für vollkommene, von Schranken oder Hindernissen ungebremste Bewegungsfreiheit. Eine solche Freiheit genießen die Dakas und Dakinis. Dabei symbolisiert der Himmel den Geist im absoluten Sinn, während die Dakas und Dakinis ihrerseits das verkörpern, was sich vollkommen frei im Geist bewegt oder darin tanzt: die geistigen Energien selbst. In diesem Sinne stehen sie für mächtige Kräfte, die aus den Tiefen des Geistes aufsteigen. In der Bilderwelt des Vajrayana gibt es zahlreiche Daka- und vor allem viele Dakini-Gestalten.

Dharmapala bedeutet wörtlich »Wächter oder Beschützer des Dharmas«. Auf tibetischen Bildern von Mandalas sind die Dharmapala-Figuren stets von großer Statur und zornigem Aussehen; sie bewachen die Tore des »heiligen Kreises« an den Punkten der vier Himmelsrichtungen und halten feindliche Energien davon ab, in ihn einzudringen. In der gleichen Funktion kann man riesenhafte Dharmapala-Gestalten auch in den Eingangsbereichen mancher Tempelanlagen sehen.

In unserem Orden sind die Visualisierungen von Shakyamuni, Amitabha, Padmasambhava, Avalokiteshvara, Tara, Manjughosa, Vajrapani, Vajrasattva und Prajaparamita besonders verbreitet. Bei der Ordination wird jede und jeder Angehörige des Ordens in eine persönliche Visualisierungspraktik mit dem dazugehörenden Mantra eingeführt. Alle Ordensmitglieder sind dazu angehalten, sich im Laufe der Zeit mit wenigstens ein oder zwei weiteren Visualisierungsmethoden gründlich vertraut zu machen.

Die allgemeine Bedeutung der Visualisierungs- und Mantrameditation wird am Beispiel der Vajrasattva-Praktik besonders deutlich. Vajrasattva ist ein Buddha, der in Bodhisattvagestalt erscheint. Sein Körper ist von weißer Farbe, dem Weiß der inneren

Reinigung oder Läuterung. In diesem Zusammenhang bedeutet Läuterung zu erkennen, daß man letztlich nie unrein gewesen ist: Schon immer, seit anfangslosem Beginn sind Sie rein – von Natur aus oder wesensmäßig rein. In den tiefsten Schichten Ihres Seins sind Sie frei von aller Bedingtheit, oder genauer: Sie sind bar jeder Unterscheidung zwischen Bedingtem und Unbedingtem und insofern leer. Auf Menschen, die in einer Kultur aufgewachsen sind, welche so sehr von Gefühlen irrationaler Schuld geprägt ist wie der westliche Kulturraum mit seinem Glauben an Erbsünde und ewige Verdammnis, wirkt eine solche Aussage natürlich als befreiende Offenbarung – ja als gewaltiger, heilender Schock.

Vajrasattva ist auch mit Tod verbunden, und zwar nicht nur mit dem spirituellen, sondern auch mit dem körperlichen Tod. Das sogenannte *Tibetische Buch der Toten*[10] zeigt diese Verbindung. Der Titel dieses Buchs, das auf Tibetisch *bardo thödol* heißt, bedeutet eigentlich: »Befreiung durch Hören im Zwischenzustand«. Damit ist gemeint, daß der individualisierte Geist des Verstorbenen die Unterweisung des Lamas hört, der – beim Leichnam sitzend – dem nunmehr seines Körpers entledigten Bewußtseinsstrom erklärt, was ihm in diesem Zwischenzustand nach dem körperlichen Tod widerfährt. Der Zwischenzustand ist die Phase zwischen dem physischen Tod und der physischen Wiedergeburt. Meditation ist ebenfalls ein solcher Zwischenzustand. Wenn man meditiert – das heißt wahrhaft meditiert –, dann stirbt das weltliche Ich. Genauso kann man den physischen Tod als einen meditativen Zustand oder eine Erfahrung erzwungenen *samadhis* betrachten. In beiden Zwischenzuständen, jenem zwischen Tod und Wiedergeburt wie auch dem in der Meditation, können wir Buddhas und Bodhisattvas und sogar Mandalas von Buddhas und Bodhisattvas sehen. Diese existieren aber nicht etwa außerhalb von uns, sondern sie sind Bekundungen unseres wahren Geistes in seiner letzten oder höchsten Bedeutung. Damit sind sie symbolische Ausdrucksformen des sogenannten *dharmakaya* oder der transzendenten Wirklichkeit selbst. Wir können uns mit ihnen gewissermaßen identifizieren und auf diese Weise spirituell – gleichsam in einer transzendenten Existenzform – wiedergeboren werden. Gelingt es nicht, sich auf solche Weise mit den Buddhas oder Bodhisattvas zu identifizieren, dann wird man im ganz gewöhnlichen Sinn wiedergeboren und fällt in sein altes, bedingtes Ich zurück.

Die vier großen Stadien der Meditation

Wir haben nunmehr das ganze Meditationssystem zumindest grob umrissen. Am Anfang steht die Phase der Integration: Sie ist Ihre erste Aufgabe, wenn Sie zu meditieren beginnen. Sie erreichen diese Integration vor allem durch die Übung von Achtsamkeit beim Atmen sowie mit Hilfe von Achtsamkeit und Gewahrsein ganz allgemein. In dieser Phase formen Sie ein integriertes Selbst.

Als nächster großer Abschnitt folgt die Stufe emotionaler Positivität. Diese entwickeln Sie vor allem durch die Übung von *metta, karuna, mudita* und so weiter. Hier wird das integrierte Selbst auf eine höhere, verfeinerte und zugleich eine weitaus kraftvollere Stufe gehoben, was durch einen wunderschön blühenden weißen Lotos symbolisiert wird.

Dann müssen Sie spirituell sterben. Diesen dritten Abschnitt erreichen Sie vor allem mit Hilfe der Betrachtung der sechs Elemente, aber auch durch Reflexion über Vergänglichkeit, Kontemplation über Tod und mittels der *shunyata*-Meditationen. Hier durchdringen Sie mit direkt schauender Erkenntnis Ihr verfeinertes Selbst. Sie erfahren Leerheit oder *shunyata*, und das heißt: Ihren spirituellen Tod.

Zuletzt folgt das Stadium der spirituellen Wiedergeburt, die Sie mit der Visualisierung von Buddhas oder Bodhisattvas und der Rezitation ihrer jeweiligen Mantras erlangen. Hier kann es auch hilfreich sein, eher abstrakte Dinge wie zum Beispiel geometrische Formen oder ein *bija*-Mantra zu visualisieren. In groben Zügen ist damit das System von Meditation umrissen.

Wenn Sie sich mit Buddhismus schon beschäftigt haben oder sogar im Rahmen einer bestimmten buddhistischen Schule praktizieren, stellen Sie sich mittlerweile vielleicht gewisse Fragen wie die folgenden: »Wo paßt eigentlich die ›Zufluchtnahme‹ oder auch Ordination – das heißt die verbindliche Entscheidung, das eigene Leben ganz an den Drei Juwelen auszurichten – in dieses System hinein? Wann oder in welcher Phase kommt es zur Entstehung des *bodhicitta*, des ›Willens zur Erleuchtung‹? Wo ist die Übung des Bloß-Sitzens abgeblieben?« Auf diese Fragen möchte ich nun abschließend eingehen.

Zuvor aber noch eine kurze Bemerkung. Meditation steht nicht für sich alleine. Sie ist nur eine von sehr vielen Methoden der spirituellen Übung und Entwicklung. Wahrscheinlich ist sie die wichtigste, denn sie wirkt ganz direkt auf den Geist ein. Ergänzend zur Meditation gibt es aber zahlreiche unterstützende Praktiken wie zum Beispiel die *puja* und andere Rituale der Hingabe und Verehrung. Auch die Bedeutung grundlegender ethischer Prinzipien wie Gewaltlosigkeit, Großzügigkeit, Genügsamkeit, Ehrlichkeit und so weiter wären aufzuzeigen, denn nur ein ethisch positives Verhalten in allen Lebenslagen bewirkt die unerläßlichen inneren Voraussetzungen, ohne die Meditation nicht gelingen kann. Über Rechten Lebenserwerb wäre in diesem Zusammenhang ebenfalls zu sprechen, das heißt über die Ausrichtung unseres Arbeitslebens und, in einem weiter gefaßten Sinn, all unseres gesellschaftlichen Handelns an denselben ethischen Maßstäben. Wir müßten uns dann auch mit spiritueller Freundschaft befassen sowie mit der Bedeutung des systematischen Studiums des Dharmas oder der Lehre des Buddha. Keine dieser Übungen darf man unterschätzen oder vernachlässigen. Sie alle haben große Bedeutung im spirituellen Leben und verdienten eine ausführliche Betrachtung, die wir allerdings in diesem Zusammenhang nicht leisten können.[11] Statt dessen werden wir unsere Ausführungen mit der Besprechung der drei eben gestellten Fragen beschließen.

An welche Stelle in unserem System der Meditation paßt die Zufluchtnahme, die verbindliche Entscheidung für die Drei Juwelen, oder anders gesagt: Wann kommt es zur buddhistischen Ordination? Zunächst einmal, Ordination ist gleichbedeutend mit Zufluchtnahme zu den Drei Juwelen[12], und wirklich Zuflucht zu nehmen heißt, sich mit ganzem Herzen zu verpflichten, das eigene Leben am Buddha, der von ihm erkannten Wahrheit und der Gemeinschaft aller Wesen, die nach Erleuchtung streben, auszurichten.

Man kann sich in unterschiedlichem Grad entscheiden oder verpflichten. Es hat sich aus unserer Erfahrung immer wieder als sinnvoll erwiesen, verschiedene Grade oder Niveaus der spirituellen Übung zu unterscheiden. Auch die Zufluchtnahme, in der man zu Recht die ausschlaggebende und immer wieder zu erneuernde verbindliche Entscheidung und Handlung sieht, durch die man erst zum Buddhisten wird und als Buddhist lebt, kann auf den unterschiedlichsten Ebenen erfolgen. In diesem Sinne können wir beispielsweise von der Stufe der bloß »provisorischen« Zufluchtnahme eines Menschen sprechen, der sich zwar freundlich interessiert, aber doch nur vorläufig und unverbindlich als Buddhist versteht. Hierzu gehören auch die Menschen, die sozusagen »als Buddhisten geboren« wurden und nun vorwiegend oder ausschließlich aus einer kulturell bedingten Gewohnheit heraus Zuflucht nehmen. Eine zweite Stufe bildet die »effektive« oder »wirksame« Zuflucht zu den Drei Juwelen, bei der man fest entschlossen ist, den Weg des Buddha zu gehen, ohne aber schon transzendente Einsicht erlangt zu haben. Das Erreichen von Vollkommener Schauung oder erster transzendenter Einsicht markiert die »wirkliche« oder auch »wahre« Zufluchtnahme. Traditionell gesprochen wird man hier zu einem Teil des *arya-sanghas* und kann nicht mehr auf die Stufe eines bloßen »Weltlings« zurückfallen. Von einem Buddha oder Erleuchteten können wir schließlich sagen, daß seine Zuflucht »absolut« und vollkommen unabhängig von jeder äußeren Stütze geworden ist.

Theoretisch betrachtet, könnte man ordiniert werden, ohne jemals meditiert zu haben; in praktischer Hinsicht halte ich das allerdings für ziemlich unwahrscheinlich. Man kann sich nämlich nur dann für irgend etwas verbindlich und mit ganzem Herzen entscheiden – und genau darum geht es bei einer Ordination –, wenn man in psychologischer Hinsicht verhältnismäßig integriert ist. Sonst würde man sich zwar heute entscheiden und verpflichten, morgen aber seine Entscheidung widerrufen, weil man sie nicht mit ganzem Herzen gefällt hatte. Um sich wirksam oder verbindlich entscheiden zu können, muß man außerdem ein gewisses Maß an emotionaler Positivität entwickelt haben. Fehlt diese, dann fehlt auch die Kraft, immer weiterzugehen. Schließlich benötigt man, um sich voll und ganz entscheiden und einlassen zu können, auch ein erstes schwaches Aufscheinen Vollkommener Schauung oder wenigstens einen Abglanz davon. Dieses Aufscheinen – oder sein Abglanz – wird zwar bei weitem noch nicht ausreichen, um zu einem In-den-Stromeingetretenen[13] zu werden, nichtsdestotrotz ist etwas von dieser Qualität schon an diesem Punkt des spirituellen Weges unverzichtbar.

Zur verbindlichen und wirksamen Zufluchtnahme im Sinne einer echten Ordination kommt es demgemäß irgendwo zwischen dem zweiten und dritten Stadium innerhalb unseres Systems der Meditation. Wir können auch sagen: Sie nehmen wirksam oder effektiv Zuflucht, wenn Sie beginnen, in das Stadium des spirituellen Todes einzutreten, oder wenn Sie sich wenigstens für die Möglichkeit geöffnet haben, spirituell zu sterben. (Das gerade Gesagte bezieht sich natürlich auf den sogenannten Pfad der regelmäßigen Schritte; bekanntlich gibt es daneben auch einen Pfad unregelmäßiger Schritte.)[14]

Zweitens: Wie fügt sich die Entstehung des *bodhicitta* in dieses System ein? Das Wort *bodhicitta* bedeutet »Wille zur Erleuchtung« oder auch »Erleuchtungsherz«. Damit ist kein egoistischer, persönlicher Wille gemeint, sondern vielmehr eine Art überindividuelles Streben, das erst dann wirksam wird, wenn man seine individuelle Persönlichkeit in einem gewissem Ausmaß durchschaut und überwunden hat. Meistens wird das *bodhicitta* als Wunsch umschrieben, zum Wohl aller Lebewesen Erleuchtung zu erlangen. Das heißt nun allerdings nicht, daß es hier noch einen wirklichen »Jemand« gibt, der zum Wohl wirklicher »anderer« nach Erleuchtung strebt. *Bodhicitta* entsteht jenseits von Ich und anderen, wenn auch nicht ohne Ich und andere, das heißt, wenn die weltliche Persönlichkeit zwar voll ergründet, das transzendente Selbst aber noch nicht wirklich erschienen ist. Es entsteht, wenn man zwar nicht mehr danach strebt, Erleuchtung für sein (sogenanntes) Ich zu erlangen, sich aber auch noch nicht voll und ganz dem Ziel verschrieben hat, zum Wohl der (sogenannten) anderen nach Erleuchtung zu streben. Demnach entsteht das *bodhicitta* zwischen dem dritten und dem vierten Abschnitt, zwischen den Stadien des spirituelles Todes und der spirituellen Wiedergeburt. Es ist der Keim der spirituellen Wiedergeburt. Einen gewissen Vorgriff hierauf gibt es bei den sogenannten Einweihungen – in unserer Bewegung zum Beispiel dann, wenn man während seiner privaten Ordination zusammen mit der Visualisierungspraktik in das Mantra eingeführt wird. Hierbei wirkt das Mantra gewissermaßen als ein Same, aus dem der Keim des *bodhicitta* sprießen wird. Mit der Ordination ist man nun wirklich aufgebrochen: Man hat seine Zugehörigkeit zu den verschiedensten sozialen Gruppen zumindest in psychologischer Hinsicht, wenn nicht auch schon im räumlich-physischen Sinn hinter sich gelassen; man ist gewissermaßen für die Gesellschaft gestorben. Nunmehr steht das Streben nach Erleuchtung im Zentrum des eigenen Lebens. Doch dabei trachtet man nicht nur nach dem eigenen Wohl, sondern letztlich nach dem Wohl aller. Es ist deshalb kaum verwunderlich, wenn wenigstens in manchen Menschen zum Zeitpunkt ihrer Ordination ein gewisser Abglanz des *bodhicitta* aufscheint.

Drittens: Wie verhält es sich mit der Praktik des Bloß-Sitzens? Es ist schwierig, darüber mehr zu sagen als: »Wenn man bloß sitzt, dann sitzt man bloß.« Wir können aber immerhin sagen, daß es Zeiten gibt, in denen wir bloß sitzen, und andere Zeiten, in denen wir nicht bloß sitzen. Zu letzteren gehören jene Zeiten, in denen wir andere Meditationsmethoden üben. Wenn Sie die Achtsamkeit beim Atmen, die *metta-bhavana*, die Betrachtung der sechs Elemente und dergleichen üben, dann sitzen Sie nicht bloß, sondern in all diesen und vielen weiteren Praktiken müssen Sie sich gezielt bemühen. Dabei sollten Sie allerdings darauf achten, daß Ihre Bemühung nicht zu gewollt oder gar eigenwillig wird. Um dieser Gefahr entgegenzuwirken, können Sie Bloß-Sitzen üben. Anders gesagt: Sie üben Bloß-Sitzen zwischen den anderen Methoden. Phasen der Aktivität, in denen Sie zum Beispiel die Achtsamkeit beim Atmen oder die *metta-bhavana* üben, wechseln sich mit eher passiven Phasen der Empfänglichkeit oder Rezeptivität ab. Sie gehen also auf folgende Weise vor: Aktivität – Passivität – Aktivität – Passivität – und so weiter, oder: Achtsamkeit beim Atmen – Bloß-Sitzen – *metta-bhavana* – Bloß-Sitzen – Betrachtung der sechs Elemente – Bloß-Sitzen – Visualisierung und Mantrarezitation – Bloß-Sitzen. So können Sie immer weiter üben, denn auf diese Weise schwingt Ihre Meditationsübung in einem vollkommenen Rhythmus und Gleichgewicht: Aufnehmen wechselt mit Gehenlassen, Festhalten mit Sich-Öffnen, Tun mit Nicht-Tun. So finden Sie zu einer völlig ausgewogenen Meditationsübung – und damit vollendet sich das gesamte System der Meditation.

Anmerkungen

1) Sangharakshita gründete 1967 in London die Freunde des Westlichen Buddhistischen Ordens (FWBO) und ein Jahr später den Westlichen Buddhistischen Orden (WBO). Heute sind die FWBO eine Bewegung mit städtischen Meditationshäusern, Retreat- und Studienzentren auf dem Land, Unternehmen Rechten Lebenserwerbs, Wohngemeinschaften, künstlerischen Aktivitäten und vielem mehr in sechzehn Ländern. (Das englische Wort »retreat« – »Rückzug« – hat sich mittlerweile auch in deutschen Meditationskreisen eingebürgert. Retreats sind Meditationsklausuren und -seminare, zu denen man sich – einzeln oder mit anderen – in eine ruhige, meist ländliche Umgebung zurückzieht.) Anmerkung des Übersetzers.

2) Siehe hierzu ergänzend Sangharakshita: *Sehen, wie die Dinge sind. Der achtfältige Pfad des Buddha*, Essen 1995; darin besonders Kapitel 6: Vollkommene Bemühung; derselbe: *Erleuchtung. Eine Begegnung mit den Idealen und Methoden des Buddhismus*, Essen 1992; darin Kapitel 2: Was Meditation wirklich ist; Anthony Matthews (Kamalashila): *Meditation. Der buddhistische Weg zu Glück und Erkenntnis*, Essen 1997; zu verschiedenen Meditationsmethoden besonders Kapitel 1, 2, 9 und 10, zu den Stufen der meditativen Erfahrung besonders Kapitel 4 und 8.

3) C. M. Chen: *Buddhist Meditation. Systematic and Practical*, Kalimpong 1962. Freiexemplar zu beziehen bei: Dr. Yutang Lin, 705 Midcrest Way, El Cerrito, CA 94530, USA.

4) In den Meditationszentren und bei einführenden Meditationsretreats der FWBO unterrichten und üben wir in der Regel die Meditationsmethoden der Achtsamkeit beim Atmen und der *metta-bhavana*, gelegentlich ergänzt durch Phasen des Bloß-Sitzens und der Reflexion. Wer sich nach längerer und tieferer Übung für den buddhistischen Weg entscheidet – was sich normalerweise im Wunsch nach Ordination ausdrückt – nimmt dann weitere Meditationspraktiken auf, wie sie weiter unten beschrieben werden.

5) Vollkommene Schauung (Sanskrit: *samyag-drshti*, Pali: *samma-ditthi*) bildet als erste Stufe des transzendenten Edlen Achtfältigen Pfades ein wesentliches Zwischenziel auf dem Weg zur Erleuchtung. Hier sieht man – in unmittelbarer, nicht-begrifflicher, intuitiver Erkenntnis – die Wirklichkeit, wie sie ist: als vergänglich, nicht letztlich befriedigend und nicht aus sich selbst heraus existierend. An diesem Punkt des Beginns transzendenter Erkenntnis wird man zum »In-den-Strom-Eingetretenen«. Das Erlangen von Erleuchtung ist von nun an gewiß, und man kann nicht mehr auf die Stufen einer bloß weltgebundenen Existenz zurückfallen. Diese Zusammenhänge werden ausführlich diskutiert in: Sangharakshita: *Die Drei Kleinode*, München 1968.

6) Siehe hierzu Sangharakshita: *Wisdom Beyond Words. Sense and Non-Sense in the Buddhist Prajnaparamita Tradition*, Glasgow 1993 (Windhorse Publications); darin Teil 4: *The Ratnaguna-Samcayagatha*, S. 181 ff.

7) Siehe Khenpo Tsültrim Gyamtso Rinpoche: *Stufenweise Meditationsfolge über Leerheit*, Wachendorf 1994 (Kagyü-Dharma-Verlag).

8) Zur Kontemplation der *nidanas* siehe Anthony Matthews (Kamalashila): *Meditation*, Essen 1997, S. 274 ff.

9) Eine genaue Erläuterung der einzelnen »Elemente« sowie eine detaillierte Beschreibung dieser Meditationsmethode finden Sie in: Anthony Matthews (Kamalashila): *Meditation*, Essen 1997, S. 268 ff.

10) Es gibt im Moment drei deutsche Übersetzungen: *Das Tibetische Totenbuch* vom Fischer-Verlag (1996), *Das Totenbuch der Tibeter* vom Diederichs-Verlag (1991, 14. Auflage) und *Das Tibetanische Totenbuch* vom Walter-Verlag (1990, 13. Auflage).

11) Siehe hierzu Kapitel 2 und 3 in *Erleuchtung* sowie *Sehen, wie die Dinge sind* vom selben Autor (für genauere Angaben siehe Anmerkung 2).

12) *Triratna* (Pali: *tiratana*), die Drei Juwelen. Dies sind die drei höchsten Ideale des Buddhismus, die in der einen oder anderen Form für alle Buddhisten im Mittelpunkt ihrer persönlichen Übung stehen: 1. der Buddha: das Ideal

des aus eigener Bemühung vollkommen geistesklaren, mitfühlenden und kraftvollen – des erleuchteten – Menschen; 2. der Dharma: sämtliche Lehren, Methoden und Übungen, die auf dem Weg zur Vervollkommnung dienlich sind; 3. der Sangha: die Gemeinschaft aller Buddhisten, die einander auf dem Weg zur Erleuchtung unterstützen, unterweisen und führen.
13) Siehe Anmerkung 7.
14) »Im spirituellen Leben gibt es einen Pfad regelmäßiger Schritte und einen Pfad unregelmäßiger Schritte. Im allgemeinen neigen wir dazu, dem letzteren zu folgen, und beginnen vielleicht mit dem zweiten Schritt, um danach – weil uns das viel interessanter vorkommt – gleich ein bißchen vom achten Schritt auszuprobieren. Weil wir das aber dann doch zu anstrengend finden, müssen wir wieder zur ersten Stufe zurück. Dort bauen wir unser Fundament und gehen wieder zur Stufe zwei über. Kaum aber haben wir damit angefangen, versuchen wir, uns schon wieder ein bißchen auf der vierten Stufe (und kommen dabei vielleicht sogar etwas voran). Nur wenig später müssen wir allerdings erneut umkehren. Bevor man wirklich weitergehen kann, muß man seine Übung der jeweils tieferen Stufe vervollständigen.
Den besten Fortschritt werden Sie machen, wenn Sie entschiedener dem Pfad regelmäßiger Schritte folgen. Üben Sie zunächst Abschnitt eins, bis Sie darin fest und sicher sind. Dann nehmen Sie die Übung der zweiten Stufe auf und bringen auch diese zur Reife. Gehen Sie dann zur Stufe drei weiter und auf diese Weise Stufe um Stufe zu immer höheren Niveaus. Das ist der ideale Weg, um voranzukommen, und zumindest in der Theorie klingt er direkt und unkompliziert. In der Praxis werden Sie es allerdings manchmal unmöglich finden, sich so geradlinig auszurichten. In gewisser Weise können Sie gar nicht anders, als dem Pfad unregelmäßiger Schritte zu folgen. Auch dabei werden Sie manche Fortschritte erzielen, jedoch nur dann, wenn Ihre jeweilige Übung auf der sicheren Grundlage eines bereits gefestigten Abschnitts aufbaut. Höhere Ebenen der Übung basieren auf der Entfaltung der niedrigeren, so wie jede Stufe einer Zikkurat oder einer Pyramide von der darunterliegenden getragen wird. Manchmal mag man wohl ein paar Fortschritte über seine scheinbaren Leistungsgrenzen hinaus machen, doch ohne ein solides Fundament kann man diese nicht erhalten.« zitiert aus: A. Matthews, *Meditation*, Essen 1997, S. 130 f.

Shunryu Suzuki

Zen-Geist – Anfänger-Geist

Shunryu Suzuki war ein bedeutender Meister der Soto-Zen-Tradition und kam Ende der fünfziger Jahre von Japan in die USA. Dort wurde er bald einer der einflußreichsten Zen-Lehrer seiner Zeit, unter dessen Leitung zahlreiche Zentren entstanden. Die bekanntesten sind das Zen Center in San Francisco und das Zen Mountain Center in Tassajara Springs, das erste Zen-Kloster außerhalb Asiens überhaupt. Shunryu Suzuki schrieb den in vielen Auflagen erschienenen Klassiker »Zen-Geist – Anfänger-Geist« und trug Entscheidendes dazu bei, daß Zen im Westen Fuß fassen konnte. Er starb 1971.

Suzuki faßt in einfachen, aber eindringlichen Formulierungen die Essenz seines Wissens zusammen. Er läßt uns den Gehalt des »Großen Geistes« spüren, den er selbst verwirklicht hat und den er repräsentiert – ohne Pathos, schlicht und gerade deshalb so überzeugend. Es geht ihm nicht um Theorien über Meditation und nicht um kunstvolle Gedankengebäude, die viele Lehrer errichten, um ihre eigene Klugheit zu beweisen. Er sucht keine Argumente für die eine oder andere Variante der spirituellen Praxis. Die Worte Suzukis selbst haben meditativen Charakter, und wer sie vernimmt, erlebt schon beim Hören oder Lesen eine innere Veränderung. Wenn wir dieses kleine Ego mit all seinen bewegten Gedanken, seinen widersprüchlichen Gefühlen und endlosen Wünschen zu ernst nehmen, fangen die Schwierigkeiten an. Die Bewegtheit unseres Lebens ist nichts anderes als die Bewegtheit unseres Geistes; erkennen wir das, werden wir zur Ruhe kommen. Suzuki rät: Gebt euer dualistisches Denken und euer Selbst auf!

Bewußtseins-Wellen

»*Weil wir uns aller Aspekte unseres Lebens erfreuen als einer Entfaltung des Großen Geistes, bemühen wir uns nicht um eine außergewöhnliche Freude. Deshalb haben wir eine unerschütterliche Gelassenheit.*«

Wenn ihr Zazen praktiziert, versucht nicht, euer Denken zu unterdrücken. Laßt es von selbst aufhören. Wenn euch etwas in den Sinn kommt, laßt es hereinkommen und laßt es hinausgehen. Es wird nicht lange bleiben. Wenn ihr versucht, euer Denken zu unterdrücken, bedeutet dies, daß ihr von ihm gestört seid. Laßt euch von nichts stören. Es scheint euch, als ob etwas außerhalb eures Geistes auftreten würde, aber in Wirklichkeit sind es nur die Wellen eurer Gedanken, und wenn ihr euch von den Wellen nicht stören laßt, werden sie allmählich ruhiger und ruhiger. In fünf oder höchstens zehn Minuten seid ihr vollständig still und ruhig. Dann ist eure Atmung ganz langsam geworden, während euer Puls etwas schneller schlägt.

Es wird eine recht lange Zeit brauchen, bis ihr in eurer Praxis euren ruhigen, stillen Geist findet. Viele Empfindungen kommen, viele Gedanken oder Bilder entstehen, aber es sind nur Wellen eures eigenen Geistes. Nichts kommt von außerhalb eures Geistes. Gewöhnlich meinen wir, unser Geist nehme Eindrücke und Erfahrungen von außen auf, aber dies ist nicht das wahre Verständnis unseres Geistes. Das wahre Verständnis ist, daß der Geist alles umfaßt; wenn ihr denkt, etwas würde von außen kommen, bedeutet dies nur, daß es in eurem Bewußtsein erscheint. Nichts außerhalb eurer selbst kann euch Ängste verursachen. Ihr selbst macht die Wellen in eurem Geiste. Wenn ihr euren Geist laßt, wie er ist, dann wird er ruhig. Dieses wird Großer Geist genannt.

Wenn euer Geist mit etwas außerhalb seiner selbst verbunden ist, so ist dieser Geist ein kleiner, ein beschränkter Geist. Wenn euer Geist mit nichts anderem verbunden ist, dann gibt es kein dualistisches Deuten der Aktivitäten eures Geistes. Ihr versteht Aktivität einfach als Wellen eures Geistes. Ein Großer Geist erfährt alles innerhalb seiner selbst. Begreift ihr den Unterschied zwischen den beiden Geistesarten: dem Geist, der alles enthält, und dem Geist, der in Beziehung zu anderem steht? Tatsächlich sind sie ein und dasselbe, doch ist das Verständnis verschieden, und eure Haltung dem Leben gegenüber wird dem Verständnis nach, das ihr habt, unterschiedlich sein.

Daß alles in eurem Geist enthalten ist, ist das innerste Wesen des Geistes. Dies gewahr zu werden, muß man ein religiöses Gefühl haben. Selbst wenn Wellen entstehen, ist das Wesen eures Geistes rein: Es ist wie klares Wasser mit ein paar Wellen. In der Wirklichkeit hat Wasser immer Wellen. Wellen sind die Praxis des Wassers. Von Wellen zu sprechen ohne Wasser oder von Wasser ohne Wellen, ist eine Täuschung. Wasser und Wellen sind Eines. Großer Geist und kleiner Geist sind Eines. Wenn ihr euren Geist in dieser Weise versteht, habt ihr einige Sicherheit in euren Gefühlen. Nachdem euer Geist nichts von außen erwartet, ist er immer erfüllt. Ein Geist mit Wellen in sich ist nicht ein gestörter, sondern tatsächlich ein verstärkter Geist. Was auch immer ihr erfahrt, es ist ein Ausdruck des Großen Geistes.

Die Aktivität des Großen Geistes ist es, sich selbst durch verschiedenartige Erfahrungen zu vergrößern. In einer Hinsicht sind unsere Erfahrungen, wie sie eine nach der anderen kommen, immer frisch und neu, aber in anderer Hinsicht sind sie nichts anderes als das ständige oder wiederholte Enthüllen des einen Großen Geistes. Wenn ihr zum Beispiel etwas Gutes zum Frühstück habt, werdet ihr sagen: »Das ist gut.« Gut wird benützt als etwas, das vor langer Zeit erfahren wurde, obwohl ihr euch nicht mehr entsinnen könnt, wann. Mit Großem Geist nehmen wir jede unserer Erfahrungen so auf, wie wenn wir das Gesicht, das wir im Spiegel sehen, als unser eigenes erkennen. Für uns gibt es nicht die Angst, diesen Geist zu verlieren. Es gibt nichts, woher man kommen oder wohin man gehen könnte. Es gibt keine Angst zu sterben, kein Leiden durch Alter oder Krankheit. Weil wir uns aller Aspekte unseres Lebens erfreuen als einer Entfaltung des Großen Geistes, bemühen wir uns nicht um eine außergewöhnliche Freude. Deshalb haben wir eine unerschütterliche Gelassenheit, und mit dieser unerschütterlichen Gelassenheit des Großen Geistes praktizieren wir Zazen.

Sich verneigen

»Sich verneigen ist eine sehr ernste Praxis. Ihr sollt bereit sein, euch sogar in eurem letzten Augenblick zu verneigen. Obwohl es unmöglich ist, unsere egozentrischen Gedanken loszuwerden, haben wir es zu tun, weil unsere wahre Natur dies verlangt.«

Nach dem Zazen beugen wir uns neunmal zum Boden nieder. Indem wir uns verneigen, geben wir unser Selbst auf. Unser Selbst aufzugeben bedeutet, unsere dualistischen Vorstellungen aufzugeben. So besteht zwischen Zazen-Praxis und Verneigen kein Unterschied. Gewöhnlich bedeutet das Verneigen, daß wir unsere Verehrung zum Ausdruck bringen gegenüber etwas, das mehr Verehrung verdient als wir selbst. Doch wenn ihr euch vor Buddha verneigt, solltet ihr euch keine Vorstellung von Buddha machen, sondern einfach eins werden mit ihm; seid ihr doch schon Buddha selbst! Wenn ihr eins werdet mit Buddha, eins mit allem, was existiert, dann findet ihr die wahre Bedeutung des Seins. Wenn ihr alle eure dualistischen Vorstellungen vergeßt, dann wird alles zu eurem Lehrer, und alles kann Gegenstand der Verehrung sein.

Wenn alles innerhalb eures Großen Geistes existiert, fallen alle dualistischen Beziehungen weg. Es gibt keinen Unterschied zwischen Himmel und Erde, Mann und Frau, zwischen Lehrer und Schüler. Manchmal verbeugt sich ein Mann vor einer Frau; manchmal verbeugt sich eine Frau vor einem Mann. Manchmal verbeugt sich der Lehrer vor dem Schüler. Ein Lehrer, der sich nicht vor seinem Schüler verbeugen kann, kann sich auch nicht vor Buddha verbeugen. Manchmal verneigen sich Lehrer und Schüler gemeinsam vor Buddha. Manchmal können wir uns vor Katzen und Hunden verneigen.

In unserem Großen Geist hat alles den gleichen Wert. Alles ist Buddha selbst. Ihr seht etwas oder hört einen Ton, und da habt ihr alles genauso, wie es ist. In eurer Praxis sollt ihr alles annehmen, wie es ist, und allen Dingen die Verehrung erweisen, die ihr einem Buddha erweist. Dann haben wir Buddhaschaft. Der Buddha verneigt sich vor Buddha, und ihr verneigt euch vor euch selbst. Das ist richtiges Verneigen.

Wenn ihr diese feste Überzeugung vom Großen Geist in eurer Praxis nicht habt, dann ist euer Verneigen dualistisch. Wenn ihr einfach ihr selbst seid, dann verneigt ihr euch vor euch selbst im rechten Sinne und seid eins mit allem. Nur wenn ihr ihr selbst seid, könnt ihr euch im rechten Sinne vor allem verneigen. Sich verneigen ist eine sehr ernste Praxis. Ihr sollt bereit sein, euch sogar in eurem letzten Augenblick zu verneigen; wenn ihr nichts mehr tun könnt als euch verneigen, dann solltet ihr es tun. Eine solche Überzeugung ist notwendig. Verneigt euch mit dieser inneren Haltung, und alle Vorschriften, alle Lehren sind euer eigen, und ihr werdet alles besitzen in eurem Großen Geist.

Sen no Rikyu, der Begründer des japanischen Tee-Zeremoniells, verübte im Jahre 1591 auf Anweisung Hideyoshis, seines Herrn, *hara-kiri*. Ehe Rikyu sich das Leben nahm, sagte er noch: »Wenn ich dieses Schwert habe, gibt es keinen Buddha und keine Patriarchen.« Er meinte, daß es für uns keine dualistische Welt gibt, wenn wir das Schwert des großen Bewußtseins haben. Das einzige Ding, das existiert, ist dieser Geist. Diese Art unerschütterlicher Haltung war in Rikyus Tee-Zeremonien immer vorhanden. Er tat nie etwas nur in dualistischer Weise. Er war bereit, in jedem Augenblick zu sterben. Von Zeremonie zu Zeremonie starb er und erneuerte sich selbst. Das ist der Geist der Tee-Zeremonie. Das ist die Art, wie wir uns verneigen.

Mein Lehrer hatte vom Verbeugen eine Schwiele an seiner Stirne. Er wußte, daß er ein starrsinniger, eigensinniger Geselle war, und so verbeugte und verbeugte und verbeugte er sich. Der

Grund, warum er sich verbeugte, war die Tatsache, daß er in seinem Inneren immer die scheltende Stimme seines Meisters hörte. Er war im Alter von dreißig Jahren in den Soto-Orden eingetreten, was für einen japanischen Priester ziemlich spät ist. Denn solange wir jung sind, sind wir weniger starrsinnig, und es fällt uns noch leichter, unsere Eigensüchtigkeit loszuwerden. So nannte sein Meister meinen Lehrer immer »du spätgekommener Bursche« und tadelte ihn wegen seines späten Eintritts. In Wirklichkeit liebte ihn sein Meister wegen dieses eigensinnigen Charakters. Als mein Lehrer siebzig Jahre alt war, sagte er: »Als ich jung war, war ich wie ein Tiger, jetzt aber bin ich wie eine Katze.« Er war sehr zufrieden damit, wie eine Katze zu sein.

Das Verneigen hilft uns, unsere egozentrischen Gedanken zu beseitigen. Das ist nicht so einfach. Schwierig ist es, diese Vorstellungen loszuwerden, und das Verneigen ist dafür eine sehr nützliche Praxis. Das Ergebnis ist nicht so sehr das Entscheidende; die Bemühung, uns zu verbessern ist es, welche zählt. Diese Praxis hört nie auf.

Jede Verneigung bringt eines der buddhistischen Gelübde zum Ausdruck. Diese Gelübde sind: »Obwohl es unzählige Lebewesen gibt, geloben wir, sie zu erlösen. Obwohl unsere schlechten Begierden unzählbar sind, geloben wir, von ihnen zu lassen. Obwohl es unzählige Lehren gibt, geloben wir, sie alle zu lernen. Obwohl Buddhaschaft unerreichbar ist, geloben wir, sie zu erlangen.« Wenn sie unerreichbar ist, wie können wir sie erreichen? Aber wir müssen es! Das ist Buddhismus.

Zu denken: »Wir werden es tun, weil es möglich ist,« das ist nicht Buddhismus. Obwohl es unmöglich ist, haben wir es zu tun, weil unsere wahre Natur dies von uns verlangt. Doch in Wirklichkeit ist es gar nicht wesentlich, ob es möglich ist oder nicht. Wenn es unser innerster Wunsch ist, unsere egozentrischen Gedanken loszuwerden, dann haben wir das zu tun. Wenn wir dieser Mühe uns unterziehen, ist unser innerstes Verlangen befriedigt und Nirvana erzielt. Bevor ihr euch entschließt, es zu tun, habt ihr Schwierigkeiten, aber wenn ihr einmal damit angefangen habt, dann habt ihr keine mehr. Eure Anstrengung stillt euer innerstes Verlangen. Es gibt keinen anderen Weg, Ruhe zu finden. Ruhe des Geistes bedeutet nicht, daß ihr mit euren Tätigkeiten aufhören sollt. Richtige Ruhe sollte in der Tätigkeit selbst gefunden werden. Wir sagen: »Es ist leicht, Ruhe in Untätigkeit zu erlangen, schwer, Ruhe in der Tätigkeit zu erlangen, doch Ruhe in der Tätigkeit ist wahre Ruhe.«

Wenn ihr eine Zeitlang praktiziert habt, werdet ihr merken, daß es nicht möglich ist, schnelle und außerordentliche Fortschritte zu machen. Selbst wenn ihr euch sehr stark anstrengt, ist der Fortschritt, den ihr macht, nur Schritt für Schritt erzielbar. Es ist nicht so, wie wenn man in einen Regenschauer hinausgeht und weiß, wann man naß wird. Im Nebel merkt man nicht, daß man naß wird, aber wenn ihr immer weitergeht, werdet ihr allmählich immer nasser. Wenn ihr an Fortschritt denkt, werdet ihr vielleicht sagen: »Ach, dieses Gehen ist scheußlich!« Doch in Wirklichkeit ist es gar nicht so. Wenn ihr im Nebel naß werdet, dann fällt es euch recht schwer, wieder trocken zu werden. So ist es nicht nötig, Fortschritte wegen sich zu sorgen. Es ist wie beim Erlernen einer Fremdsprache: Ihr könnt es nicht auf einen Schlag schaffen, aber durch ständiges Wiederholen werdet ihr sie meistern. Dies ist der Soto-Weg der Praxis. Entweder können wir sagen, wir machen allmählich Fortschritte, oder daß wir Fortschritte nicht einmal erwarten. Einfach aufrichtig sein und uns jeden Moment voll anstrengen, das genügt. Es gibt kein Nirvana außerhalb unserer Praxis.

Keine Spur

»Wenn ihr etwas tut, sollt ihr euch vollständig verbrennen, wie ein gutes Feuer, ohne daß eine Spur von euch zurückbleibt.«

Wenn wir Zazen praktizieren, ist unser Geist ruhig und ganz einfach. Doch normalerweise ist unser Geist sehr beschäftigt und verwickelt, und auf das, was wir tun, konzentriert zu sein, fällt uns schwer. Dies kommt daher, daß wir vor dem Handeln denken und daß dieses Denken eine Spur hinterläßt. Unser Handeln ist überschattet von irgendwelchen vorher ersonnenen Ideen. Das Denken hinterläßt nicht nur gewisse Spuren oder Schatten, sondern gibt uns auch viele sonstige Vorstellungen über andere Aktivitäten und Dinge. Diese Spuren und Vorstellungen machen unseren Geist sehr kompliziert. Wenn wir etwas mit einem ganz einfachen, klaren Geist tun, so haben wir keine Vorstellungen oder Schatten, und unsere Tätigkeit ist kraftvoll und direkt. Wenn wir aber mit einem komplizierten Geist etwas tun, das Dinge, Menschen oder die Gesellschaft betrifft, dann wird unsere Handlungsweise sehr verwickelt.

Die meisten Leute haben eine doppelte oder dreifache Absicht in einer Tätigkeit. Es gibt eine Redensart: »Zwei Vögel mit einem Stein treffen.« Das ist das, was die Leute gewöhnlich versuchen. Weil sie zu viele Vögel treffen wollen, finden sie es schwierig, sich auf eine Tätigkeit zu konzentrieren, und so treffen sie schließlich gar keine Vögel. Solches Denken hinterläßt immer seine Schatten auf ihrer Tätigkeit. Der Schatten ist nicht tatsächlich das Denken selbst. Natürlich ist es oft nötig, nachzudenken oder etwas vorzubereiten, bevor wir handeln. Doch richtiges Denken hinterläßt keinerlei Schatten. Ein Denken, das Spuren hinterläßt, entspringt eurem beziehenden, verwirrten Geist. Sich beziehender Geist ist der Geist, der sich selbst in Beziehung zu anderen Dingen setzt und sich dadurch begrenzt. Es ist dieser kleine Geist, der gewinnverhaftete Vorstellungen erzeugt und Spuren von sich selbst hinterläßt.

Wenn ihr auf eurer Tätigkeit eine Spur eures Denkens hinterlaßt, werdet ihr der Spur verhaftet sein. Zum Beispiel könntet ihr sagen: »Das ist, was ich getan habe.« Doch in Wirklichkeit ist es nicht so. Aus eurer Erinnerung könnt ihr sagen: »Ich tat diese und diese Sache auf eine bestimmte Weise«, doch in Wirklichkeit ist dies niemals genau das, was sich ereignete. Wenn ihr derartig denkt, begrenzt ihr die tatsächliche Erfahrung dessen, was ihr getan habt. Daher seid ihr, wenn ihr dem Gedanken an das, was ihr getan habt, anhängt, in eigensüchtige Gedanken verstrickt.

Oft denken wir, das, was wir getan haben, sei gut, doch es wird in Wirklichkeit gar nicht so sein. Im Alter sind wir oft sehr stolz auf das, was wir getan haben. Wenn andere zuhören, wie einer so stolz erzählt, was er getan hat, fühlen sie sich belästigt, weil sie wissen, daß das, was er ihnen erzählt, nicht genau das ist, was er tat. Darüber hinaus wird, wenn er stolz ist auf das, was er tat, dieser Stolz ihm gewisse Schwierigkeiten bereiten. Wiederholt er seine Erinnerungen auf diese Art, so wird seine Persönlichkeit mehr und mehr verdreht, bis er ein ganz unangenehmer, sturer Kerl ist. Das ist ein Beispiel dafür, wie das Denken eines Menschen Spuren hinterläßt. Was wir taten, brauchen wir nicht zu vergessen, doch sollte es ohne eine zusätzliche Spur bleiben. Eine Spur hinterlassen ist nicht dasselbe wie einer Sache sich erinnern. Notwendig ist es schon, daß wir uns an das erinnern, was wir getan haben, wir dürfen aber nicht an dem, was wir getan haben, in irgendeiner besonderen Weise hängen. Was wir »hängen an« nennen, ist nichts anderes als diese Spuren unseres Denkens und Handelns.

Damit ihr keine Spuren hinterlaßt, wenn ihr etwas tut, sollt ihr es mit eurem ganzen Körper und Geist tun. Ihr sollt konzentriert sein auf das, was ihr tut. Ihr sollt es vollständig tun, wie ein gutes Feuer. Ihr sollt kein rauchendes Feuer sein. Ihr sollt euch selbst vollständig verbrennen. Wenn ihr euch selbst nicht vollständig verbrennt, bleibt eine Spur von euch in dem zurück, was ihr tut. Ihr habt einen Rückstand, etwas, das nicht ganz verbrannt ist. Zen-Aktivität ist Aktivität, die vollständig ausgebrannt ist, wo nichts als Asche zurückbleibt. Dies ist das Ziel unserer Praxis. Das ist das, was Dogen meinte, als er sagte: »Asche wird nicht mehr zu Feuerholz.« Asche ist Asche. Asche sollte vollständige Asche sein. Das Feuerholz sollte Feuerholz sein. Wenn diese Art von Aktivität verwirklicht wird, umschließt eine Aktivität alles.

So ist unsere Praxis nicht eine Angelegenheit von einer oder zwei Stunden, eines Tages oder eines Jahres. Wenn ihr Zazen praktiziert mit ganzem Körper und ganzem Geist, selbst nur für einen Augenblick, dann ist dies Zazen. So sollt ihr euch Augenblick für Augenblick eurer Praxis hingeben. Ihr sollt von dem, was ihr tut, nicht irgendwelche Rückstände haben. Doch heißt das nicht, alles darüber zu vergessen. Wenn ihr diese Sache versteht, verschwinden all das dualistische Denken und alle Probleme des Lebens.

Wenn ihr Zen praktiziert, dann werdet ihr eins mit Zen. Es gibt kein ihr und kein Zazen. Wenn ihr euch verbeugt, dann gibt es da weder Buddha noch euch. Eine vollkommene Verbeugung erfolgt, das ist alles. Das ist Nirvana. Als Buddha unsere Lehre an Mahakashyapa weitergab, las er einfach eine Blume auf und lächelte dabei. Nur Mahakashyapa verstand, was er meinte; niemand sonst verstand. Wir wissen nicht, ob dies historische Tatsache ist oder nicht, aber es hat Bedeutung. Es ist eine Demonstration unseres traditionellen Weges. Eine Aktivität, die alles einschließt, ist wahre Aktivität, und das Geheimnis dieser Aktivität wird uns von Buddha übermittelt. Das ist Zen-Praxis, nicht einige Lehren, die von Buddha gelehrt wurden, oder einige Lebensregeln, die er aufstellte. Die Lehren oder Regeln sollten nach dem jeweiligen Ort, nach den Menschen, die sie befolgen, verändert werden, das Geheimnis dieser Praxis aber kann nicht geändert werden: Es ist immer wahr.

So besteht für uns kein anderer Weg, in dieser Welt zu leben. Ich glaube, das ist wirklich wahr; und das ist einfach anzunehmen, einfach zu verstehen und einfach zu verwirklichen. Wenn ihr die Lebensweise, die auf dieser Praxis beruht, mit dem vergleicht, was in dieser Welt oder in der menschlichen Gesellschaft geschieht, dann werdet ihr gewahr werden, wie wertvoll die Wahrheit ist, die uns Buddha hinterließ. Die Lehre ist ganz einfach, und die Praxis ist ganz einfach. Trotzdem dürfen wir nicht darüber hinweggehen; ihr großer Wert will entdeckt sein. Wenn etwas so einfach ist, sagen wir gewöhnlich: »Ach, ich kenne das! Es ist ganz einfach, jeder kennt das.« Doch wenn wir seinen Wert nicht entdecken, bedeutet es nichts. Es ist gerade so viel, wie es nicht zu kennen. Je besser ihr Bildung versteht, desto mehr werdet ihr verstehen, wie wahr und wie notwendig diese Lehre ist. Statt nur eure eigene Kultur zu kritisieren, solltet ihr Geist und Körper hingeben, um diesen einfachen Weg zu praktizieren. Dann werden Gesellschaft und Kultur aus euch selbst herauswachsen. Es mag recht sein für die, die ihrer Kultur zu sehr verhaftet sind, auch kritisch zu sein. Ihre kritische Einstellung bedeutet, daß sie zu der einfachen Wahrheit, die Buddha hinterlassen hat, zurückkommen. Doch unsere Methode ist, einfach konzentriert zu sein auf eine einfache, fundamentale Praxis und ein einfaches, fundamentales Verständnis des Lebens. Es sollte keine Spuren in unserer Aktivität geben. Wir sollten nicht ausgefallenen Ideen oder schönen Dingen anhängen. Wir sollten nicht nach etwas Gutem suchen. Die Wahrheit ist immer nahe zur Hand, in eurer Reichweite.

Eure Aktivität einschränken

»Wenn jemand an eine besondere Religion glaubt, richtet sich seine Einstellung gewöhnlich mehr und mehr von ihm selbst weg. Auf unserem Weg richtet sich die Einstellung auf uns selbst.«

In unserer Praxis haben wir keine besondere Absicht oder Ziel noch irgendeinen besonderen Gegenstand der Verehrung. In dieser Hinsicht sind unsere Gepflogenheiten verschieden von den üblichen religiösen Sitten. Der große chinesische Zen-Meister Joshu sagte: »Ein Buddha aus Ton kann nicht durch das Wasser laufen; ein Buddha aus Bronze kann nicht durch einen Schmelzofen gehen; ein Buddha aus Holz kann nicht durch Feuer gehen.« Es mag sein, was es will, wenn eure Praxis auf ein besonderes Objekt gerichtet ist, wie einen Buddha aus Ton, Bronze oder Holz, so wird sie nicht immer gelingen. Solange ihr ein bestimmtes Ziel in eurer Praxis verfolgt, wird euch diese Praxis nicht vollständig helfen. Sie mag dienlich sein, solange ihr auf das Ziel ausgerichtet seid, doch wenn ihr euer tägliches Leben wieder aufnehmt, nützt sie nichts.

Ihr werdet denken: Wenn da keine Absicht oder kein Ziel in unserer Praxis ist, dann wissen wir nicht, was wir tun sollen. Aber es gibt einen Weg. Den Weg zu praktizieren, ohne irgendein Ziel zu haben, ist, eure Aktivität einzuschränken, das heißt auf das konzentriert zu sein, was ihr gerade in diesem Augenblick macht.

Anstatt besondere Sachen im Sinn zu haben, sollt ihr eure Geschäftigkeit einschränken. Wenn euer Geist irgendwo herumwandert, habt ihr keine Möglichkeit, euch selbst auszudrücken. Doch wenn ihr eure Aktivität einschränkt auf das, was ihr im Augenblick gerade tun könnt, dann könnt ihr eure wahre Natur, die die allumfassende Buddha-Natur ist, voll ausdrücken. Dies ist unser Weg.

Wenn wir Zazen praktizieren, dann schränken wir unsere Aktivität auf das geringstmögliche Ausmaß ein. Einfach die richtige Haltung zu bewahren und konzentriert zu sein auf das Sitzen ist die Weise, wie wir die allumfassende Natur zum Ausdruck bringen. Dann werden wir Buddha und bringen Buddha-Natur zum Ausdruck. Anstatt also Gegenstände der Verehrung zu haben, konzentrieren wir uns einfach auf die Aktivität, die wir in jedem Augenblick ausüben. Wenn ihr euch verbeugt, solltet ihr euch nur verbeugen, wenn ihr sitzt, solltet ihr nur sitzen; wenn ihr eßt, dann solltet ihr nur essen. Wenn ihr das tut, dann ist die allumfassende Natur da. Auf japanisch nennen wir das *ichigyo-zanmai* oder Eine-Aktivität-Samadhi. *Sanmai* (oder *samadhi*) ist die Konzentration, *ichigyo* ist die »Nur-Praxis«.

Ich denke, einige von euch, die hier Zazen praktizieren, werden Anhänger anderer Religionen sein, doch das stört mich nicht. Unsere Praxis hat nichts zu tun mit einem besonderen religiösen Glauben. Und für euch gibt es keinen Grund zu zögern, unseren Weg zu praktizieren, weil er nichts zu tun hat mit Christentum, Shintoismus oder Hinduismus. Unsere Praxis ist für jedermann. Wenn jemand an eine besondere Religion glaubt, richtet sich seine Einstellung gewöhnlich mehr und mehr von ihm selbst weg. Doch unser Weg ist nicht so. Auf unserem Weg richtet sich die Einstellung auf uns selbst, nicht von uns weg. Deshalb gibt es keinen Grund, beunruhigt zu sein über die Unterschiede zwischen Buddhismus und der Religion, an die jeder von euch glaubt.

Joshus Bemerkung über die verschiedenen Buddhas betrifft diejenigen, die ihre Praxis auf einen bestimmten Buddha richten. Eine Art von Buddha wird euren Zwecken nicht vollständig helfen. Ihr werdet ihn irgendwann wegwerfen müssen oder mindestens ignorieren. Doch wenn ihr das Geheimnis unserer Praxis versteht, so seid ihr, wo ihr auch hingeht, selbst der »Meister«. Ganz gleich, wie die Situation auch sein mag, ihr könnt nicht Buddha außer acht lassen, da ihr selbst Buddha seid. Einzig dieser Buddha wird euch vollkommen helfen.

Vergänglichkeit

»Wir sollten vollkommene Existenz finden durch unvollkommene Existenz.«

Die grundlegende Lehre des Buddhismus ist die Lehre von der Vergänglichkeit oder vom Wechsel. Daß alles sich ändert, ist die Grundwahrheit jeder Existenz. Niemand kann diese Wahrheit ableugnen, und alle Lehre des Buddhismus ist hierin zusammengefaßt. Das ist die Lehre für uns alle. Wohin wir auch gehen, bleibt diese Lehre wahr. Sie wird auch verstanden als die Lehre der Selbstlosigkeit. Da jede Existenz in ständiger Wandlung begriffen ist, gibt es kein bleibendes Selbst. In der Tat ist die Selbst-Natur jeder Existenz nichts anderes als Veränderung als solche, die Selbst-Natur aller Existenz. Es gibt keine getrennte Selbst-Natur für eine einzelne Existenz. Dies wird auch die Lehre vom Nirvana genannt. Wenn wir die immer gültige Wahrheit erkennen, daß »alles sich ändert«, und wir unsere Ruhe und Frieden darin finden, dann finden wir uns in Nirvana.

Ohne die Tatsache anzunehmen, daß alles sich ändert, können wir keine vollständige Ruhe finden. Doch unglücklicherweise ist das, obwohl es wahr ist, für uns schwierig anzunehmen. Weil wir die Wahrheit der Vergänglichkeit nicht annehmen können, leiden wir. So ist die Ursache unseres Leidens unser Nicht-Annehmen dieser Wahrheit. Die Lehre von der Ursache des Leidens und die Lehre, daß alles sich ändert, sind so zwei Seiten einer Münze. Doch subjektiv gesehen ist die Vergänglichkeit die Ursache unseres Leidens. Objektiv ist diese Lehre einfach die Grundwahrheit, daß sich alles ändert. Dogen Zenji hat gesagt:

»Eine Lehre, die sich nicht so anhört, als ob sie euch etwas aufzwingen wollte, ist keine wahre Lehre.« Die Lehre selbst ist wahr, und von sich selbst zwingt sie uns gar nichts auf, aber wegen unserer menschlichen Neigung fassen wir die Lehre so auf, als ob sie uns etwas aufzwingen würde. Aber ob wir uns deswegen gut oder schlecht fühlen, diese Wahrheit existiert. Wenn nichts existiert, existiert diese Wahrheit nicht. Buddhismus existiert wegen jeder einzelnen Existenz.

Wir sollten vollkommene Existenz finden durch unvollkommene Existenz. Wir sollten Vervollkommnung finden in Unvollkommenheit. Für uns ist vollständige Vollkommenheit nicht verschieden von Unvollkommenheit. Das Ewige besteht wegen nicht-ewiger Existenz. Im Buddhismus ist es eine ketzerische Vorstellung, etwas außerhalb dieser Welt zu erwarten. Wir suchen nicht nach etwas, das abgetrennt ist von unserem Selbst. Wir sollten die Wahrheit finden in dieser Welt, durch unsere Schwierigkeiten, durch unser Leiden. Das ist die Grundlehre des Buddhismus. Freude ist nicht verschieden von Schwierigkeit. Gut ist nicht verschieden von schlecht. Schlecht ist gut; gut ist schlecht. Es sind zwei Seiten einer Münze. So sollte Erleuchtung in der Praxis sein. Das ist das rechte Verständnis der Praxis und des Lebens. Gefallen zu finden am Leiden ist der einzige Weg, die Wahrheit der Vergänglichkeit anzunehmen. Ohne zu erkennen, wie diese Wahrheit anzunehmen ist, könnt ihr in dieser Welt nicht leben. Auch wenn ihr versucht, ihr zu entrinnen, es wird vergeblich sein. Wenn ihr denkt, daß es einen anderen Weg gibt, die ewige Wahrheit, daß alles sich ändert, anzunehmen, dann ist das eure Täuschung. Das ist die grundlegende Lehre, wie in dieser Welt zu leben ist. Was immer ihr auch dazu empfindet, ihr müßt sie annehmen. Ihr müßt diese Anstrengung machen.

Bis wir stark genug sind, um Schwierigkeiten als Freuden anzunehmen, müssen wir deshalb diese Anstrengung fortsetzen. Eigentlich, wenn ihr rechtschaffen oder aufrichtig genug werdet, ist es nicht so schwer, diese Wahrheit anzunehmen. Ihr könnt eure Art zu denken ein wenig ändern. Es ist schwierig, doch wird diese Schwierigkeit nicht immer gleich sein. Manchmal wird es schwierig sein, und manchmal wird es nicht so schwierig sein. Wenn ihr leidet, werdet ihr etwas Zufriedenheit schöpfen aus der Lehre, daß alles sich ändert. Wenn ihr in Schwierigkeiten seid, ist es ganz einfach, die Lehre anzunehmen. Warum sollte man sie dann zu anderen Zeiten nicht auch annehmen? Es ist die gleiche Sache. Manchmal lacht ihr wohl über euch selbst, wenn ihr entdeckt, wie selbstsüchtig ihr seid. Aber ganz gleich, wie ihr über diese Lehre denkt, es ist sehr wichtig, daß ihr eure Denkart ändert und die Wahrheit von der Vergänglichkeit annehmt.

Die Eigenschaft des Seins

»Wenn ihr etwas tut, und ihr richtet euren Geist mit einem bestimmten Vertrauen auf die Aktivität, so ist die Eigenschaft eures Geisteszustandes die Aktivität selbst. Wenn ihr konzentriert seid auf die Eigenart eures Seins, seid ihr vorbereitet auf die Aktivität.«

Der Zweck des Zazen ist, Freiheit zu gewinnen von unserem Sein, im körperlichen und geistigen Sinne. Nach Dogen Zenji ist jede Existenz ein Aufleuchten in der gewaltigen Welt der Erscheinungen. Jede einzelne Existenz ist ein anderer Ausdruck vom Wert des Seins selbst. Oft sehe ich viele Sterne am frühen Morgen. Sie sind nichts anderes als das Licht, das von den himmlischen Körpern viele Kilometer mit großer Geschwindigkeit hergereist ist. Doch für mich sind die Sterne keine schnellen, sondern ruhige und friedliche Wesen. Wir sagen: »In Ruhe sollte Aktivität sein, in Aktivität Ruhe.« In Wirklichkeit ist es das gleiche. »Ruhe« oder »Aktivität« zu sagen ist lediglich, zwei Interpretationen der gleichen Sache in Worte zu kleiden. In unserer Aktivität ist Harmonie, und wo Harmonie ist, ist Ruhe. Diese Harmonie ist die Eigenschaft des Seins. Doch die Eigenschaft des Seins ist auch nichts anderes als seine schnelle Aktivität.

Wenn wir sitzen, fühlen wir uns sehr ruhig und gelassen, doch eigentlich wissen wir nicht, was für eine Aktivität innerhalb unseres Seins vor sich geht. In der Tätigkeit unseres körperlichen Systems ist vollständige Harmonie, deshalb empfinden wir Ruhe darin. Selbst wenn wir es nicht empfinden, ist die Eigenschaft da. So gibt es für uns keinen Grund, beunruhigt zu sein durch Ruhe oder Aktivität, Stille oder Bewegung. Wenn ihr etwas tut und ihr richtet euren Geist mit einem bestimmten Vertrauen auf die Aktivität, so ist die Eigenschaft eures Geisteszustandes die Aktivität selbst. Wenn ihr konzentriert seid auf die Eigenart eures Seins, seid ihr vorbereitet auf die Aktivität. Bewegung ist nichts als die Eigenart unseres Seins. Wenn wir Zazen machen, ist die Eigenart unseres ruhigen, stetigen, gelassenen Sitzens die Eigenart der gewaltigen Aktivität, wir selbst zu sein.

»Alles ist nur ein Aufleuchten in der gewaltigen Welt der Erscheinungen« bedeutet die Freiheit unserer Aktivität und die Freiheit unseres Seins. Wenn ihr in der richtigen Weise sitzt, mit dem richtigen Verständnis, dann gewinnt ihr die Freiheit eures Seins, wenn ihr auch nur eine vorübergehende Existenz seid. Diese zeitliche Existenz ändert sich innerhalb dieses Augenblicks nicht, bewegt sich nicht und ist immer unabhängig von anderen Existenzen. Im nächsten Augenblick entsteht eine andere Existenz; wir verändern uns zu etwas anderem. Genau genommen gibt es keinen Zusammenhang zwischen meinem gestrigen Ichselbst und meinem Ich-selbst in diesem Moment; da gibt es überhaupt keinen Zusammenhang. Dogen Zenji sagte: »Kohle wird nicht zu Asche.« Asche ist Asche; sie gehört nicht der Kohle an. Sie hat ihre eigene Vergangenheit und Zukunft. Sie ist eine unabhängige Existenz, weil sie ein Aufleuchten in der großen Erscheinungswelt ist. Und Kohle und rotheißes Feuer sind ganz verschiedene Existenzen. Schwarze Kohle ist auch ein Aufleuchten in der gewaltigen Erscheinungswelt. Wo schwarze Kohle ist, da ist nicht rotheiße Kohle. So ist schwarze Kohle unabhängig von rotheißer Kohle; Asche ist unabhängig von Feuerholz; jede Existenz ist unabhängig.

Heute sitze ich in Los Altos. Morgen früh bin ich in San Francisco. Es gibt keine Verbindung zwischen dem »Ich« in Los Altos und dem »Ich« in San Francisco. Es sind ganz verschiedene Wesen. Hier haben wir die Freiheit der Existenz. Und es gibt keine Eigenschaft, die euch und mich verbindet. Wenn ich sage »Ihr«, dann gibt es kein »Ich«; wenn ich sage »Ich«, dann gibt es kein »Ihr«. Ihr seid unabhängig, und ich bin unabhängig; jeder existiert in einem verschiedenen Augenblick. Doch bedeutet dies nicht, daß wir ganz verschiedene Wesen sind. Wir sind eigentlich ein und das gleiche Wesen. Wir sind das gleiche und doch verschieden. Es ist sehr paradox, aber es ist tatsächlich so. Weil wir unabhängige Wesen sind, ist jeder von uns ein vollständiges Aufleuchten in der gewaltigen Erscheinungswelt. Wenn ich sitze, gibt es keine andere Person, doch das bedeutet nicht, daß ich euch ignoriere. Ich bin vollständig eins mit jeder Existenz in der Erscheinungswelt. Wenn ich daher sitze, sitzt ihr, sitzt alles mit mir. Das ist unser Zazen. Wenn ihr sitzt, sitzt alles mit euch. Und alles wiederholt die Eigenschaften eures Seins. Ich bin ein Teil von euch. Ich gehe ein in die Eigenschaft eures Seins. So haben wir in dieser Praxis absolute Freiheit von allem anderen. Wenn ihr dieses Geheimnis versteht, gibt es keinen Unterschied zwischen Zen-Praxis und eurem täglichen Leben. Ihr könnt alles auslegen, wie ihr wollt.

Ein schön gemaltes Bild ist das Ergebnis des Gefühls in euren Fingern. Wenn ihr das Gefühl der Stärke der Tusche in eurem Pinsel habt, ist das Gemälde schon da, bevor ihr malt. Wenn ihr euren Pinsel in die Tusche taucht, kennt ihr schon das Ergebnis eurer Zeichnung, sonst könnt ihr nicht malen. Bevor ihr also etwas tut, ist das »Sein«, das Ergebnis da. Selbst wenn es aussieht, als ob ihr still sitzen würdet, ist all eure Aktivität, vergangene und gegenwärtige, eingeschlossen; auch das Ergebnis eures Sitzens ist schon vorhanden. Ihr ruht nicht aus, ganz und gar nicht. Alle Aktivität ist in euch eingeschlossen. Das ist euer Sein. So sind alle Ergebnisse eurer Praxis in eurem Sitzen eingeschlossen. Dies ist unsere Praxis, unser Zazen.

Dogen Zenji bekam als Junge Interesse am Buddhismus, als er den Rauch von einem Räucherstäbchen beobachtete, das neben dem Körper seiner toten Mutter brannte, und er fühlte die Vergänglichkeit unseres Lebens. Dieses Gefühl wuchs in ihm und führte schließlich dazu, daß er Erleuchtung erreichte und seine tiefe Philosophie entwickelte. Als er den Rauch des Räucherstäbchens sah und die Vergänglichkeit des Lebens empfand, fühlte er sich sehr allein. Aber dieses Gefühl der Einsamkeit wurde stärker und stärker und entfaltete sich zu Erleuchtung, als er achtundzwanzig Jahre alt war. Und im Augenblick der Erleuchtung rief er aus: »Es gibt keinen Körper und keinen Geist.« Als er das aussprach: »keinen Körper und keinen Geist«, wurde sein ganzes Sein in diesem Moment ein Aufleuchten in der gewaltigen Erscheinungswelt, ein Aufleuchten, das alles einschloß, das alles bedeckte und welches eine ungeheure Wesenhaftigkeit in sich enthielt; die ganze Erscheinungswelt war darin eingeschlossen, eine absolut unabhängige Existenz. Das war seine Erleuchtung. Ausgehend von dem verlassenen Gefühl der Vergänglichkeit des Lebens, gewann er die kraftvolle Erfahrung des Wesens seines Seins. Er sagte: »Ich habe Geist und Körper weggeworfen.« Weil ihr denkt, daß ihr Geist und Körper habt, habt ihr Gefühle der Verlassenheit, aber wenn ihr erkennt, daß alles einfach ein Aufleuchten in dem gewaltigen Universum ist, dann werdet ihr sehr stark, und eure Existenz wird ganz sinnvoll. Das war Dogens Erleuchtung, und das ist unsere Praxis.

Leerheit

»Wenn ihr Buddhismus studiert, solltet ihr einen allgemeinen »Hausputz« eures Geistes vornehmen.«

Wenn ihr den Buddhismus verstehen wollt, ist es notwendig für euch, alle vorgefaßten Meinungen zu vergessen. Um damit zu beginnen, müßt ihr die Vorstellung der Wirklichkeit oder Existenz aufgeben. Die übliche Ansicht vom Leben ist fest verwurzelt in der Idee der Existenz. Für die meisten Leute existiert alles; sie glauben, was sie auch sehen und was sie auch hören, existiert. Natürlich, der Vogel, den wir sehen und hören, existiert. Er existiert, aber was ich darunter verstehe, wird nicht genau das gleiche sein, wie das, was ihr darunter versteht. Das Verständnis des Buddhisten vom Leben schließt Existenz und Nichtexistenz ein. Der Vogel existiert und existiert nicht, zur gleichen Zeit. Wir sagen, daß eine Betrachtung des Lebens, die nur auf der Existenz beruht, ketzerisch ist. Wenn ihr die Dinge zu ernst nehmt, als ob sie wesentlich oder bleibend existieren würden, dann werdet ihr Ketzer genannt. Die meisten Leute werden Ketzer sein.

Wir sagen, echte Existenz kommt von Leerheit und geht wieder zurück in Leerheit. Was aus der Leerheit kommt, ist echte Existenz. Wir müssen durch das Tor der Leerheit gehen. Diese Vorstellung von Existenz ist sehr schwierig zu erklären. Viele Menschen unserer Zeit haben – zumindest intellektuell – die Leerheit der modernen Welt oder den Selbst-Widerspruch ihrer Kultur zu erfassen begonnen. Die Japaner beispielsweise hatten in der Vergangenheit zuversichtlichen Glauben an die fortdauernde Existenz ihrer Kultur und ihrer traditionellen Lebensart, aber seit sie den Krieg verloren haben, sind sie sehr skeptisch geworden. Manche Leute halten diese skeptische Haltung für schrecklich, in Wirklichkeit aber ist sie besser als die alte Vorstellung.

Solange wir eine ganz bestimmte Vorstellung von oder einige Hoffnung auf die Zukunft haben, können wir dem Augenblick gegenüber nicht recht ernsthaft sein, der gerade existiert. Ihr sagt vielleicht: »Ich kann es morgen tun oder im nächsten Jahr«, in der Vorstellung, daß etwas, das heute existiert, auch morgen existiere. Auch wenn ihr es nicht so rigoros auf die Probe stellt, erwartet ihr, daß eine aussichtsreiche Sache sich einstellt, solange ihr einem bestimmten Weg folgt. Aber es gibt keinen zuverlässigen Weg, der immer existiert. Es ist kein Weg für uns bereitet. Augenblick für Augenblick haben wir unseren eigenen Weg zu finden. Irgendeine Vorstellung von Vollkommenheit oder irgendein vollkommener Weg, der von jemand anderem vorgezeichnet wurde, das ist nicht der wahre Weg für uns.

Jeder von uns muß seinen eigenen wahren Weg gehen, und wenn wir das tun, drückt dieser Weg den universellen Weg aus. Das ist das Geheimnis. Wenn ihr ein Ding ganz und gar versteht, dann versteht ihr alles. Wenn ihr versucht, alles zu verstehen, werdet ihr gar nichts verstehen. Der beste Weg ist, daß ihr euch selbst versteht, und dann werdet ihr alles verstehen. Wenn ihr euch daher entschlossen anstrengt, euren Weg zu gehen, dann helft ihr anderen, und euch wird von anderen geholfen. Ehe ihr nicht euren eigenen Weg geht, könnt ihr niemandem helfen, und niemand kann euch helfen. Um unabhängig zu sein in diesem wahren Sinn, haben wir alles zu vergessen, was wir in unserer Vorstellung haben, und wir haben Augenblick für Augenblick etwas Neues und Unterschiedliches zu entdecken. Auf diese Weise leben wir in dieser Welt.

Wir sagen also, daß echtes Verständnis aus der Leerheit kommt. Wenn ihr Buddhismus studiert, solltet ihr einen allgemeinen »Hausputz« eures Geistes vornehmen. Ihr müßt alles aus eurem Zimmer herausnehmen und es gründlich reinigen. Wenn nötig, könnt ihr alles wieder zurückbringen. Es mag sein, daß ihr viele Dinge nötig habt – so könnt ihr sie nach und nach zurückbringen. Doch wenn sie nicht notwendig sind, braucht man sie nicht aufzubewahren.

Wir sehen den Vogel fliegen. Manchmal sehen wir seine Spur. Eigentlich können wir die Spur eines fliegenden Vogels nicht sehen, aber manchmal haben wir das Gefühl, als ob wir es könnten. Das ist auch gut. Wenn es nötig ist, solltet ihr die Dinge, die ihr aus eurem Zimmer genommen habt, wieder zurückbringen. Aber bevor ihr etwas in euer Zimmer stellt, müßt ihr etwas herausnehmen. Wenn ihr es nicht tut, wird euer Zimmer vollgepfropft mit altem, nutzlosem Plunder.

Wir sagen: »Schritt für Schritt unterbreche ich das Geräusch des murmelnden Baches.« Wenn ihr dem Bach entlanglauft, hört ihr das Wasser fließen. Das Geräusch ist andauernd, aber ihr müßt fähig sein, es zu unterbrechen, wenn ihr es zu unterbrechen wünscht. Das ist Freiheit; das ist Absage. Nacheinander habt ihr verschiedene Gedanken in eurem Geiste, aber wenn ihr wünscht, euer Denken zu unterbrechen, dann könnt ihr es. Wenn es euch nun möglich ist, das Geräusch des murmelnden Baches zu unterbrechen, dann werdet ihr das Gefühl für eure Arbeit schätzen. Solange ihr aber fixe Ideen habt oder gefangen seid vom gewohnten Weg, Dinge zu tun, so lange könnt ihr Dinge in ihrem wahren Sinn nicht schätzen.

Wenn ihr nach Freiheit sucht, könnt ihr sie nicht finden. Absolute Freiheit selbst ist nötig, bevor ihr absolute Freiheit erwerben könnt. Das ist unsere Praxis. Unser Weg ist, nicht immer in eine Richtung zu gehen. Manchmal gehen wir nach Osten, manchmal nach Westen. Eine Meile nach Westen gehen bedeutet, eine Meile nach Osten gehen. Gewöhnlich, wenn ihr eine Meile nach Osten geht, ist es das Gegenteil davon, eine Meile nach Westen zu gehen. Aber wenn es möglich ist, eine Meile nach Osten zu gehen, so bedeutet dies, daß es möglich ist, eine Meile nach Westen zu gehen. Das ist Freiheit. Ohne diese Freiheit könnt ihr nicht konzentriert sein auf das, was ihr tut. Ihr könnt denken, ihr seid auf etwas konzentriert, aber bevor ihr diese Freiheit erlangt, habt ihr einiges Unbehagen an dem, was ihr tut. Da ihr gebunden seid von der Vorstellung, nach Osten oder Westen zu gehen, ist eure Aktivität im Zwiespalt oder in Polarität. Solange ihr gefangen seid von Polarität, könnt ihr nicht vollständige Freiheit erlangen, und ihr könnt euch nicht konzentrieren.

Konzentration ist nicht, angestrengt zu versuchen, etwas zu beobachten. Wenn ihr im Zazen versucht, auf einen Punkt zu schauen, werdet ihr in etwa fünf Minuten ermüdet sein. Dies ist nicht Konzentration. Konzentration bedeutet Freiheit. Deshalb sollte eure Bemühung auf nichts gerichtet sein. Ihr sollt auf nichts konzentriert sein. In der Zazen-Praxis sagen wir, euer Geist sollte auf euren Atem konzentriert sein, aber der Weg, euren Geist bei eurem Atem zu halten, ist, alles von euch zu vergessen, einfach zu sitzen und euren Atem zu fühlen. Wenn ihr auf euren Atem konzentriert seid, vergeßt ihr euch selbst, und wenn ihr euch selbst vergeßt, seid ihr auf euren Atem konzentriert. Ich weiß nicht, was zuerst kommt. Von daher besteht wirklich keine Notwendigkeit, daß ihr euch allzu fest bemüht, auf euren Atem konzentriert zu sein. Tut einfach so viel, wie ihr könnt. Wenn ihr diese Praxis weiterführt, erfahrt ihr schließlich die echte Existenz, die aus Leerheit kommt.

Innere Ruhe

»Für Zen-Schüler ist ein Unkraut ein Schatz.«

Ein Zen-Gedicht lautet: »Nachdem der Wind aufhört, sehe ich eine Blüte fallen. Wegen des singenden Vogels empfinde ich die Ruhe des Berges.« Bevor etwas geschieht im Bereich der Ruhe, empfinden wir die Ruhe nicht; nur wenn etwas innerhalb ihrer geschieht, empfinden wir die Ruhe. Es gibt eine japanische Redensart: »Der Mond hat die Wolke, die Blume den Wind.« Wenn wir einen Teil des Mondes von einer Wolke bedeckt sehen oder von einem Baum oder von einem Unkraut, dann empfinden wir, wie rund der Mond ist. Aber wenn wir den klaren Mond sehen, ohne daß ihn irgend etwas bedeckt, empfinden wir diese Rundheit nicht auf die gleiche Weise wie wir es tun, wenn wir sie durch etwas anderes sehen.

Wenn ihr Zazen macht, seid ihr innerhalb der vollständigen Ruhe eures Geistes. Ihr fühlt gar nichts. Ihr sitzt nur. Aber die innere Ruhe eures Sitzens wird euch in eurem täglichen Leben ermutigen. So findet ihr eigentlich den Wert von Zen in eurem täglichen Leben eher, als während ihr sitzt. Doch das bedeutet nicht, daß ihr Zazen vernachlässigen sollt.

Wenn ihr auch nichts empfindet, während ihr sitzt: Habt ihr diese Zazen-Erfahrung nicht, so könnt ihr gar nichts finden. Ihr findet einfach nur Unkraut oder Bäume oder Wolken in eurem täglichen Leben; ihr seht den Mond nicht. Das ist der Grund, warum ihr euch immer über etwas beklagt. Doch für Zen-Schüler ist ein Unkraut, das für die meisten Leute wertlos ist, ein Schatz. Was ihr auch macht, mit dieser Auffassung wird das Leben ein Kunstwerk.

Wenn ihr Zazen praktiziert, solltet ihr nicht versuchen, irgend etwas zu erreichen. Ihr sollt einfach sitzen in der vollständigen inneren Ruhe eures Geistes und gar nichts erwarten. Haltet einfach euren Körper gerade, ohne über oder gegen etwas zu lehnen. Den Körper aufrecht zu halten bedeutet, sich nicht auf irgend etwas verlassen. Auf diese Weise erreicht ihr körperlich und geistig vollkommene Ruhe. Aber sich an etwas anzulehnen oder zu versuchen, etwas zu tun im Zazen, das ist dualistisch und nicht völlige Ruhe.

In unserem täglichen Leben versuchen wir gewöhnlich, etwas zu tun, wir versuchen, etwas in etwas anderes zu ändern, oder wir versuchen, etwas zu erreichen. Gerade dieses Versuchen ist schon in sich selbst ein Ausdruck unserer wahren Natur. Die Bedeutung liegt in der Anstrengung selbst. Wir sollten die Bedeutung unserer Anstrengung herausfinden, bevor wir etwas erreichen. Deshalb sagte Dogen: »Wir sollten Erleuchtung gewinnen, bevor wir Erleuchtung gewinnen.« Es ist nicht so, daß wir, nachdem wir Erleuchtung gewonnen haben, die echte Bedeutung der Anstrengung erst finden. Das Bemühen, etwas zu tun, ist in sich Erleuchtung. Wenn wir in Schwierigkeiten sind oder in Kummer, haben wir Erleuchtung. Wenn wir im Zustand der Schande sind, sollten wir Haltung bewahren. Gewöhnlich finden wir es sehr schwierig, in der Vergänglichkeit des Lebens zu leben, aber einzig in dieser Vergänglichkeit des Lebens können wir die Freude des ewigen Lebens finden.

Wenn ihr eure Praxis in solchem Verständnis betreibt, könnt ihr Fortschritte erzielen. Aber wenn ihr versucht, etwas zu erreichen ohne diese Auffassung, könnt ihr nicht richtig daran arbeiten. Ihr verliert euch im Kampf um euer Ziel; ihr gewinnt nichts; ihr fahrt einfach fort, an euren Schwierigkeiten zu leiden. Doch mit rechtem Verständnis könnt ihr einigen Fortschritt machen. Dann wird, was ihr auch macht, wenn es auch unvollkommen ist, auf eurer innersten Natur beruhen, und nach und nach wird etwas erreicht werden.

Was ist wichtiger, daß ihr Erleuchtung gewinnt oder daß ihr Erleuchtung gewinnt, bevor ihr Erleuchtung gewinnt; daß ihr eine Million Dollar verdient oder daß ihr euch des Lebens erfreut bei der Anstrengung, nach und nach, selbst wenn es nicht möglich ist, die Million zu verdienen; daß ihr erfolgreich seid oder daß ihr einen Sinn findet in eurer Bemühung, erfolgreich zu sein? Wenn ihr die Antwort nicht wißt, werdet ihr nicht einmal fähig sein, Zazen zu praktizieren; wenn ihr aber die Antwort wißt, habt ihr den wahren Schatz des Lebens gefunden.

Quellen

Agetsu Wydler Haduch: Das Wesen der Zen-Meditation; Originalbeitrag.

Ayya Khema: Weg zur Ruhe – Die meditativen Vertiefungen, aus dieselbe: Meditation ohne Geheimnis, Zürich – München – Berlin 1996⁴ (Theseus), S. 105–135; stark gekürzt und überarbeitet; Überarbeitung: Alfred Weil.

Buddhadasa Bhikkhu: Die meditative Entwicklung der Geistesgegenwart beim Atmen (*anapanasati-bhavana*), aus derselbe: The A, B, C of Buddhism, Chaiya (Suan Mokh) 1982, S. 13–54; im einleitenden Teil gekürzt; Übersetzung aus dem Englischen (The Meditative Development of Mindfulness of Breathing) und Überarbeitung: Manfred Wiesberger.

Gendün Rinpoche: Meditation jenseits von Hoffnung und Furcht; Originalbeitrag; nach unterschiedlichen Unterweisungen, zusammengestellt und ins Englische übersetzt von Lama Anila Rinchen; Übersetzung und Redaktion der deutschen Fassung: Lama Lhündrub und andere Mitarbeiter des Karmapa Übersetzungskomitees, Le Bost/Biollet 1997; alle Rechte bei Gendün Rinpoche.

Genro Koudela: Selbst und Nicht-Selbst im Zen, in: Der Weg. Zeitschrift des Bodhidharma Zendo Wien, Nr. 56 (Juli 1996), S. 14–21 und Nr. 57 (November 1996), S. 14–19; vom Autor überarbeitet.

Geshe Rabten: Die Grundlagen der Meditation, aus derselbe: Auf dem Weg zur geistigen Freude. Meditation und Vorbereitende Übungen im tibetischen Buddhismus, Hamburg 1994 (dharma edition), S. 122–150; gekürzt.

Geshe Thubten Ngawang: Shamatha – Die Entfaltung (von) Geistiger Ruhe, Hamburg 1993³ (dharma edition); überarbeitete Auszüge; Überarbeitung: Alfred Weil.

Henepola Gunaratana: Die erste Vertiefung und ihre Faktoren, aus derselbe: The Jhanas in Theravada Buddhist Meditation, Kandy 1988 (Buddhist Publication Society), S. 17–34; auf die Wiedergabe der (wenigen) Fußnoten des Autors wurde verzichtet; Übersetzung aus dem Englischen: Rolf Knauf; geringfügig redaktionell überarbeitet.

Mahasi Sayadaw: Praxis der Klarblickmeditation – Die Grundübungen, aus derselbe: Practical Insight Meditation. Basic and Progressive Stages, Kandy 1991 (Buddhist Publication Society, 1971 ff.), S. 1–19; Übersetzung aus dem Englischen: Irene Knauf; im einleitenden Teil leicht gekürzt.

Nyanaponika Mahathera: Die Übung des Reinen Beobachtens, aus derselbe: Geistestraining durch Achtsamkeit. Die buddhistische Satipatthana-Methode, Stammbach 1997⁶ (Beyerlein – Steinschulte), S. 26–41.

Samdhong Rinpoche: Buddhistische Meditation, aus derselbe: Buddhistische Meditation, Satteldorf 1996 (Adyar Verlag), S. 76–88 und S. 106–117; gekürzt.

Sangharakshita: Ein System der Meditation (Originaltitel: A System of Meditation), Vortrag aus dem Jahr 1978 beim Internationalen Konvent des Westlichen Buddhistischen Ordens; bisher nur auszugsweise veröffentlicht in derselbe: A Guide to the Buddhist Path, Birmingham 1990 (Windhorse Publications), S. 145–150; für die deutsche Ausgabe bearbeitet, stellenweise ergänzt und übersetzt von Dharmacari Dhammaloka (in Zusammenarbeit mit Sabine Konrad); alle Rechte der deutschen Ausgabe bei Sangharakshita.

Shunryu Suzuki: Zen-Geist – Anfänger-Geist, aus derselbe: Zen-Geist – Anfänger-Geist. Unterweisungen in Zen-Meditation, Berlin 1997^8 (Theseus Verlag), S. 35-37, S. 45–48, S. 65–68, S. 78–80, S. 109–114, S. 117–120, S. 128–130.

Taisen Deshimaru: Die richtige Art, Zazen zu üben, aus derselbe: Die Praxis der Konzentration. Zen und Alltagsleben, Braunschweig 1992^2 (Aurum), S. 11–22; geringfügig redaktionell überarbeitet.

Thich Nhat Hanh: Achtsamkeitsübungen, aus derselbe: Das Wunder der Achtsamkeit. Einführung in die Meditation, Zürich – München – Berlin 1997^8 (Theseus); S. 69–86; geringfügig redaktionell überarbeitet.

Danke!

Das Entstehen dieses Buches bedurfte der Mithilfe vieler. Gedankt sei natürlich den Autorinnen und Autoren für ihre Texte, die in diesem Band Aufnahme finden konnten; ebenfalls den DBU-Mitgliedsgemeinschaften für die Kooperation und den Verlagen für die Genehmigung des Nachdrucks. Herzlichen Dank an Susanne Stackler für die wertvolle Unterstützung bei der Erstellung des Manuskripts. Die (nicht immer einfachen) Übersetzungen übernahmen Dharmacari Dhammaloka, Irene und Rolf Knauf, Lama Lhündrub und andere Mitarbeiter des Karmapa Übersetzungskomitees sowie Manfred Wiesberger. Sie haben eine wertvolle Arbeit geleistet. Irene Knauf hat außerdem das Manuskript nochmals durchgesehen und Korrektur gelesen.

Ein Wort der Anerkennung möchte ich auch an Karin Behrendt, Bhikkhu Bodhi, Christine Harifi, Sabine Konrad, Regine Leisner, Götz Nitzsche, Bhikkhu Pasadika, Oliver Petersen, Djangchub Jerena Smuk, Christof Spitz, Dagmar Waskönig, Marion Weil, Beate Wiesberger und Doris Wolter für ihre Ratschläge und ihre freundliche Hilfe in vielerlei Hinsicht richten. Last not least: Die Zusammenarbeit mit der Lektorin Ursula Richard war (wieder) eine Freude und hat mir meine Aufgabe sehr erleichtert.

A. W.

Die
Deutsche Buddhistische Union

Viele buddhistische Gemeinschaften unterschiedlicher Tradition in Deutschland haben sich zum Zweck des Erfahrungsaustausches und der Erfüllung gemeinsamer Aufgaben in der Deutschen Buddhistischen Union (DBU) zusammengeschlossen.

Die Geschäftsstelle der DBU in München informiert gern über die verschiedenen Richtungen, ihre Zentren und Aktivitäten. Von der DBU werden auch die »LOTUSBLÄTTER – Zeitschrift für Buddhismus« herausgegeben, die seit 1987 vierteljährlich erscheinen. Nähere Auskünfte über buddhistische Aktivitäten, ein kostenloses Probeexemplar der LOTUSBLÄTTER und ein Verzeichnis der lieferbaren Schriften erhalten Sie von der

DBU-Geschäftsstelle
Amalienstraße 71
80799 München
Tel. 089-280104
Fax 089-281053

Alfred Weil (Hrsg.)

Karma

**SCHRIFTENREIHE DER DBU
BEI THESEUS**

Mit Beiträgen von:
*Ayya Khema, Dagyab Kyabgön Rinpoche,
Paul Debes, Kalu Rinpoche, Nakagawa Fumon Roshi,
Nyanaponika, Sangharakshita, Sogyal Rinpoche,
Zentatsu Baker-roshi u. a.*

Namhafte Lehrerinnen und Lehrer aller großen buddhistischen Traditionen stellen in ihren Beiträgen die Grundlagen der buddhistischen Auffassung von Karma vor, beleuchten die Wechselbeziehung von Karma und Wiedergeburt und zeigen auf, wie das Gesetz des Karma konkret wirkt und unsere Lebenswirklichkeit prägt.

*288 Seiten   DM 39,90   öS 291,–   sFr 38,90
ISBN 3-89620-108-5*